ローカル鉄道と路線バスでめぐる

果てしなきイタリア旅

公益財団法人 日伊協会常務理事
二村高史

草思社

バール城塞の下をトンネルで抜けて駅に到着するディーゼルカー「ミヌエット」

岩山に抱かれたペンテダッティロは、 廃墟からよみがえろうとしていた

イタリアの車窓から

イタリア半島のつま先カラブリア州、イオニア海の海岸線が線路際に迫る

古い文化や慣習が残る島の中央部を走るサルデーニャ鉄道

のどかな雰囲気が漂うプーリア州南東鉄道の小さな駅

シチリアの荒涼とした大地を抜けてモディカの市街地に到着したバス

公共交通機関で味わう心豊かな旅

丘上を走るレノン鉄道を楽しんだのち、終点コッラルボの駅前でひと息

午後のバスの発車まで、シャッカの見事な風景を眺めながらぶらぶらと散歩

常連さんたちの楽しそうな会話を耳にしながら飲むビールもまたうまい

イタリアの食事にワインは欠かせない。山の幸たっぷりの前菜がこれで一人前

ピエトラペルトーザの山道であいさつを交わした老人は、どこまで歩いていったのだろうか

ローカル鉄道と路線バスでめぐる

果てしなきイタリア旅

目次

2. イオニア海沿いを走る鉄路に沿って乗り継ぎ旅……カラブリア州 84

3. ローカル私鉄に乗って半島めぐり旅……プーリア州 142

4. 狭軌の私鉄と小さな路線バスで奇岩の田舎町をめぐる旅
バジリカータ州

5. アペニン山脈の別世界の廃線跡をバスで乗り継ぎ旅
アブルッツォ州〜モリーゼ州

8. イタリアの中にあるドイツ「南チロル」を再発見する旅
……トレンティーノ-アルト・アディジェ州 ボルツァーノ自治県

「はじめに」にかえて――イタリア8つの旅

私がイタリアとめぐりあったのは大学生のときである。旅好きだった私は、思うままに旅することを人生の最優先事項としたため、就職活動はしなかった。その代わり、フリーランスで生きていくには特技がないといけない。そこで、英語以外の外国語をマスターしようと、留年したのを幸いにさまざまな語学にトライした結果、最後にイタリア語に出合った。フランス語や中国語などより発音や聞き取りも難しくなく、やや大げさにも思える抑揚が、どこか心地よく感じられたのだった。

初めてイタリアを旅行したのは、大学卒業直後の1981年のこと。行きのシベリア鉄道乗車、フィレンツェに滞在しての語学学校通いを含めて、半年近い旅となった。当時は大都市以外の情報がほとんどなく、列車とバスを利用し、行き当たりばったりで宿をとるという手探りの旅だった。

公共交通機関を使うと、地元の人と同じ空間を共有することで、その土地土地の空気を味わうことができるのがいい。「車でまわれば効率がいいのに」とよく言われるが、もとより旅に効率は求めていない。ローカル線の車窓を眺めていたり、路線バスで地元の人の会話を耳にすることこそが旅の醍醐味だと思っている。

確かに、イタリアの公共交通機関を乗りこなすには、ある程度の経験と度胸、そして多少の会話力が必要となる。列車の乗り場が急に変更になってホームを全速力で駆けたり、路線バスの停留所がわからずに1日に何本もないバスに乗り遅れたりと痛い目にあうことも少なくないのだが、そのたびに周囲のイタリア人の助けを得ながら、懲りずに公共交通の旅を楽しんでいる。ハードルが高ければ高いほど、それを克服したときの喜びも大きい。日本に帰ってきてから思い出すのも、もっぱらそうしたハプニングの数々である。

何よりもイタリアという国自体が、多様性に富んでいて魅力的だ。統一されたのは明治維新とほぼ同時代だから、文化も食べ物もバラエティに富んでいる。イタリアを北から南までまわることで、まるで世界旅行をしている気分にさえなってくる。そして、古代から旅人や巡礼者が数多く訪れてきたイタリアの人たちは、異邦人をもてなす術をよく心得ているのだ。

昔ながらの旧市街がよく残されているのも、イタリアならではである。自動車が普及する以前からある旧市街では、車もすれ違えないほどの裏通りや路地が網の目のように走っている。そんな町々を、道に迷うのを楽しみながらぶらぶらと歩き、バールと呼ばれる小さな喫茶店に入って、地元の人たちと肩を並べながらエスプレッソコーヒーを飲むのは、何ものにも代えがたい喜びである。

洋の東西を問わず、多くの国では近代化によって伝統的な町並みは取り壊されているところが多い。だが、イタリアでは小さな町だけでなく、近代的な都市にも中心部にはしっかりと旧市街が残っていて、人びとが日常生活を送っているのである。

そんなわけで、ほかの国にも旅行はしていたのだが、近年はもっぱらイタリアばかりに足を運ぶようになってしまった。最初の訪問以降、20世紀は5年に1回、21世紀に入るとほぼ毎年イタリアを訪れている。旅1回あたりの滞在は10日から3週間ほどで、北から南まで全20州を鉄道と路線バスと徒歩（まれにタクシー）でめぐってきた。数えてみると2024年までの23回の訪問で、大小250以上を超える町に足を踏み入れていたことになる。

本書では主に2004年から2023年まで、日本ではあまり紹介されない地域を中心にして8つの旅を取り上げている。その間、ネットの普及によって旅のスタイルは大きく変化してきたが、公共交通機関を使ったイタリア田舎町の旅には、相変わらずどこかに「罠」が隠されていて油断がならない。でも、そうした試練があるからこそ旅は楽しく、鉄道やバスでの移動自体も旅を彩る大きな要素になっている。

なお、ここに取り上げた8つの旅のなかには、一人旅ではなく妻が同行したものもある。とはいえ、もっぱら私が自由気ままに予定を立てて動いている旅なので、基本的に一人の視点で綴ってあることをご了承願いたい。

本書を通じて「旅の楽しさ」を少しでも感じていただけたら幸いである。

本文中で紹介した鉄道、バスなどの交通機関の情報（時刻表、経路、料金など）は、現地を訪れた当時のものです。現在の情報として紹介しているものについては、２０２４年秋の状況に基づいています。その後に変更になっている可能性がありますので、現地にお出かけの際は、事前にご確認ください。

1.

シチリア島の裏街道を鉄道&バス乗り継ぎ旅

シチリア州

島内にいくつもの世界遺産があって観光客に人気のシチリアだが、観光地は北と東の海岸沿いに集中している。しかし、シチリアの魅力はそれだけではない。西部と南部の海岸づたいに鉄道と路線バスを乗り継いで、イスラム文化やギリシャ文化の残り香が感じられる町々をめぐる。

1-1 出発地パレルモ：シチリア全土に向かう列車やバスが発着する州都

新しいトラムは純白のボディで登場

シチリアを旅するときは、飛行機で島の北西部にある州都パレルモか、東海岸のカターニアの空港から入るのが一般的だ。パレルモはシチリア州の州都で人口は70万人。これは、ローマ、ミラノ、ナポリ、トリノに続くイタリアで5番目である。

所在地の地名からプンタ・ライジ空港と呼ばれるパレルモの空港を出ると、ミラノやローマよりも格段に日射しが強く感じられる。この空港は都心から西に30キロほど離れており、中心部へのアクセスはバスのほかに、2004年に開業したイタリア鉄道（旧国鉄）が走っている。イタリアでは20世紀末ごろから、あちこちの空港でこうした連絡鉄道や空港隣接駅の開業が盛んになってきた。空港からパレルモ中央駅までは所要1時間ほど。以前は終電が早くて使いにくかったが、現在は深夜の12時過ぎまで走っている。

パレルモ中央駅は行き止まり式の堂々とした駅で、シチリア島の鉄道の中心といえる。シチリアの各地に向かう列車のほかに、市内をぐるりとほぼ5分の4周する市内路線（メトロ）も発着する。イタリアでメトロというと、必ずしも地下鉄ではなく、日本でいう郊外電車を指すことが多いが、この路線はほとんどが地下を走っているので、まさに日本でいうメトロである。ただし、使われて

パレルモ中央駅前で発車を待つ純白ボディのトラム

いる車両はイタリア鉄道の一般的な電車なので、ローマやミラノの地下鉄にくらべるとかなり大きく感じられる。

　地元の人や観光客でいつも賑わっている駅前には、トラム（路面電車）が乗り入れている。２０１５年から運行をはじめたもので、ボディは純白。鉄道車両に落書きされることの多いイタリアで、まるで「このキャンバスに描いてください」とばかりに真っ白な車体で登場したのには驚いた。

　しかし、開業から時間がたっても車体に落書きはないようだ。あまりに車体が真っ白で、かえって描きにくいのかなと思ったけれど、車庫での管理を厳しくしているのが真相のようだ。

　駅前に乗り入れる路線を含めて全部で４つの系統があるが、どれも地元密着の路線で、観光客にはあまり縁のない地域を走っている。

文明の十字路として繁栄したシチリア

シチリアというと、イタリアの南の果てにある辺境の島だと思いがちだが、歴史的な視点からするとけっしてそうではない。船が重要な移動手段だった時代には、海は国を隔てるものではなく、大量に人間や物資を運ぶための交通路だった。

だから、地中海の中央に位置するシチリアは、辺境どころか東西南北の文明の交差点として、フェニキア人、ギリシャ人、ローマ人、ゲルマン人、イスラム教徒、ノルマン人、フランス人、スペイン人など、さまざまな民族が行き交い、独特の文化が花開いたのである。

なかでも、9世紀からはじまるアラブ人やベルベル人などのイスラム教徒による支配の時代には、当時先進的だったイスラム世界の文化や技術が伝えられ、経済も大きく発展した。灌漑技術が導入され、今ではシチリア名産とされるレモンやピスタチオをはじめ、メロン、綿、稲などの栽培がはじまったのもこのころのことだ。

一方、ローマ教皇の支援を受けた北フランスのノルマン人がやってきたのは11世紀なかばごろで、12世紀にはシチリアと南イタリアにまたがるシチリア王国を建国。パレルモはその首都として繁栄の時代を迎えた。以前からシチリアにいたギリシャ系やローマ系の人びと、シチリアにとどまったイスラム教徒、新しくやってきたノルマン人など、多様な人びとが居住することで、多宗教、多言語の国家として発展したのである。

実は、古代ギリシャの古典が、ヨーロッパに紹介されたのは、このころになってからのことだ。

ギリシャ語からアラビア語に翻訳されていた古典が、シチリアやイスラム支配下のスペインでラテン語に翻訳されたためである。

黄金時代を象徴する人物が、12世紀末に生まれたフェデリーコ2世である。神聖ローマ帝国皇帝（ドイツ語名：フリードリヒ2世）であるとともにシチリア王国の国王であった彼は、非常にユニークな人物として知られている。イタリア語、ラテン語、ドイツ語はもちろん、ギリシャ語、アラビア語を含む9か国語が理解でき、うち7か国語を完璧に話し、幅広い知識と合理的な発想を有し、異教徒の親衛隊を持ち、鷹狩りを愛し、戦いを嫌い、教皇に破門されながら渋々向かった第6回十字軍では交渉によって無血でエルサレムの返還を実現した。「生まれるのが早すぎた天才」とも呼ばれており、全世界にファンがいる歴史上の人物である。私の友人にも、彼の足跡を追って南イタリアをめぐっている人がいる。

パレルモのノルマン王宮や郊外のモンレアーレ大聖堂には、当時のアラブ・ノルマン文化の粋が残されていて必見だ。2015年には世界遺産に指定されている。

1－2　北アフリカ名物のクスクスが郷土料理の町　トラーパニ

災害で不通になった鉄道の代わりにバスで移動

2014年9月、パレルモからまず向かったのは、島の北西端に位置する港町トラーパニだ。港からはシチリアの沖に浮かぶエガディ諸島をはじめ、アフリカとの中間に位置するパンテッレリーア島、そして北アフリカのチュニジアに向かう船が出ている。

パレルモからトラーパニまでは鉄道が通じていたのだが、地滑りと施設劣化のために2013年から不通になったままだ。復旧と同時に線路を整備して高速列車を走らせるための工事が進められており、2026年までに完工予定とされているが、イタリアのことだから予定通りに完成できるかどうかは不明である。

2024年現在、大回りをすれば鉄道でもトラーパニに行くことは可能だが、4時間ほどかかってしまう。さすがに不便なので、トラーパニへは都市間バス（中距離バス）で向かうことにした。バスターミナルは鉄道のパレルモ中央駅に隣接しており、トラーパニ行きはセジェスタ社のバスが1時間おきに走っている。

パレルモの市街地を抜け、しばらく走ると、道路の右手の車窓にティレニア海が見えてくる。さらに進むと、左手に巨岩が次々に出現し、パレルモ空港の脇を通過すると3分の1ほどの行程を

昔のイタリア映画の俳優のようなバスの運転手

走ったことになる。

トラーパニの町に入る少し前には、右手に堂々とした山が現れる。山腹には岩がごつごつして荒涼としているが、山頂付近に目をこらすと何本もの鉄塔とともに建造物が小さく見えてくる。エリチェの町だ。古代ギリシャ時代に、トロイヤ人の亡命者によって建設されたと伝えられている。

イタリアでは丘上や山頂に築かれた町が多く、標高750メートルの山頂に町があっても珍しくはないが、エリチェは海岸そばにそそり立っているために、ふもととは正味750メートルの高低差がある。もちろん、山頂から見た眺めは格別だ。

「エリチェから見ると、海の青と空の青が境目がなく交じりあっているんですよ」

イタリア人にそう教えてもらったことがあるが、いくらなんでもそれは美化しすぎだろうと思っていた。だが、実際にエリチェの山上から眺めて驚いた。本当に、どこが水平線だかわからないほど、海と空が渾然一体となっていたのだ。

エリチェには、トラーパニの町外れからロープウェイに乗れば15分ほどで到着する。山頂につくられた小さな町だが、教会もあればレストランもホテルもある。パレルモからも日帰りできるので、おすすめの町だ。

シチリア島の突端まで歩いてみた

宿は、トラーパニ旧市街にある旅行者用の質素なアパートを予約していた。小さな旅行会社を経営している兄弟が営んでいる宿らしく、トラーパニに到着したと電話を入れると、鍵を持ってやってきた。ホテルとは違って朝食は出ないし、とくに頼まない限り掃除もしてくれないが、逆に気兼ねがいらず好きな時間に出入りできるのがいいところである。最初は2泊の予定だったが、町も宿も居心地がよかったので1泊追加してここに3泊した。

荷物を置いてひと休みしたら、トラーパニの町の散歩である。新しい町を訪れたら、とにかく端から端まで歩いてみなければ気が済まないのだ。

1990年代に初めて訪れた当時の旧市街は、縦横に走る狭い路地がいかにも怪しげで、治安にも問題があるといわれていた。しかし、21世紀になって再訪してみると、町はすっかり様変わり。メインストリートは観光客で賑わっており、おしゃれなブティックやワインバーなどが軒を連ねていて、まさに隔世の感がある。

町を西へ西へと歩いていくと、進行方向の右側にも左側にも海が見えてきて、やがてシチリア島の北西に位置する岬に達する。突端までたどりつくと、イタリア人の家族連れを中心にした30人ほどが、小さな砂浜で海水浴をしているのが見えた。岬の先には小さな灯台があって、そこには立ち入ることができないが、ここがあの大きなシチリア島の端かと思うと感慨深い。

女性が牛耳る食堂でトラーパニ名物のクスクス初体験

トラーパニは、シチリアのなかでも北アフリカとの結びつきが強いとされるが、それをよく示しているのがクスクスである。スパゲッティなどと同じくデュラム小麦を材料にした小さい粒状のパスタで、もともとは北アフリカが発祥だが、トラーパニではすでに地元の料理となっている。クスクス専門店があるのもトラーパニならではだ。ピッツァ専門店はピッツェリーア、スパゲッティ専門店はスパゲッテリーアというが、クスクス専門店がクスクセリーアというのはこの町で初めて知った。

そして、私のクスクス初体験は、まさにこのときの旅のトラーパニだった。

トラーパニから、シチリア島の西に浮かぶエガディ諸島を訪ねようと港に向かったときのことである。ビールとパニーノくらいで軽く昼食を済まそうと、港に面した庶民的な定食屋に入ろうとしたそのとき、店頭に置かれた立て看板が目に入った。

そこには、「ウニ入りクスクスあります。10ユーロ」と書かれていた。急遽、方針変更である。

テーブルクロスをかけたテラス席に通してくれたのは、「漁師のついでに食堂も手伝っています」という雰囲気の40代後半くらいの体格のいいヒゲ面の男性である。

注文をとる声がやたらに大きくてダミ声なうえに、なんとなくがさつな立居振舞に最初はがっかりしたが、やりとりをしていくうちに、だんだんと愛らしく見えてきた。まるで町なかの高級レストランのように、気取って安いワインを注ぐ様子が、容貌とアンバランスでかわいい。

出てきたクスクスにはウニがわずかばかり載っており、それとは別にウニの味がする魚介味のソースが、カレーを入れるアラジンの魔法のランプのような入れ物に入ってついてきた。これをクスクスにかけて食べるらしい。あとで聞いた話だが、ソースを別に出すのはイタリア独自の進化だという。

味はどうだったかというと、ウニ自体はたいして新鮮でもなく、まあまあというところだが、ソースに魚の出汁がたっぷり出ているのが日本人向きだった。

店内には、かなり恰幅のよろしい3人の中年の女性がテーブル席に座っている。服装や態度からして、男性の家族か親戚なのだろう。私が入店してからずっと、テレビを前にして絶えずお菓子を口に運びながら、のべつ幕なしにおしゃべりをしている。

食事が終わって会計の段になったときのことだ。給仕をしてくれた男性に私が現金を支払うと、彼は現金とレシートが入ったトレイを持って店内に入り、女性の一人に向かってそのトレイを差し出しているのが見えた。イタリア南部の家族経営の店でよく見かける光景で、この店も女性が財布

ソースが別の容器で供されるトラーパニ風クスクス、ウニが載っている

の紐をしっかり握っているのである。奥さんやお母さんが仏頂面でレジの前にドンと居座り、男たちにはレジに指一本触れさせないようにしている店もよく見る。

この数時間後、エガディ諸島からの帰りに店を遠くから眺めてみると、驚いたことに3人の女性はまだ同じ場所で同じ恰好をして、テレビを見つつ何かを口に運びながらおしゃべりをしていたのだった。

1－3　マグロ漁の島が今では観光地に
エガディ諸島

若者を中心にクラフトビールが大人気

エガディ諸島はシチリア島の西に浮かぶ3つの有人島だ。そのなかでも観光の中心となっているのがファヴィニャーナ島である。3つの島のうちでもっとも面積が広く、ホテルやレストランなどの施設も整っている。観光シーズンには、トラーパニの港から1日に20往復ほどの高速船やフェリーが出ていて、所要は高速船なら30分ほど。最終便は夜9時過ぎまであるので、夕食を食べて帰ってこようと考えた。

すると、週末だったからか、到着した船着場は山のような人だかり。島の中心部の広場に行くと、こんな小さな島によくぞこれだけというほど、観光客がひしめいていた。

この旅の前までは、「地の果て、エガディ諸島」というイメージが頭にあったので、多少は観光化されているとは思ったものの、この情景にはさすがに驚いた。日本にたとえれば、利尻島か礼文島を訪ねたつもりが、行ってみたら江の島だったという気分である。

賑やかな中心部を外れると、地元の人の生活感あふれる静かな家並みが続いている。そんな家並みのなかに、胴体が3つか4つに切られた大きなマグロがごろごろと転がっている店があった。島内に無数にあるレストランに卸しているのだろう。あいさつしてカメラを構えると、大きな包丁を持ったままポーズをとってくれた。

表通りに戻ると、土産物屋はマグロの瓶詰に缶詰、マグロのオイルなどの加工品のオンパレードだった。このあたりの地中海は、昔からクロマグロ漁が盛んだったところなのだ。何隻もの漁船が、網を使って多数のマグロを中央に追い込み、最後に銛《もり》で突いて引き上げるという勇壮な漁法で知られていた。

マグロはイタリア語でトンノといい、マグロ漁はトンナーラ。そして、この漁のクライマックスがマッタンツァと呼ばれている。虐殺、屠殺という意味だ。何十人という漁師の男たちが単調な歌を口ずさみながら、タイミングを合わせてマグロを引き上げる様子をテレビで見たことがある。銛で突かれたマグロの血で海が真っ赤に染まることから残酷だという声が上がり、マグロ資源保護の風潮もあって、ファヴィニャーナ島では2007年を最後に行われていないという。

島の土産物屋やレストランでは、そのときのマッタンツァの様子らしき写真や絵をあちこちで目にした。どれも同じ構図で、立派なあごひげをはやした年配の男性を中心にして、マグロが飛びはねる網を大勢の男たちが引っ張っている。

ある土産物屋の前に行くと、まさにその男性が椅子に座っている大きな写真が立てかけられているではないか。そこには、次のような意味のことがイタリア語で書かれていた。

「オレがファヴィニャーナの最後のマグロ船長だ。地中海のマグロは最高だね。香りもいいしね。あんたも試してみなよ」

以前は、マッタンツァでマグロが獲れると、沖合で待ち構えていた日本の商社の船が高く買い付けをしていたと聞いた。太平洋のマグロの漁獲が制限されていたので、地中海産を輸入していたわけだ。ヨーロッパまで行って日本人がマグロを買い占めるのは恥ずかしいという論評も見たが、当の漁師からは「日本のおかげで伝統的な漁を継続できている」とむしろ感謝されていたという話を聞いたことがある。

さて、当日は何かのお祭りだったようで、昼間からアマチュア楽団が演奏をしていたり、教会前で司祭らしき人が説教をしていたりした。日が暮れると、マリア様を乗せた山車《だし》が町じゅうを練り歩いて、島の中心部は大賑わいである。

なんとか席を確保したレストランのテラス席で、まずは海鮮のフリット（フライ）をつまみにクラフトビールを注文。イタリアの飲み物というとワインを思い浮かべるが、近年は若い人を中心にクラフトビールが大人気である。ワイン醸造所の跡継ぎが、古くさい頭の親に反抗して、ベルギービールの醸造法を学んでつくっているところもあると聞いた。イタリア全土に数多くのクラフトビール醸造所が誕生しており、どのビールもかなりいける。

まだ時間と腹具合に余裕があったので、白ワインとシチリア独特のブジャーテというねじりパスタ、マグロのグリルまで注文した。のんびり食べていて時のたつのを忘れてしまいそうだったが、かろうじて最終の船には間に合った。

翌日には、エガディ諸島の残る2つの島、レヴァンツォ島、マレッティモ島をめぐったが、この2つの島はファヴィニャーナ島とは対照的に面積も小さく、観光化もほどほどだったので、落ち着いて島内を歩くことができた。

1－4　マルサーラ酒発祥の地はアラブ由来の地名　マルサーラ

ローカル線の車両は音楽の時間に習ったあの名前

トラーパニ滞在3日目は、午前中から丘上の町エリチェを訪れたが、戻ってきてもまだ日が高かった。そこで、残った時間を使ってトラーパニから20キロほど南にあるマルサーラに行こうと思い立った。マルサーラといえば、酒好きの人なら「マルサーラ酒」を思い浮かべるに違いない。ワインにアルコール（酒精）を加えてアルコール度数を高めた「酒精強化ワイン」で、スペインのシェリー酒、ポルトガルのポルトワイン、マデイラワインとともに、世界4大酒精強化ワインとされている。

急に決めたので、まずはマルサーラに行くルートについて情報収集である。宿泊していたアパートの管理人がやっている旅行会社に立ち寄ってみた。

「マルサーラには、どうやって行くのが便利？　バスはたくさん出てる？」

「マルサーラなら鉄道がいいよ。バスは町のなかに入らないからね」

南イタリアでは、鉄道よりバスのほうが便利なことが多い。1日に数本しかない列車に合わせてスケジュールを組んでみたら、実は並行する道をバスが頻繁に走っていたということもよくあるのだが、ここは例外だった。

さっそく発車時刻を聞いてトラーパニ駅へ。マルサーラに向かうローカル線の列車は、「ミヌエット」という愛称がついた3両編成のディーゼルカーだった。21世紀初頭に登場した車両である。20世紀までのイタリアの非電化ローカル線といえば、古くさいディーゼルカーが騒音をまき散らしながら走り、密閉性も悪いために車内に排気ガス臭が充満していたものだった。イタリア政府が道路建設への投資を優先したために、鉄道は取り残されてしまったのである。だが、20世紀末から鉄道への投資が積極的に行われ、幹線はもちろんローカル線も大きく姿を変えた。幹線には最高時速400キロでの走行が可能な高速列車が頻繁に走り、ローカル線にも次々に新しい車両が投入されている。昔のイタリアの鉄道しか知らない人は、「イタリアの鉄道はよく遅れるし、車内放送はないからどこを走っているかわからない」と言うが、今やイタリアはヨーロッパの鉄道シーンをリードする国といっても過言ではない。

ちなみに、「ミヌエット」とは、学校の音楽の時間に習った舞曲「メヌエット」のイタリア語。その後、「ジャズ」「スウィング」「ポップ」「ロック」「ブルース」と、音楽にちなんだ愛称の車両が続々登場している。

まずは道端でマルサーラワインを2杯

トラーパニ駅からマルサーラ駅までの所要時間は約30分。到着してみると、マルサーラ駅周辺は、ごく普通の住宅が広がる田舎町だった。まさか、ずっとこんな調子ではないかと少し心配になりな

上｜マルサーラ駅近くの踏切を通過するミヌエット　下｜ミヌエットの車内

がら、海岸方向に一本道をひたすら歩いていった。

すると、週末の夕方ということもあって、進むにつれて人出が増してくる。周囲の建物も、徐々に風格ある建造物が目立つようになった。駅から歩いて15分ほど、広場の周囲に立派な建物が並ぶ中心部にたどりつくと、そこはもう大変な賑わいとなっていた。マルサーラはシチリアの西の果ての小さな町かと思っていたら、予想をまったくくつがえす立派な市街地で驚いた。それだけ地中海の貿易で栄えたのだろう。ここは島の西の果てなのではなく、地中海に乗り出す足がかりの地だったのだと再認識した。

さて、マルサーラに来たのだから、マルサーラワインを飲まずには帰れない。路地に入ると、道端にテーブルを出してワインを供する小さなワインバーがあった。空いている席に座ると店員が出てきた。

「マルサーラワインをちょうだい！」

「辛口と甘口があります」

「うーん」と2秒ほど逡巡したのち、「両方飲む！」

しばらくして、2種類のグラスワインが運ばれてきた。辛口といっても上品な甘みがある。酒精強化ワインだけあって、アルコール度数は普通のワインが11〜14度程度なのに対して18度前後。2杯飲んですっかり気分がよくなった。

店には、マルサーラワインの由来について次のように書かれていた。

「18世紀の大航海時代にイギリス人商人が悪天候でマルサーラに避難した折、レストランで飲んだワインがイギリス人好みだと感じ、時間のかかる船便でも腐らないようにアルコールを加えたのがはじまりです」

加えるアルコールは、主にぶどうを原料としたブランデーが使われているのだそうだ。

ところで、マルサーラの語源は、アラビア語で「神（アッラー）の港」を意味する「マルス・アッラー」（＝マルサッラー）といわれてきたが、どうやら本当はアラブの遣《や》り手商人だったアリーの名前をとった「アリーの港」が正解のようである。イスラム教徒が恐れ多くも「神（アッラー）」を地名に付けることはないだろう。こちらの説が最近では有力のようだ。

意味も知らずに食べた魚「チェルニア」が絶品

海岸に出て日没を拝み、夕方の集会を開いていたネコたちと戯れたのち、再び中心部に戻ると、さらに人出が増えていた。何かいわれのある日らしく、教会の入口で説教をする聖職者を前に、人がひしめきあっている。じっくり観察をしたいところだが、21時20分の最終電車でトラーパニに戻らなくてはならない。のんびりしていたので、すでに時刻は19時半。急いでレストランを探すことにした。

持参していたイタリアで定評のあるガイドブックで、「安価でおすすめのトラットリーア」と書かれていたのが「ラ・ボッテーガ・ディ・カルミネ」。「カルミネの店」という意味だ。イタリアでは一般に、高級店である「リストランテ」に対して、「トラットリーア」は手軽なレストランという意味で使われている。さらに庶民的な「食堂」として、「オステリーア」や「タヴェルナ」などもある。もっとも、謙遜なのかどうか知らないが、「オステリーア」を名乗っていながら、実はかなりの高級店もあったりするから油断ならない。

さて、駅までの歩きを考えると、食事の時間は1時間あまりしか残されていないが、庶民向けのトラットリーアなら、さっと食べて出られるだろう。そう思って店に入った。

ところが、店に入ってびっくり。内装は白で統一され、おしゃれな中庭にはピアノまで据え置かれているではないか。ここが本当に安い店なのかと心配になったが、今さら出て行くのも情けない。ほかに客はいなかったので、時間がかかることはないだろうと甘く見ていた。

だが、10分以上たっても注文をとりにやってこない。厨房を覗きにいくとシェフらしき若い男性が仕込みをしていたので、「最終電車に乗るから急いでね」と伝えた。

すると、さらに数分たったところで、やっと若い女性店員がワゴンを押してやってきた。ワゴンには氷が敷きつめられて、その上に何種類もの魚がきれいに配置されている。これは、魚を扱うレストランや市場の商店でよく見るもので、店主の美的感覚の見せどころともいえよう。魚の大きさや色を考えたうえで、顔の向きも考えて配置しているのだ。時間がかかったのは、魚を並べるのに手間がかかったからに違いない。

ワゴンに見とれていると、先ほどのシェフが前かけをしたままでやってきた。いかにも下町の食堂の兄さんといった親しみやすい風体である。

彼は、わかりやすいイタリア語で、一つひとつの魚についてひと通り説明してくれたのちに、こう付け加えた。

「もう一つ、チェルニアがあります。今日、大きくていいのが入ったのでおすすめですよ」

「チェルニア?」

「白身でおいしい魚です!」

どうやら、大きくてワゴンには配置できなかったようだ。5秒ほど考えたが、その場で検索するのも野暮だし、彼の言うことを信用して、メインはそのチェルニアのグリルを注文することにした。前菜は魚介の盛り合わせにして、パスタは省略。

私は急いで白ワインを飲み、急いで前菜を食べ、急いでメインを食べた。

チェルニアは10×5センチほどの切り身がグリルされ、野菜を下に敷き、まるで高級レストランの創作料理みたいな形をして出てきた。肝心のお味はというと、それまでイタリアで食べた魚のメイン料理のなかで最高級であった。大変に満足し

絶品のチェルニア(ハタ)料理

た旨をシェフに伝え、内容にくらべて安価な支払いを済ませて、早足で駅に向かった。

それにしても、最初からチェルニアにするのだったら、ワゴンに並べてもらう必要はなかった。おかげで時間がなくなってしまったのは残念だった。時間に余裕があったら、デザートも食後酒もコーヒーも注文して、ゆっくりしたい店だった。

駅に戻ると時間通りにミヌエットがやってきた。トラーパニの宿に戻ると、真っ先にやったのはパソコンを開いてチェルニアの意味を調べることだった。

それは、日本語でハタだった。うまいはずである。東京で同じものを食べたら、あの3倍くらいの値段になっていたかもしれない。

1-5 丘と海にはさまれてアラブ風の路地が残る シャッカ

車窓からちらちらと見える狭軌鉄道の跡

パレルモからトラーパニ周辺までは公共交通がまずまず発達しているが、そこから島を南下して先へ行こうとすると、とたんに鉄道もバスも本数が少なくなってしまう。

トラーパニから南海岸の中核都市シャッカに向かう直通バスは所要2時間15分。夏期は平日5往復、休日2往復の運転である。バス会社はサルヴァトーレ・ルミアといって、創業者の名前をそのままバス会社の名前にする例は、とくに南イタリアでよく見聞きする。

かつてはこのルートを鉄道が走っていたのだが、現在は途中のカステルヴェトラーノ止まり。その先のシャッカ方面へ行く路線は1986年に廃止になってしまった。ここを走っていた鉄道は、レールの幅が狭い狭軌鉄道だった。イタリア全土を網羅するイタリア鉄道（旧国鉄）は日本の新幹線と同じ1435ミリの標準軌だが、この路線は旧国鉄の路線でありながら950ミリ。日本の在来線の1067ミリよりも狭く、走っている車両も一回り小さかった。

イタリアの鉄道雑誌やネットを探すと、当時の写真を見ることができる。小型の蒸気機関車やディーゼルカーが、市街地の密集地や眺めのよい海辺を走る情景が素晴らしい。今も残っていたら、立派な観光資源になっていたに違いない。戦前のシチリアでは、山奥で採掘された硫黄を運搬する鉄道をはじめ、各地に狭軌鉄道が建設されたが、戦後になって次々と廃止され、この区間がイタリア国鉄最後の狭軌鉄道線だった。

バスの車窓をじっと眺めていると、昔は線路だったに違いない道が、国道に沿って続いていくのを見ることができる。鉄橋やレールが残されているところもあり、わくわくしてくる。こうした廃線跡を取りあげた専門のインターネットサイトや本もある。イタリアの鉄道ファンは意外と廃線跡めぐりが好きなようだ。

上｜港から眺めたシャッカの市街地　下｜シャッカ駅と線路の跡

イタリア人の「あと5分」はあと何分？

途中で乗客の乗り降りはあるが、バスの乗客はつねに10人程度。のんびりした田舎の都市間バスだが、運転席からは、ひっきりなしに１９６０年代から80年代にかけてのイタリアの古い流行歌が流れてくる。私にとっては聞いたことのある懐メロばかりで楽しいのだが、やけに大きなボリュームでかけているので、ほかの乗客はうんざりした表情だ。しかも、ときに運転手が音楽に合わせて歌い出すのである。

その光景は、いつかどこかで体験したことのあるような気がしたが、少しして思い出した。30年ほど前に乗ったインドのバスだった。そのときは夜行列車明けに乗ったバスの車内で、女性歌手の甲高い声が響きわたって頭がガンガンしたものだった。今思うと、あれは運転手の居眠りを防止する目的があったのかもしれない。

ここシチリアでは音楽は我慢できたが、我慢できなかったのはトイレである。バスに乗る直前に飲んだコーヒーのせいか、１時間ほどたったところで尿意を催してきた。我慢できなかったのはイタリア人も同様だったらしい。バス停に停まるたびに、乗客が１人、２人と運転手に「トイレ休憩はないのか」「トイレに行きたいからちょっと発車を待っていてくれないか」と詰めよる。

すると、同乗していた車掌役の男性が乗り出してきて、「もう少し待って。トイレ休憩はある」「どこで？」「３つ先のバス停だ」「どのくらい？」「あと5分！」という会話が交わされる。しかし、なかなかトイレ休憩はなかった。みんなの表情がさらに険しくなった約10分後、ようやく小さなド

やっとトイレ休憩

ライブインのようなところに停車した。10分ほど休憩とのことで、私を含む乗客は争ってバスを降りていった。

イタリア人は、相手を待たせるときに、よく「あと5分」「あと2分」という言い方をする。たとえば、ホテルからタクシーを呼んだとき、「あと5分」といわれたら、10分かかると思っていればいらいらしない。「あと2分」だったら5分くらいだと思っていると心穏やかでいられる。「あと1分」で「まもなく」「すぐ」という意味になるようだ。もしそれで3分かかったとしても、けっしていらついてはいけない。

旧市街で見たアラブ風の路地と中庭

シャッカは、私にとって憧れの町だった。写真で見たその町は、海に面した丘がびっしりと建物で埋めつくされ、古めかしい建物が並ぶ旧市街には網の目のように裏通りや路地が走っていた。道に迷いながらぶらぶらと散歩をするにはうってつけの町に見えたのだ。

シャッカという変わった名前については、アラブ支配時代の人名に由来しているとか、ラテン語の温泉が語源だとか、いやアラビア語の温泉の意味だ、シリアの神様の名前だなどと、諸説ふんぷんのようである。温泉が地名の由来というくらいなので、町の端には有名な温泉場もある。

イタリアは日本と同じく国土に火山帯が走っているために、噴火や地震が多い一方で、温泉にも恵まれている。もっとも、日本と違って水着で入らなくてはならず、さらには入浴前に医師の簡単な問診が必要と聞いて、面倒くさがりの私はまだイタリアで温泉の恵みに浴したことがない。

その代わり、シャッカではひたすら町歩きに没頭した。泊まったホテルは港に近い丘の下にあり、丘上の旧市街を散歩するには、急な坂道や階段を昇り降りしなくてはならなかったが、着いた日の昼と夕方、そして翌朝と3回も往復した。

歩いた結果はどうだったかというと、実に散歩に適した素敵な町だった。旧市街の路地はしばしば行き止まりになっていて、中庭を取り囲むようにして何棟かの家が並んでいる風景がある。こうした町並みは南イタリアでときどき見られるが、かつてアラブ人が住んでいた名残だという。

夕方の散歩に満足してホテルに戻ってくると、ガラス張りになっているホテルの裏口の先に空き地が見えた。しかも、幅10メートルほどの空き地が左右にずっと続いているのである。鉄道廃線マニアならピンとくる「怪しい空き地」である。

再びホテルの外に出て空き地の周囲を見まわした。周囲を取り巻く道は、片側一車線ほどの狭い車道なのだが、看板には「Via della stazione」（ヴィーア・デッラ・スタツィオーネ）と記されていたのだ。「駅通り」という意味である。３００メートルほど離れたところには蒸気機関車用の給水塔が残っていた。そう、１９８６年に廃止された狭軌鉄道のシャッカ駅がここにあったのだ。日本とは違って、通りの名前がそのまま住所になるので、鉄道が廃止されても簡単に変更されることはない。実際に、イタリアのあちこちを旅行していると、鉄道の駅がない「駅通り」をよく目にするのである。

１−６　通りの名前にギリシャ植民市の名残　アグリジェント

バスに乗る前の欠かせない確認事項——バールが切符の販売店？

シャッカの次に向かったのは、シチリア島南海岸のほぼ中央に位置する大きな都市アグリジェントである。シチリア島の西部は、ここまでトラーパニ、マルサーラ、シャッカとアラブの影響が色濃く残る町が多かったが、アグリジェント周辺はギリシャの影響が強い地域である。

古代ギリシャ文明が華やかなりし時代、ギリシャの植民市がシチリア島の各地につくられ、現在でもあちこちでギリシャ神殿や円形劇場を見ることができる。そのなかでも、もっとも大規模な遺跡が残されているのがアグリジェントである。町外れにある考古学地域「神殿の谷」には、極めて保存状態がいいコンコルディア神殿をはじめ、数々の遺跡がある。

シャッカからアグリジェントに向かう鉄道もすでに廃止されているので、1日に8往復ほどのサルヴァトーレ・ルミア社のバスで1時間近くかけて移動した。

ところで、イタリアでバスに乗るときに問題となるのは、どこで切符を買うかである。車内では切符が買えない路線があるかと思えば、車内でしか買えない路線もある。車内で買えない路線の場合、当然ながら乗る前に切符を用意しておかなくてはならない。大きなバスターミナルならば専用の切符売場があるが、途中の小さなバス停から乗るときは、前もって切符の販売店を見つけなくてはならない。可能性が高いのは、タバコや宝くじなどを売っている「タバッキ」または「タバッカイオ」と呼ばれる店だ。店先に掲げられている「T」のマークが目印である。バス停近くのバール（立ち飲み中心の小規模な喫茶店）で売っていることもある。だが、タバッキもバールも休日には閉まっていることが多く、平日でも営業時間が限られているので油断がならない。

シャッカのバス乗り場は市街地の外れにあった。中長距離バスと市内バスの乗り換え地点になっているが、さして広くない広場の隅にバス停の標識が並んでいるだけである。ここシャッカでは幸いなことに、広場の片隅にある小屋のような切符売場が開いていたので、無事に乗車券を入手し、歩道いっぱいにたむろする下校途中の中高生をかきわけてバスに乗ることができた。

堂々としたアグリジェント中央駅

シャッカ方面からバスに乗ってアグリジェントの市街地に入ると、終点のバスターミナルの手前で、アグリジェント中央駅を俯瞰できる道を通過する。行き止まり式の堂々とした駅で、駅の手前では何本もの線路が複雑に交差しているのが見える。バスはその駅前を経由して、町の北東側にあるバスターミナルに到着。シャッカのバス乗り場とは違って、こちらは近代的なバスターミナルだ。世界遺産の「神殿の谷」へは、ここから市内バスに乗れば10分ほどで行くことができる。

ところで、神殿の「谷」とはいうが、必見のコンコルディア神殿はさえぎるものがない丘の上に建っているために、晴れていればいつ行ってもきれいな写真が撮れる。宿に荷物を置いてから夕刻に到着したところ、ちょうど観光客の多くが帰路につくところだったので、静謐な雰囲気のなかで西日を浴びた神殿の壮麗な姿を拝むことができた。

アグリジェントでとった宿は、旧市街のメインストリートであるアテネア通りから路地を入ったところにあった。中庭のある小さな集合住宅2階のこぢんまりとした「B&B」(ベッド&ブレックファースト)だ。B&Bとは、その名の通り、寝る場所と朝食を提供する宿という意味で、自宅の一部を改装して旅行者に提供するところが一般的のようだ。かつてイギリスやアイルランドを旅したときには、よくお世話になった。ホテルにくらべると価格が安く、なかには立派なお屋敷を改装したところも多く、非常にお得感があった。

以前のイタリアでは、宿泊といえばホテルばかりだったが、2000年ごろを境にしてB&Bが

上｜画面中央奥に見えるのがアグリジェント中央駅　下｜必見のコンコルディア神殿

急に増えてきた。選択肢が増えて旅行者としては喜ばしいのだが、B&Bが増えた理由は、イタリアの経済低迷にあったようだ。収入の減った一般の人が、副業として宿の経営に乗り出したためらしい。さらに2020年代初頭のコロナ禍によって観光客が一時的に激減し、小規模なホテルが大打撃を受けた一方、空き家や空き部屋をリフォームして旅行者に提供する「旅行者用アパート」がかなり増えている。

さて、アグリジェントの宿で出迎えてくれたのは、近所に住んでいる若い女性だった。帰りにはまた別の女性がやってきたところを見ると、何人かで共同して運営しているのかもしれない。素人っぽくて不慣れにも見えたが、ホテルにはない親しみやすさが魅力である。

「ミネラルウォーターやお菓子、ワインも置いてありますよ」と応対してくれた女性は言う。ボトルや袋には、手書きの小さな値札が下がっている。地元の赤ワインがボトルで5ユーロほど。町のスーパーで売っているのと変わらない値段だったが、味は実によかった。

この町には、アテネア通りをはじめとして、ギリシャ語に由来した通りの名や教会、店名が多い。アラブの残り香が強く感じられるパレルモとは違った、どこかゆったりとした感じの町である。

アテネア通りは目抜き通りではあるが、イタリアの旧市街によくあるように、狭いところでは幅が5メートルほど。もちろん一方通行だ。この狭い通りの両側に、バールやレストラン、日用品の店、そして有名なブランドショップが軒を連ねている。

到着した日は、バスターミナルから宿までスーツケースを転がして歩いたのだが、交通量の多い石畳の道を500メートル以上も移動するのは一苦労。それに懲りて翌日はバスターミナルまでタクシーを呼んでもらうことにした。

大きな荷物を持って歩道のない狭い道に立っているわけにはいかないので、路地を入ったところで待つしかない。5分ほどして路地の前でタクシーが止まったのを見計らって、スーツケースを転がしてアテネア通りに出るのだが、あっというまにタクシーの背後に4、5台の自家用車と市内バスが詰まってしまった。もたもたしてクラクションを鳴らされるといけないと思い、あせってスーツケースをタクシーのトランクに積み込んで、ちらりと後ろの車やバスの運転手の顔を見た。ところが、みんな何ごともなかったように落ち着いた顔をしている。クラクションでも鳴らされるかとうろたえた自分が恥ずかしくなってしまった。

1-7 アグリジェントからラグーザへバスを乗り継ぎ200キロ

車窓から見えた印象的な町——宿題は増えるばかり

イタリアの旅から帰ってきて印象に残っている光景というのは、有名な観光名所よりもむしろ、町なかで目にしたほんのささいな瞬間であったり、バールやレストランで出会った地元の人とのやりとりだったりする。それに加えて、一つの町から次の町までのバスや列車での移動の間に、車窓から見えた名前も知らない町の様子もまた、強く記憶に刻まれていることがよくある。とはいえ、車窓から見えるのは一瞬だから、旅から帰って時間がたつとだんだんと記憶が薄れていく。何かの拍子に脳裏によぎる風景があっても、「ああ、どこで見た町だったか」と懸命に記憶をたどっても思い出せないまま、いつしか忘れてしまう。

そうした経験を惜しく思う気持ちが募り、イタリアで中長距離のバスに乗るときは、なるべく先頭に陣取って、印象的な風景を写真に残そうと思うようになった。幸いなことに、今では画像の撮影時刻が記録されるので、帰国後にバスの時刻表と対照すれば、どの区間で撮ったのかがわかる。さらにインターネットのストリートビューを参照すれば、具体的な撮影場所が特定できるのだ。

もっとも、撮影した町のことを調べていった結果、「ああ、途中下車してじっくり町歩きをすべきだった！」と後悔することも多い。毎回毎回イタリアを旅するごとに、「次回は、この町にぜひ行かなくては」という宿題が増えて、イタリアの泥沼にはまってしまうのである。

そんな町の一つが、アグリジェントの東にあるパルマ・ディ・モンテキアーロという丘上の町だった。その日は、アグリジェントからバスと鉄道を乗り継ぎ、シチリア南海岸を東へ２００キロ移動してラグーザへ向かう旅程だった。

アグリジェントのバスターミナルを出発したのは11時ちょうど。まずはＳＡＬ社のバスに乗り、1時間かけて終点のリカータまで乗る。

リカータに通じる国道を快調に走っていたバスは、突然左折して急坂を登っていった。左右に何

上｜アグリジェント〜リカータの車窓　下｜パルマ・ディ・モンテキアーロの狭い道を走る大型バス

度も急カーブを繰り返すと、やがて丘の上に人家が密集した町が見えてきた。市街地に入り、大型バスが通るとは思えないような狭い道を右に左に曲がると、いきなり目の前にシチリア・バロック様式の見事な教会が現れたのだ。教会前広場が工事中らしく無粋な塀に囲まれていたが、とりあえず写真を撮影した。バスは、さらに何度も右折と左折を繰り返したすえに、ごくごく小さな広場の端に停車した。広場の向かいにあるバールでは、暇そうな親父さんたちがテラス席に座って、なにやらおしゃべりをしている。私にとっては非日常的な旅の一コマなのだが、彼らにとっては日常生活の一部なのだと思うと、どこか不思議な感じもするし、その情景がいとおしく感じられた。

バスはしばらく停車したのち、広場からUターンして、来た道を引き返していった。

日本に帰ってから、この町で撮影した教会をネットで調べてみると、塀に隠れていた部分に階段があって、教会の周囲は素敵な空間であることがわかった。有名な観光名所もない田舎町だが、近くに来る機会があれば、ぜひ途中下車してみたいと思ったのである。

鉄道代行バスを探して町をうろうろ

リカータのバスターミナルに到着したのは、ちょうど昼の12時。街道が町の中心部を貫いており、人通りが多い。大きな港があるためか、賑わいのある町という印象である。バスターミナルは、近代的なアグリジェントのそれとは対照的に、昔ながらのバス溜まりといった感じだ。ターミナルの隅には、大昔に鉄道の駅舎として使われていたに違いない建物があり、そばには蒸気機関車用の給水塔が残っていた。

　ここからは鉄道を利用してジェーラという町まで行き、そこで目的地のラグーザ行きに乗り換える予定である。だが、スマホの地図を見ながら探しても、現在の駅がなかなか見つからない。ようやく見つかったその場所は、表通りから一歩入った小さな広場に面していた。どう見ても、その裏通りに駅の入口があるとは思えない場所で、人の気配もまったくない。嫌な予感がしてきた。駅前に立ってみると、事務室や待合室は鎖と錠で厳重に封鎖されているではないか。脇にあった入口からホームに入ってみると、線路が赤錆で覆われている。しばらく列車は走っていないようだった。

　あたりを見まわしたところ、待合室の入口にバス代行を知らせる貼り紙を見つけた。なんとかイタリア語を解読したところ、どうやら「代行バスは〇〇通りの××前から出ている」らしい。「〇〇通り」は、すぐそばを走る表通りだと見当がついたが、「××前」がわからない。何かの店の名前かと思い、表通りをあっちへ行ったりこっちへ来たりしたのだがまったく見つからない。

　実は、鉄道代行バスに乗れなくても、バス会社の路線バスにジェーラ行きがあるので大きな問題ではないのだが、それだとジェーラでの乗り換え時間が15分しかないのが不安だった。万が一バスが遅れて乗り換えに失敗すると、その次の列車は2時間後になってしまう。

　駅に戻ってみると、ホームには南インド系と思われる若い青年が一人たたずんでいた。話を聞いてみると、彼もこの代行バスに乗りたいらしいが乗り場が見つからないという。

　発車時刻は、あと10分ほどに迫っていた。

リカータ中心部、代行バス乗り場をひたすら探し回った

「たぶん、表通りに出たあたりのどこかにやってくると思う。2人で手分けして探してみよう！」

そういって付近をうろつきまわっていると、しばらくして彼が通りの向こう側から手を振っているのが見えた。近寄ってみると、それは言われなくては絶対に気づかないミニバス……というよりもワゴン車だった。フロントガラスには、小さく「鉄道代行」の貼り紙がしてある。

代行バスの乗客は、結局われわれ2人だけ。運転手1人と車掌役1人がいて、総勢4人である。切符を買おうとしたら、車掌は「ない」というのでそのまま乗ることになった。

ほぼ同じルートをたどる路線バスがあるので、わざわざこのバスに乗るのは、国道から外れた途中駅近くに住んでいる人か私のような物好きくらいだろうか。路線バスはおそらく国道を直進していくのだろうが、代行バスだから鉄道駅が近くなるたびに脇道に入って、殺風景な駅前に立ち寄っていく。だが、途中での乗り降りはなかった。

狭い車内に大きな荷物を持ち込んだため、身動きがとれずに写真を撮る余裕がなかったのは残念である。でも、国道から離れた茫漠《ぼうばく》とした野原を、イタリア人の運転手と車掌、南インド系の青年と日本人を乗せた代行バスが疾走していく様子は、今も瞼《まぶた》にしっかりと焼きついている。

ジェーラには40分ほどで到着した。ただ乗りできたのかなとほくそ笑んだが、そうは問屋が卸さず、ジェーラ駅の自動販売機で逆方向同運賃の切符を購入させられた。

地元の人に道を尋ねながら進む代行バス

ジェーラもそこそこ大きな港町で、市街地には活気が感じられた。ラグーザへ向かう列車の発車までは40分ほどあったのだが、大荷物を抱えているので町歩きは断念して、駅構内のバールで赤ワインと軽食をとることにした。

ワインを飲みながらぼんやりと駅前を眺めていたら、乗り換え時間が15分しかないために避けたリカータ発の路線バスが、きちんと時刻通りに到着したのが見えた。かなりの乗車率である。リカータでの苦労が無駄だったように思えたが、代行バスをめぐっては得がたい体験ができたし、ジェーラ駅でゆったりとワインを飲むことができたのだからいいとしよう。

さて、いよいよジェーラからラグーザへ、シチリア南海岸に沿って走る鉄道の旅である。

ちょっと高揚した気分で、駅の改札上にある電光掲示板で乗り場を確認してみると……、乗り場の数字の代わりに表示されていたのは、「ＢＵＳ」というアルファベットだった。何の因果か、私が乗る予定だった列車は、ここでも代行バスになってしまったのである。イタリアの閑散期の日中にはよくあることで、どこかで工事をしていたらしい。駅前に横付けされたのは大型バスで、20人ほどが乗り込んだだろうか。先ほどの南インド系の青年もいた。私は例によって、前が見える最前部の席に陣取った。大型バスではあるが、代行バスだからやはり律儀に途中駅の駅前に乗り付ける。そのたびに国道から外れて、舗装がはがれている狭い田舎道をガタガタと進んでいく。

運転手はバス会社の社員が派遣されているようで、国道で一直線にラグーザ方面に行く道は知っていても、小さな鉄道駅に立ち寄るルートは不案内らしい。イタリア鉄道の社員らしき中年男性がそばについて、「次の道を左」だとか「待合室に客がいるかもしれないから、クラクションを鳴らして」とアドバイスしている。

どこかの町だったたか、とうとう案内役の男性も道に迷ってしまったようで、大きなバスが旧市街の狭い道で立ち往生してしまった。最初は扉を開けて近くの人に道を聞いていたのだが、埒があかないようで、しまいにはバスを降りて地元の人に聞きまわっていた。

そんな様子を見ているのもおもしろい。急ぐ旅だったら気が気でないだろうが、「今日のうちに目的地に着けばいいや」と思っていれば、こんな時間も十分に楽しめる。

駅前に止まるたびに、乗客は１人降り、２人降りして、リカータで出会った南インド系の青年は、周囲に畑が広がるのどかな村で降りていった。「ありがとう。おかげでうまくバスに乗れたよ」と最前席から声をかけると、彼は振り返って笑顔を見せてくれた。その後、コミゾ、ヴィットーリアという大きな町を過ぎると、私のほかに客はいなくなった。

1-8　華美な装飾のバロック建築に圧倒される　ラグーザ

映画で見た町にようやく足を踏み入れる

ラグーザのバスターミナルは屋根もなく、切符を売る小さなブースがあるだけで、リカータと同様に単なる駐車場のような趣である。しかも、町の中心部から外れていて、周囲はがらんとしているので心細いこと限りない。中心部に行くには、ここで市内バスに乗り換えなくてはならず、個人旅行者にとってハードルが高い導入である。

そんなラグーザだが、世界遺産「ヴァル・ディ・ノート（ノート谷）の後期バロック様式の町々」を構成する町の一つで人口7万人。ラグーザ県の県都でもある大きな町だ。

ここを知ったのは、1985年に日本公開されたタヴィアーニ兄弟による映画『カオス・シチリア物語』だった。シチリアを舞台とした幻想的・寓話的な映画で、原作はノーベル賞作家ルイージ・ピランデッロ。彼の短編集をもとにした数編のオムニバス形式になっていた。

そのなかの一編に登場したのが、ラグーザにあるサン・ジョルジョ大聖堂である。話の筋書きは

ラグーザのシンボル、サン・ジョルジョ大聖堂

忘れてしまったが、主人公がその教会の手前の階段にやってきて座り込んでいたシーンが印象的だった。

教会の正面には円柱が多用され、全体にゆるやかな曲線を描いているのは独特のデザインだと思ったのだが、実は耐震性を考慮したものだと何十年もたってから知った。

ラグーザをはじめとするノート谷の町々は1693年の大地震で壊滅的な被害を受け、ラグーザでは住民約1万人の半数が亡くなったという。復興にあたっては、当時流行していたバロック様式で町が再建されたために、ごてごてした装飾が特徴のバロック建築に満ちているわけだ。

ぜひこの目でサン・ジョルジョ大聖堂を見てみたいと思ったのだが、当時はシチリアについての情報が少なく、しかも南東部の内陸はほとんど未知の領域だった。初めて足を踏み入れたのは

2007年になってからのことである。

「カールは持ってる?」

ここからしばらくは、2007年の初訪問のときの話である。

訪問前は、さぞかし田舎っぽい町なのだろうと思っていたのだが、新市街のメインストリートにはおしゃれな店が建ち並び、立派なホテルが何軒もある大きな町だったのには驚いた。あとから思うと、2002年に世界遺産に指定されて以来、観光客も少しずつ増えていたのだろう。

田舎町だと思い込んでいたものだから、ラグーザではちょっと高級な4つ星ホテルを予約しておいた。イタリアでは、宿のランクを設備、規模、提供できるサービス内容をもとにして、星の数で表している。細かい基準があるが、簡単にいえば星1つは質素な下宿のような宿で、星5つは大規模な高級ホテルと考えればいい。とはいえ、星が多ければ必ずしも心地よいとは限らず、星2つでも十分に清潔で立派な宿もあれば、星4つでも「はてな?」と思うホテルもないわけではない。

ネット予約が普及してからは、ホテルの外観や内装を写真で見られるようになり、細かい設備についてもチェックできるので、昔ほど星に頼らなくても選べるようになった。

予約したラグーザのホテルにチェックインしてみると、さすが4つ星ホテルだけあって、フロントの男性は英語で応対する。近年はイタリア人でも英語を話す人が増えたが、当時は地方に行くと英語が通じるのはホテルのフロントか高級レストランくらいだった。

一通り、チェックインの手続きをしたあとで、彼はこう言う。

「ドゥ　ユー　ハヴァ　カール？」

この英語の質問に私はうろたえた。「Do you have a」まではわかるが、「カール」がわからない。正直なところ、私は英語の会話は不得意で、旅行に最低限必要な「サバイバル・イングリッシュ」レベルである。会話に限っていえば、イタリア語のほうが日本語に発音が近いので、ずっと聞き取りやすい。

はてな？　という顔をすると、彼は繰り返す。

「Do you have a　カール？」

まさか、あの有名な日本のスナック菓子が欲しいのかと本気で考えかけたが、まさかそんなはずはない。もう一度、繰り返してもらったが、彼はやはり「カール」というだけ。思い余って、私は「イタリア語で言ってみて」と言った。すると、彼はこう答えたのだ。

「アヴェーテ　ラ　マッキナ？」

ようやくわかった。マッキナとは車のことである。車を持っているか、つまり車で来たかどうか、すなわち駐車場を使うのかどうかを尋ねていたのだ。

「車じゃないよ。バスで来た」

「オーケー」

こうして無事に問題は解決した。つまり、このフロントのお兄さんは、「CAR」の「R」をイタリア風にしっかり巻き舌で発音していたのである。

それで思い出した。イタリア人の知人がネットで文章を送ってくれるという話があって、彼女が「ウォルド、ウォルド」としきりに言う。何のことかと思っていたら、ワープロソフトの「Word」だったという経験があった。ローマ字読みにすれば、確かにウォルドである。

また、イタリア在住の日本人から聞いた話では、知人のイタリア人男性が「自分の婚約者はヌルスなんだ」というので、どんな人なのかと思ったら「Nurse（ナース）」、つまり看護師だったという。

そもそも、イタリアで英語といえば、少なくとも以前は、同じヨーロッパのイギリス英語が主流だった。イギリス英語は、確かにアメリカ英語よりも「R」をしっかり発音する。それも関係しているのかもしれない。そして聞き取りに関しては、英語よりもイタリア語のほうが、はるかにわかりやすいと再認識した体験だった。

町の全景が見えるバスに乗ってみると

ラグーザの最大の見どころといえば、東側の孤立した丘の上にあるラグーザ・イブラの町並みだ。17世紀末の大地震によって、ラグーザをはじめとする周辺の町々は壊滅的な打撃を被ったことは前に書いたが、イブラ地区は奇跡的に大きな被害を免れたという。そのために、今でも曲がりくねった細道や入り組んだ路地が健在だ。

一方、地震後に根本からつくり直されたのが、新市街にあたるラグーザ・スペリオーレ（上ラグーザ）であり、ホテルの多くや商店街、駅、バスターミナルは新市街にある。

心ひかれるのは、スペリオーレからイブラに向かって下る階段である。台地の端にあり、階段の上からはイブラの町全体が一望できる。ラグーザの観光写真に必ず登場する眺めだ。しかも、展望できるポイントがいくつもあり、少し移動するだけで目に入ってくる風景が変わるために、いくら見ても飽きない。

天使の階段という別名もあるそうで、高い位置からイブラを俯瞰する光景は、天使の視点で見ているようにも感じられる。階段を降りていくに従って、ラグーザ・イブラとの遠近感が変化していく様子もまた飽きない。

階段を降りきってイブラの町に入ると、くねくねした狭い上り坂が連続する。そして、細道を通り抜けた先に、映画で見て感動したサン・ジョルジョ大聖堂の偉容が突如として現れるのだ。イブラの路地は地震前の町割りを感じさせるが、建物の多くは地震を契機に建て直されたようで、この大聖堂もまた地震後にバロック様式で建てられている。

隣町であるモディカと結ぶ都市間バスの車窓からは、イブラの全景を側面から眺めることができる。天使の階段から見たイブラとはまた違って、その様子はまるで海に浮かぶ大きな島のように見える。しかも、向きを90度ほど変えると、スペリオーレの町の遠景もまた別の大きな島のように見えるのだ。

病院の駐車場から見たラグーザ・イブラの全景

この絶景をなんとかカメラに収めたいと思ったのだが、一番の展望ポイントは町外れの崖のへり。歩道のない道路上にあって、徒歩で行くにはかなり大変そうに見えた。だが、都市間バスの車窓を凝視していると、その近くに市内バスのバス停を見つけた。もっとも、1回目の訪問時には、時間がなくてそこまで行くことができなかった。

そこで、2014年の2回目の訪問では、満を持して30分に1本ほど運行されている市内循環バスに乗って、その展望ポイントまでたどりついたのである。

そこは、大きな病院の前だった。病院に用もないのに下車して、駐車場の端からイブラとスペリオーレの荘厳なパノラマを撮影したのだ。病院の敷地内ではあるものの、建物に入ったわけではないし、公共のバス停がある駐車場から撮ったので問題ないとは思う。

帰りのバスを待っていると、お見舞い帰りと思われる老人が笑顔で話しかけてきた。
「はい、ちょっと知人が入院していて……」
正直に写真を撮りに来たと言えず、ささやかな嘘をついて自己嫌悪に陥った私であった。

1-9 モディカ 丘と谷にびっしりと広がる町並みとバロック建築

まるでジオラマのような町

ラグーザから南東に直線距離で10キロほどのところに位置するモディカは、ラグーザ県のなかでラグーザ、ヴィットーリアについで人口第3位の町である。観光客は周辺のラグーザやノートに目を向けるものの、モディカに宿泊する人は多くない。最近では、日本のテレビ番組でモディカのチョコレートが取り上げられるようになり、多少は知名度が上がったが、2010年以前にこの町の名前を知っている人は、イタリア好きのなかでもほとんどいなかった。

確かに、著名な美術館や博物館があるわけでもなく、抜きんでて歴史的な建造物や名所があるというわけでもない。バロック様式の教会は見事だが、似たような教会は周辺の町にもある。

だが、ここモディカは町全体が目を見張るようなつくりになっているのだ。2つの丘にはさまれた谷間には数百メートルのメインストリートが走り、両側の丘の斜面にはびっしりと家が建っている。丘上の見晴らしのいい場所から町全体を見わたすと、まるでジオラマを見ているような錯覚に陥る。

地図を見るだけなら、ラグーザからモディカまでは歩いても行けそうだが、その間には大地溝帯のような谷が横たわっている。自動車が発達する前は、さぞかし行き来が大変だっただろうと想像されるが、今は谷間に架かる大きな橋を経由する道があるので、20分ほどで行くことができる。バスの車窓からは雄大な景色に加えて、ラグーザ、モディカの見事な丘上都市ぶりを眺めることができ、ひとときも目を離すことができない。路線バスは1時間に1本ほどが運行されているので、わりと便利である。

ラグーザとモディカを公共交通機関で行き来するときは、大半の人はバスを使うことだろう。鉄道は本数が少ないうえに駅が中心部からやや離れていて不便だが、車窓の景色は抜群である。線路はもっぱら地形に忠実に走っており、途中にループ線やトンネルをはさんで雄大な風景を眺めることができる。

新市街に位置するラグーザ駅は、がらんとした構内に何本もの線路がはりめぐらされていて、かつての貨物輸送の賑わいを偲ばせる。ラグーザ駅を発車したモディカ方面行き列車は、ぐるりとループ線を描いて崖の中腹に出るのだが、残念ながらほとんどがトンネルのために車内から全貌を見ることはできない。

その後は、広々とした大地を右に左にカーブしてトンネルをいくつか抜けたすえに、約20分かけてモディカ駅に到着する。

名優に似たホテルの主人に迎えられる

私が2007年に初めてモディカを訪れたときは、事前の情報がほとんどなく、そもそも行く予定もなかった。だが、ラグーザのホテルで働く30代くらいの運転手から、こんな話を聞いたのだ。

「お客さん、次はどこに行くの？」

「ノートの町に行くつもり。美しい教会や建物が並んでいるんだよね」

「確かにノートの町もいいけれど、モディカのほうがおすすめだなあ。モディカの町を見たら感動するから、ぜひ行ってみて！」

そこまで言われたら、素直な私は従わないわけにはいかない。多大な期待を抱いてモディカにやってきたというわけだ。

だが、トンネルを出てすぐのところにあるモディカ駅に着いたとたん、想像とはかなり違った風景に戸惑った。駅は谷底の切り通しのような場所にあり、駅前にはコンクリートの壁が立ちはだかっていて狭苦しく、バス停も案内所も地図もなかった。同じ列車から降りた乗客が数人いたのだが、迎えに来てくれた人の車に乗って走り去ってしまい、私は殺風景な駅前に一人残されて呆然とするしかなかった。しかたがないので、重い荷物をひきずって、だらだらとした坂を登りはじめたのである。

私はラグーザのホテルの男性を疑いはじめていた。彼は、単にこの町に思い入れがあったのかもしれない。もしくは、イタリア人によくある「おらが町自慢」だったのかもしれないと。

だが、坂を登っていくに従って、そんな疑いの気持ちは徐々に晴れていった。そして、町の中心部に近い三叉路まで登ると、視界が大きく開けた。正面のごつごつとした岩山の上には、時計塔と教会が古い風景画そのものの構図で屹立している。さらに進むと、道の左右にかなりの高さの丘が迫ってきて、その丘の上にこぼれ落ちんばかりの建物がぎっしりと建っているではないか。

ホテルの男性のことばは本当だった。

到着したのが日曜日だったので、ちょっぴりおしゃれをした人びとで町は賑わっていた。そんななかを、大きなスーツケースを転がして歩く東洋人は、かなり異質だったに違いない。

町なかの観光案内所で、やや太めのおばさまに紹介された宿は、中心の通りから急坂と階段を5分ほど登った丘の中腹にあった。最後の力を振り絞ってたどりついた宿の入口で、「ようこそ、モディカへ」と歓待してくれたのは、イタリアの亡き名優マルチェッロ・マストロヤンニに似た中年男性だった。

個人経営のこぢんまりとした清潔なプチホテルで、主人の名は町の名前と同じモディカといった。若いころは、アジア、アラブ、アフリカ、中南米を放浪したそうで、そのときの写真が壁に所狭しと飾ってある。なかでもスリランカには長く住んでいたそうで、アジアの社会事情にも詳しい紳士だった。地元では新聞にもよく取り上げられる有名人のようで、奥さんとはメキシコで出会ったと

上｜町の一番低いところにあるモディカ駅　下｜ジオラマのようなモディカの中心部

言っていた。

独特の舌触りのモディカ名産チョコレート

モディカというと、チョコレートが世界的に有名で、日本でも知る人が増えてきた。町なかには何軒もチョコレート店があり、なかでも有名なのが「ボナイユート」という店である。

表通りから少し入ったところにあり、いつ行っても観光客や地元の人で混みあっているが、店の人は笑顔を絶やさずに応対してくれる。

店の人の話によると、チョコレート発祥の地であるアステカ時代のメキシコの製法を守っているとのことで、今ではその製法でチョコレートをつくっているのは、メキシコシティー、スペインのバルセロナ、そしてここモディカだけなのだそうだ。

客が途切れたときに、店の奥でチョコレートをつくっている様子を見せてくれた。石臼でカカオをすり、そこに砂糖とスパイスを混ぜて低温でつくるのがポイントだそうで、できたチョコレートを手に持つとずしりと重い。口に含んでみると、ジャリッとした独特の舌触りがして、溶け切らない砂糖の感触がストレートに伝わってくる。

店頭では、しょうが、ピスタチオ、オレンジ、胡椒などが混ぜ込まれた20種類ほどのチョコレートが売られており、どれを買おうか目移りしてしまう。

「一番モディカらしいチョコレートはどれ?」

「昔からあるのは、何も入っていないのと、唐辛子入りの2種類ね」

「唐辛子?」

「そう、ペペロンチーノ!」

店のお姉さんが笑顔で教えてくれた。食べてみると、唐辛子入りといっても激辛ではなく、ほんの少しピリッとした感触と甘いチョコレートが、口の中で絶妙なハーモニーを奏でてくれる。

とはいえ、せっかくだからすべてを味わいたくて、ほぼ全種類を買ってしまった。

日本人が働く高級レストランに突入

モディカの食事で印象に残っているのは、奮発して出かけた丘上のレストラン「ラ・ガッツァ・ラードラ」(どろぼうかささぎ)である。

きっかけは、2007年に丘下のメインストリートを歩いていたとき、偶然出会った日本人の男性N氏が、その店でソムリエとして働いていると聞いたことだ。当時のシチリア南部の旅では、町なかで見た唯一の日本人である。

店の所在地を聞いて夜に訪ねてみると、内装が立派なのでややうろたえたが、そこで出ていくわけにはいかない。乗りかかった船、入りかかったレストランである。

聞くと、けっして格式張っているわけではなく、隣接するホテルの一部なので内装が立派なのだった。とはいえ料理もまた、当時の南イタリアにありがちな「質より量で勝負」ではなく、洗練

モディカチョコの老舗ボナイユート

された味で盛りつけも工夫されたものだった。

料理には心から満足できたのだが、それでも会計はかなり心配をした。もっとも、イタリアでは料理がそこそこ高くても、ワインの値段が日本よりずっと安い。特別なワインさえ注文しなければ、合計金額は思ったほど高くはならないことが多い。

どこの店でも、「地元のワインをお願いします」と言えば、手軽でおいしいワインを出してくれる。値段が心配ならば、「あまりお高くないものを」と付け加えればいい。もちろん、値段を聞いてから注文すれば間違いはない。案の定、この店でも予想より安価で済ますことができた。

7年後の2014年にこの店を訪ねてみると、N氏は丘下で別の店を開いているとのことで、レストランには別の日本人男性が副料理長として働いていた。シェフのイタリア人男性の婚約者が日本人とかで、日本びいきのシェフは、一番高価なコース料理に日本風の握り鮨を組み込んでいた。隣のテーブルの西洋人グループはそれを注文していたようだが、私はそれではない純粋イタリア料理のコースを注文。前回に増して上品で創造的な料理を堪能することができた。

1-10　観光地図に1ユーロ払ってみると　**シクリ**

岩山に掘った横穴を現在も使う住宅

2007年の旅では、このモディカに4泊して周辺の町めぐりをした。そこで訪れた町の一つがシクリである。行きはモディカの町なかから出るバスに乗り、帰りは鉄道というルートを選んだ。ラグーザやモディカにくらべると、かなり規模の小さな町だが、ここにも見るべき町並みや教会が数多くある。

シクリに着いた直後、手元のガイドブックに地図がないので観光案内所を訪ねた。ドアを開けると、20代なかばと見えるきれいな女性が、不機嫌そうな顔をしてカウンターに座っている。私が地図はないかと尋ねると、彼女は表情を変えることなく「1ユーロ」と言う。

観光地図に金がかかるのはどうかと思うが、世界遺産に指定されたものだから、いろいろと修復にお金がかかっているに違いない。おまけに、ラグーザやモディカと違って宿泊客も少ないだろうから、観光でお金があまり落ちていないはずである。そもそも欧米の観光客は、意外とこうした細々したところにお金を払おうとしない人が多いので、ここでパッと1ユーロを出すと何かいいことがあるかもしれないと考えた。

素直に1ユーロを払うと、「今、着いたばかりなの？」とちょっと優しい声になって女性が言う。

そうだと答えると、「今、町の教会のほとんどが内部を修復しているのよね。入れるのはここところここ」と、地図上で3か所を示してくれた。「残念だけど、いい？」と言ってくれるので、にっこり微笑んで「しかたがないね」と答えると、彼女は笑顔で見送ってくれた。

私としては町をぶらぶら歩いて、その様子を見ていれば幸せなのだから、教会のなかが見られなくてもあまり気にしない。それよりも、町のなかにごつごつとした岩山がいくつもそびえ立っており、その岩山のてっぺんに建っている教会の様子を外から見ることができれば十分である。

主要な岩山は3つほどあり、私のモットーである「新しい町に着いたら、まず高いところに登る」に従ってすべて登ることにした。下からの眺めも見事だが、息を切らして登ったそれぞれの頂上からの眺望もまた格別だった。

岩山の斜面には大昔の住居跡の横穴が数限りなく残されており、広い道路に面したところには住宅の扉が取り付けてある。大昔に掘った横穴の一部を、現在も住居として使っているのだろう。世界遺産になっているバジリカータ州マテーラのミニチュア版といった感じである。

岩山の登り降りを終えても時間がたっぷりあったので、せっかくなので観光案内所の女性が教えてくれた教会を見てみようと、修復が終わったばかりという教会のなかを覗いてみた。

地味な外観の教会でまったく期待していなかったのだが、その内装の華麗さと色の鮮やかさに思わず声が出た。やはり、教会はなかに入ってみないと価値がわからないようだ。何度もイタリアを訪れて、ようやく当たり前の教訓を得ることができた。

1-11　まるで演劇の一場面のような出来事　ノート

カフェ・シチリアのテラス席で見たもの

「ノート谷」という呼び名の由来になっているノートの町は、モディカの東20キロほどに位置している。ラグーザやモディカよりも規模は小さいが、周辺の町々と同様に、17世紀末の大地震で壊滅したあとに新しくバロック様式で復興した町だ。さほど広くない旧市街にバロックの粋を集めた建築物が連続しており、私は勝手にここを「コンパクト・バロックシティ」と名付けている。

地震前はこの地域の中心都市として栄えていたとのことで、それが今でもノート谷という名前で呼ばれている理由なのだろう。壊滅した古いノートの町は放棄され、現在地に新しい町がつくられた。古い町の廃墟は8キロほど北の山中に残されており、ノート・アンティーカ（古いノート）と呼ばれている。

モディカからノートへは、路線バスと鉄道が通っている。バスのほうが本数が多く、どちらの町も中心部に乗り入れているので便利だ。鉄道はローカル線情緒が味わえていいのだが、ノート駅が町の中心から2キロほど離れた丘下にあるので、ノートへの往路に利用すると急な坂道を延々と登らなくてはならない。

旧市街の見どころは、町の中心を貫くヴィットリオ・エマヌエーレ通りの両側に集中している。サン・ニコロ大聖堂をはじめとするいくつもの教会、市役所などの見事な建築が連続しており、その道を行ったり来たりするだけでも十分に満腹となる。２００７年の訪問では、さらに坂道を登って路地裏をくまなく歩き、帰りはノートからモディカまでのローカル鉄道の情景を味わい、満足して帰ってきたのである。先ほど述べた日本人ソムリエＮ氏がいるモディカ丘上のレストランに行ったのは、その翌日の晩のことだった。彼に向かってノートで受けた感動を得々と話したのだが、にこやかに聞いていた彼の口から、衝撃のひと言が返ってきた。

「カフェ・シチリアにはいらっしゃいましたか？」

「いや、行ってないけど……そこは？」

「有名なカフェですよ。ぜひ行ってみてください」

迷ったが、その店のためだけに、翌日ノートを再訪するのも悔しい。次回の宿題とするしかなかった。

ようやくその宿題をやり遂げることができたのは、２０１４年になってからのことである。地図を見ながらたどりついたカフェ・シチリアは、７年前に何度も行き来したヴィットリオ・エマヌエーレ通りに面していた。だが、有名店にしては地味な外観なので、知らなければ見逃してもしかたない。

大満足のカフェ・シチリアのケーキセット。これは後日4人で訪れたときのもの

私は通りの上に設けられたテラス席に座り、ジェラートのセットとケーキを注文した。テラス席というとしゃれた空間を思い浮かべるかもしれないが、幅6メートルほどの通りに6つか7つのテーブルを出しただけのものである。歩行者専用道路になっているのはいいが、道路が石畳なのでテーブルの足が固定されずに、ガタガタして落ち着かない。

テーブルに運ばれてきた品は、とくに変わったものではなく平凡にさえ見えた。だが、一かけらを口に含んだだけですぐに違いがわかった。ジェラートもケーキも、素材の味が活かされた絶品である。平凡な店構えも不安定なイスも、すべて打ち消すほどの本物の味だった。

私が大満足しているうちに、いつのまにか目の前の通りに地元の人が集まり、ざわついてきた。なかには、大きな管楽器を手にした若者も何人かいる。やがて、道は人で埋まるほどになってきた。テラス席の観光客も、みな気になっている様子だ。どうやら、カフェ・シチリアの並びにある教会で何か行われているらしい。

ピンと来たのは、町歩きをしていたときに目にした町の掲示板である。そこには、年配女性の葬儀の予告が貼り出されていた。まさにそこに記されていた日付と時間ではないか。しばらくして、教会のほうからバタンと大きな音がしたのは、正面の扉が開いたのだろう。その直後、扉の周辺から「マンマー！」という女性の叫び声が何度も聞こえてきた。それと同時に、楽器を持った若者たちが列をなして、厳かな曲を演奏しながら私たちとは反対側の方向に坂を下っていったのである。まるで、演劇の一場面を見ているようだった。テラス席の観光客はみな、会話も忘れて一部始終をじっと見つめていた。「これぞシチリアだ」、と心が震える光景だった。

1-12 アルキメデスが住んでいた町 シラクーサ

狭い島に網の目のように走る路地

シラクーサ（シラクーザ）は、シチリア南東部の港湾都市であり、一大観光地でもある。ギリシャの植民市として紀元前8世紀に建設されたと伝えられており、ギリシャ人数学者アルキメデスが生涯を送った町としても知られている。彼が風呂場で「アルキメデスの原理」を発見して、喜びのあまり「エウレカ！」（わかったぞ！）と叫びながら、裸で走りまわったという伝説が残るのがこの町だ。哲学者プラトンも、一時この町に住んでいたという。

モディカから内陸を走ってくるイタリア鉄道のローカル線を使うと、ノートを経由して1時間半ほどでシラクーサ駅の行き止まりホームに到着する。この駅からは東海岸に沿ってイタリア鉄道の幹線があり、連絡船を経由して本土に向かう急行列車や夜行列車も走っている。

構内の片隅には、かつてここを走っていたであろう蒸気機関車が保存されていた。一時はかなり荒れ果てていて、保存というよりも放置されていたように見えたが、2014年に訪ねたときはきれいに塗り直されていたのは幸いである。

さて、新市街にある駅から南東に1キロほど歩き、水路にかかる短い橋を渡ると、そこから先がシラクーサの旧市街であるオルティージャ島だ。橋を渡るとまもなく、市街地のなかに忽然と遺跡が現れる。紀元前7世紀のギリシャ時代につくられたと伝えられるアポロン神殿跡だ。アルキメデスやプラトンもこの神殿を目にして、この通りを歩いていたかと思うと感慨深い。

おしゃれなブティックが並ぶ道を進むと、300メートルもしないうちに、噴水のあるロータリーに突き当たる。ここが島の中心にあたるアルキメーデ広場だ。アルキメデスのイタリア語読みである。この広場を過ぎると、一部の道を除いては車が進入できなくなる。土産物屋や飲食店や宿屋が並ぶ路地は曲がりくねっていて、方向感覚を失うこともしばしば。もっとも、面積は0・6平方キロほどだから、どんなに迷っても2、3分歩けば海が見えてくる。だから、この町ではアルキメデスにちなんで、〝歩き愛でる〟のが最高の楽しみなのである。

貧乏旅行の時代に半日で帰ってしまったことを後悔

この町を初めて訪れたのは、1981年にフィレンツェの語学学校の短期講座を終えて、南イタリアめぐりをしていたときのことである。シラクーサ駅に降り立ったのは12月31日だったが、周囲を見わたしても観光客らしき姿は目に入らなかった。最初は駅の北側にある古代ギリシャの円形劇場などの遺跡群を訪れたのだが、南側に古い町があると知り、たいして期待もせずに、30分以上も歩いてオルティージャ島にやってきたのである。

そこには駅周辺の整然とした町並みとは異なる空間が広がっていた。くねくねと曲がる狭い路地、すすけた家々の壁、ほこりとゴミにまみれた道路、生臭いにおいが漂う市場などなど、まさに絵に描いたような魅惑的な旧市街だった。当時は貧乏旅行だったので、午前中にやってきて日が傾くころには次の町に移動してしまっていた。当時の私は、夜行列車の2等座席車を利用することで宿泊費を浮かしながら、短い時間にたくさんの町をめぐることに重きを置いていたからである。

シラクーサ再訪がかなったのは、最初の訪問から26年たった2007年11月末のこと。ラグーザやモディカなどのシチリア南東部をうろうろしていたところ、公共交通機関の長期ストライキがあると聞き、田舎町で身動きがとれなくなるといけないので、都会のシラクーサまで出てきたのだった。

1981年、大晦日のシラクーサ駅

四半世紀の間に、町は大きく変わっていた。2005年に世界遺産に指定されたこともあってか、観光客は激増し、島の西海岸には海の見える大きなレストランが建ち並び、大聖堂をはじめとする町の建物は汚れを落とされて淡い象牙色に輝いていた。泊まったのは、クラシックな邸宅の2階にある海が見える部屋だった。オルティージャ島東海岸の静かな場所にあり、値段もお手頃だった。ストからの避難場所として選んだシラクーサだったが、ささやかなリゾート気分が味わえて居心地がいいこともあり、1泊のつもりが結局3泊することになった。

1981年に訪れたときにも、日帰りではなく何泊かしていたら、さぞかし貴重な体験ができたに違いない……。着いたその日に、立派なレストランでウニのスパゲッティを食べながら、20代だった昔を思い出して少しセンチメンタルな気分になった私だった。

シラクーサには、いろいろと縁があって、その後も2014年、2017年にも足を運んでいるが、そのたびに観光客が増えて、海岸にも路地にも観光客があふれている。飲食店や土産物屋も増えて、まるでヴェネツィアのような雰囲気だ。コロナ禍で客足が一時遠のいたというが、その後は以前にも増して観光客で賑わっているとは現地に住む知人の話だ。

1-13 列車が連絡船に積み込まれて本土へ メッシーナ

東海岸沿いに走るイタリア鉄道の幹線

シラクーサからカターニアを経由してシチリア北東部のメッシーナに向かう路線は、イタリア鉄道の幹線で、客車を何両も連ねた急行列車や寝台列車が走る。飛行機が今ほど一般的になる前は、この路線が本土とシチリアを結ぶメインルートだった。

この沿線には、ヨーロッパ最大の活火山であるエトナ山の観光拠点で国際空港もあるカターニア、見事なギリシャ劇場が残されている世界的な観光地のタオルミーナがある。とくに、タオルミーナ付近の海岸を走る車窓は美しく、歴史を感じさせる重厚なタオルミーナ駅は必見だ。

これまで乗ってきたローカル線とは段違いのスピードで列車は軽快に走る。しかし、海岸線に沿ってカーブが続くタオルミーナ周辺の区間を、トンネルで一直線に結ぶことで、さらにスピードアップしようという計画があるそうだ。

もしそれが実現すると、美しい車窓も過去のものとなってしまう。タオルミーナ駅は保存される予定というが、列車がやってこない駅は剥製《はくせい》みたいでいま一つである。効率やスピードを重視するのは世の流れでしかたないが、味わいが薄くなってしまうのは寂しいものである。

客車ごと船に積み込む鉄道連絡船

一方、効率の悪いことをいまだに続けているのが、イタリア本土とシチリア島の間に横たわるメッシーナ海峡を航行する鉄道連絡船である。日本では、1988年に廃止となった青函連絡船を最後に、鉄道連絡船はすべて姿を消してしまった。私が学生のころには、北海道旅行というと、上野から夜行急行列車の固いイスに座り、終点の青森駅で青函連絡船に乗り換え、翌日の昼ごろに函館港に上陸するのがお決まりのコースだった。

その鉄道連絡船がイタリアではまだ残っているのだ。イタリア本土の爪先にあたるカラブリア州ヴィッラ・サン・ジョバンニ駅とシチリア島北東岸にあるメッシーナ駅を結んでいる。

しかも、乗客が客車に乗ったまま船に積み込まれるという得がたい体験ができる。2024年現在、ミラノやローマとシチリアを結ぶ長距離列車数往復が、この連絡船に積み込まれて直通している。青函連絡船でも、かつては客車を積み込んでいた時代があったが、1954年に洞爺丸が台風で沈没したことをきっかけに廃止になっている。

2014年10月、私がシラクーサ駅の自動販売機で購入した指定席は、うれしいことに先頭客車の一番前のコンパートメント（6人部屋の個室）の一席。おかげで、メッシーナ駅での入換作業や船への積み込み作業の一部始終を、かぶりつきで見ることができた。

列車がメッシーナ駅に到着すると、先頭の機関車が切り離されて作業員が乗り込んでくる。まもなく、最後尾に別の機関車が連結されたらしくバックをはじめた。そうして、駅構内を何度か行ったり来たりしながら転線し、最後に8両編成の客車を4両編成2本に分割して、いよいよ船内へ。

ゆっくりとしたスピードで進む先には、巨大なサメが口を開いたような恰好で、連絡船が待ち構えている。私の乗った車両は、その口の中に飲み込まれていった。船倉には外からの光が入って意外と明るい。気がつくと、同室の若い女性が財布を手にして、車両のドアの前に立っていた。甲板に出れば海峡の眺めを楽しむことができ、売店でコーヒーや軽食もとれるのだ。

連絡船の船上で初めて見た食べ物とは

私がこの連絡船に初めて乗ったのは1981年、本土からシチリアに向かう急行列車を利用したときのことである。当時の夜行列車はいつも満員だったが、とくにそのときは年末だったこともあって、通路にも人が座り込んでいるほどの超満員だった。

真夜中に船に積み込まれると、客車から降りて甲板に向かう人も見えたが、若かった私は「荷物

上｜連絡船に積み込まれた客車　下｜客車を積み込んでメッシーナ海峡を行く連絡船

を残して席を離れてはいけない」という海外旅行の基本を忠実に守り、真っ暗なコンパートメントでじっとしているしかなかった。

何日かして、シチリアから本土への帰路に再び利用したときには、もう度胸がついており、貴重品だけを手にして甲板に上がることにした。考えてみれば、衆人環視のなか、貧乏旅行の若者の重い荷物を盗む物好きはいないだろうし、盗んだところで海の上では逃げる場所もないのである。

船上の売店に向かうと、古いイタリア映画に出てくるようなむさ苦しい男たちが売店の周囲に群がって、何やら卵形をした揚げ物らしきものを手にしているのが見えた。おいしそうな香りがしたので、列が空くのを待って売店の女性に尋ねてみた。

「これは何ですか？」

イタリア語初心者だった私が、旅先で連発したフレーズである。

彼女は表情一つ変えず、私をじっと見つめてひと言。

「アランチーノ」

21世紀の日本なら、アランチーノ（複数形はアランチーニ）といえば、いわゆるライスコロッケだと知っている人も多いだろう。だが、東京にすらイタリアレストランが数軒しかなかった時代である。それまで勉強した私のつたないイタリア語では、「オレンジ（アランチャ）の小さいやつ」とまではわかったが、それ以上の会話を進める語学力が足りなかった。

どう見ても柑橘類には見えないのだが、まさかオレンジを丸ごと油で揚げたわけではないだろう。

値段も安いので、とりあえず一つ買って食べてみることにした。

紙に包んで渡された揚げ物を一口かじった。すると、チーズとトマトソースとオリーブオイルの交じった味と、ライスの食感が口のなかに広がり、かじったあとからはチーズがとろりと流れ出してきた。それまでに体験したことのない食べ物だった。

うまい！　けれども熱い！　熱い、けれどもうまい！

これが、アランチーノとの初めての出合いである。それ以後、安くて庶民的なアランチーノは、私にとって南イタリアでの貧乏旅行に欠かせない食べ物となった。とくにシチリア島内ではどこでも食べられたので、翌週にシチリアを再訪したときは、来る日も来る日も昼飯はバールでアランチーノを食べていたものである。店によって味も大きさもずいぶん違うので、食べくらべもまた楽しい。印象に残っているのは、内陸のカルタジローネのバールで食べたアランチーノだ。黒胡椒が上手に使われていて、甘みと辛みがうまく調和した印象に残る一品だった。

ところで、本土とシチリアを結ぶ連絡船だが、客車を船に積み込むのに30分、積み出しにも30分かかる。実際に海上を航行するのは30分程度だから、お世辞にも効率的とはいえない。これまでにも、メッシーナ海峡に橋を架ける計画が何度か持ち上がり、日本の建設会社が中心となって建設する話もあったが、まだ実現していない。しばらくは、この優雅で非効率な鉄道連絡船の旅が楽しめそうだ。

コラム① 上下分離された旧イタリア国鉄

日本では1987年に国鉄（日本国有鉄道）が分割民営化され、JR各社が発足した。イタリアでも同様にFS（フェッロヴィーエ・デッロ・スタート）と呼ばれる国鉄の民営化が20世紀末ごろから段階的に進んだのだが、その内容は日本とは少し異なっている。

もっとも大きく違うのは、日本では地域ごとに旅客鉄道会社が設立されたが、イタリアはEUの方針に従って上下分離された点だ。2001年には持株会社（統括会社）となったFSのもと、列車運行を担当するTrenitalia（トレニタリア）、線路や駅などの設備を維持管理するRFI（レーテ・フェッロヴィアーリア・イタリアーナ）などが設立された。

「上」にあたるトレニタリアは、列車を意味するトレーノ（Treno）の複数形トレーニ（Treni）とイタリア（Italia）を合成した社名だ。日本では「イタリア鉄道」と訳されているので、本書でもそれに従う。「下」にあたるRFIは、直訳すると「イタリア鉄道網」という意味だ。日本で「イタリア鉄道」というときには、RFIを含んでいるときもある。

上下分離したことによって、イタリアの鉄道路線にはトレニタリアの列車だけでなく、民営の鉄道運行会社による列車や、各州が運営するローカル列車が走るようになった。

FSのグループ会社にはこの2つのほかに、高速新線の管理会社、大ターミナル駅の管理会社、バス会社、一部の私鉄（プーリア州の南東鉄道など）、旧ギリシャ国鉄、一部の高速道路の管理会社などがあり、FSはイタリアの巨大企業となっている。

ちなみに日本でも、JRや私鉄が単独で管理・運行するのが難しくなったローカル線を対象に、上下分離の動きが進んでいる。

2.

イオニア海沿いを走る鉄路に沿って乗り継ぎ旅

カラブリア州

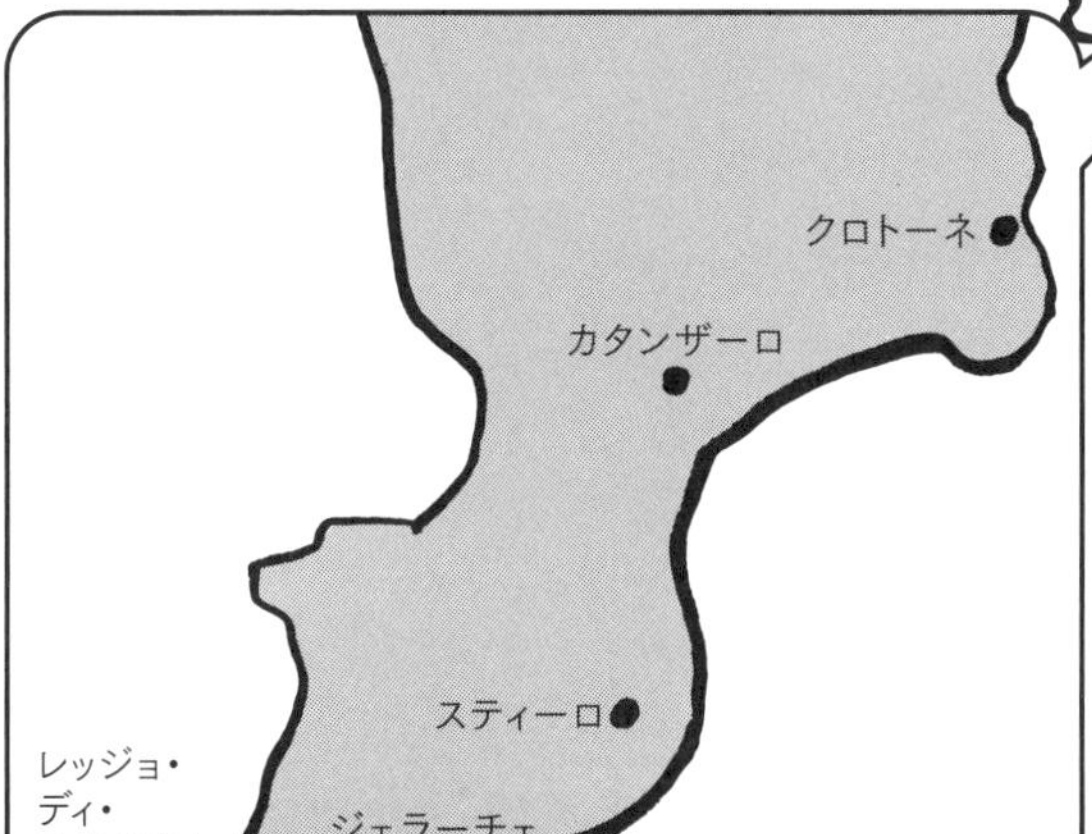

長靴のつま先カラブリア州の東海岸。同じイタリア鉄道（旧国鉄）線でも、高速列車の走る西海岸とは違う地味な路線を、つま先の先端部にあるレッジョ・カラブリアから州都カタンザーロに向けて北上する。

2-1 出発地レッジョ・カラブリア：古代ギリシャの植民市として発展した町

ギリシャ文化の名残を求めて本土最南端の地域へ

レッジョ・カラブリアはイタリア半島南端、長靴のつま先に位置する大都市だ。対岸には目の前にシチリア島が見える。カラブリア州で最多の人口を有し、正式名称は「レッジョ・ディ・カラブリア」。「ディ」は英語の of にあたるので、「カラブリアのレッジョ」という意味になる。このあたりではレッジョだけで通じるが、わざわざ「カラブリアのレッジョ」と名乗るのは、イタリア北部のエミリア－ロマーニャ州にあるもう一つのレッジョ「エミリアのレッジョ」と区別するためだ。

レッジョの南部には空港があり、急ぐ旅ならミラノやローマから飛行機を利用するのが便利だが、コロナ禍の間に、イタリア鉄道の高速列車フレッチャロッサや民間鉄道会社ＮＴＶの高速列車イタロの一部がレッジョ・カラブリア中央駅まで延長運転されて、鉄道旅がぐっと便利になった。本数は少ないが所要時間はローマ・テルミニ駅から約6時間である。それまでは最速の急行列車でも9時間ほどかかった。

レッジョを含むイタリア半島の南岸沿いには古代ギリシャの植民市が建設され、ギリシャ人が数多く住んでいた。マグナ・グレアキア（マーニャ・グレチャ／大ギリシャ）と呼ばれる地域の一つで、世界史の時間に習った人も多いだろう。レッジョ自体も、もともとはギリシャの植民市として発展した。そうした歴史があり、1960年代までは、レッジョ・カラブリア県の各地にギリシャ語を話すコミュニティが数多くあったというが、テレビの普及によって急速に姿を消してしまった。現在では、カラブリア州南端の山間のいくつかの村とプーリア州南部の内陸に残るだけだ。

一方、カラブリア州北部を中心に、15世紀以降オスマン帝国の支配から逃れてきたアルバニア人が数多く移住しており、今なお当時の言語や習俗を守っている村もある。また、数は少ないけれども、クロアチア語や南フランスのオック語を話す集落もある。前者はアルバニア人と同様にアドリア海の対岸からやってきた人たちの子孫であり、後者は宗教弾圧を逃れてやってきた人たちの子孫である。

このように、カラブリア州にはいわゆる「言語島」が各地に点在していて非常に興味深い。時間の経過とともに消滅するかに見えた少数言語だが、最近では先祖伝来の言語を後世になんとか残そうと力を入れている地域もあるとのことだ。

イオニア海沿いを走るカラブリア裏街道の路線

レッジョ・カラブリア駅は、ミラノやローマからナポリを経由してイタリア西海岸のティレニア海沿いに南下するイタリア鉄道の終点にあたる。この路線は、高速列車が走る表街道といえよう。

それに対して、南東海岸のイオニア海沿いを走る路線は、いわば裏街道のような位置づけだ。日

海のすぐそばにあるメーリト・ディ・ポルト・サルヴォ駅

本の鉄道にたとえれば、西海岸を走る路線を山陽本線とすると、東海岸を走る路線は山陰本線というイメージである。日本人にはなじみが薄いイオニア海沿岸の地域だが、ここにも魅力的な町が数多く点在している。高速列車は走っていないが、荒々しい山並みと静かな海を眺め、途中下車を繰り返しながらのんびりと旅をするのは、このうえないぜいたくだ。

レッジョ・カラブリア駅を発車した列車は、市街地を抜けるとまもなく右側の車窓にイオニア海が広がる。海と線路の間には防潮堤らしき高い堤防はなく、眺めのいい車窓がずっと続いていく。

普通列車でおよそ40分、メーリト・ディ・ポルト・サルヴォ駅に到着する。ここは線路のすぐそばまで海が迫っており、日本ならば「海に一番近い駅」として大きな話題になっていそうな駅だ。

この付近がイタリア本土の最南端にあたり、レッジョから南下してきた線路は、ここから東に向きを変え、やがて北上していく。

レッジョからこの町までは比較的頻繁に列車やバスが往復しており、職住近接の傾向が強いイタリアではあるが、ここからレッジョに通勤している人もいるようだ。もっとも、ベッドタウンというより、さして特徴のない南部の田舎町というのが第一印象だった。

なぜ、なんの変哲もないこの町に降り立ったのかというと、ここを宿泊地にして山奥の村を訪ねるためである。1日3往復しかない路線バスを利用し、さらにその終点から往復約15キロを歩くという計画だ。加えて、周辺には今もギリシャ文化を残す村があるという情報も得ていた。

2-2　普通の田舎町の普通でない出来事　メーリト・ディ・ポルト・サルヴォ

バールの裏側の貸部屋

メーリト・ディ・ポルト・サルヴォは、「ポルト・サルヴォの聖母像の町メーリト」という意味だ。航海の守り神としての聖母マリアの絵が海岸で発見されたことから、その名で呼ばれるようになったといい、この近辺ではメーリトだけで通じる。レッジョの大都市圏に属してはいるが、イタリアのガイドブックにも載っていない平凡な田舎町だ。

ここを初めて訪ねた2005年には、ネットを見ても宿泊施設の情報がなかったため、行き当たりばったりで宿を探すことにした。夏の観光シーズンまっただなかでなければ、飛び込みでも宿が満員だったことはない。だが、ここでは予想外なことに、駅前をぐるりと見わたしても宿が見当たらない。駅前通りを200メートルほど歩いたが、ホテルの看板はおろか広告さえなかった。重い荷物を転がして、あてどなく歩き回ることに少々不安を覚えてきた。

そこで、道沿いにあったバールに入って、ひと休みがてら情報を収集することにした。

カウンターだけで椅子がないバールのなかは、中年男性ばかり10人ほどで賑わっていた。夕刻というには早い中途半端な時間なのに、まるで同窓会のように客が集まっているのが不思議だったが、店主を見て理由がわかったような気がした。

カウンターの向こうにいたのは、30代後半くらいだろうか、化粧がかなり派手でやたら色気のある女性だった。この女性に宿について尋ねるのは、なんとなく抵抗を感じると同時に、おじさんたちを差し置いて聞くことにも気後れがした。

そこで、注文したコーヒーを飲んだところで、隣にいた物知りそうな男性に尋ねてみた。

「この近くにホテルはありますか?」

すると彼は女店主を指して、「この姉さんに聞け」と言うのである。そう言われたらしかたがない。同じ質問を彼女に繰り返した。

すると、彼女は「ここ」と言う。

「え? そう、この町で……」と、私は戸惑いながら言い返す。

彼女は、やはり「ここ！」と言うだけ。

「そう、ここメーリトでホテルを探しているんですよ……」

「だから、ここがホテルなのよ！」

まさか、バールの裏側で貸部屋業を営んでいるとは思わなかった。彼女は店の奥に通じる扉を開けた。ついてこいというので、緊張しながらあとをついていったが、狭苦しい通路があって怪しげな雰囲気である。色っぽい姉さんが営む変な宿に連れていかれるのかと本気で心配したが、それは杞憂に終わった。

案内してくれた部屋は、やや薄暗かったが清潔で広さは十分。衛生的なトイレとすぐに湯の出るシャワーもあり、バールでの朝食付きで1泊25ユーロというので、ここに2泊することに即決した。

食後酒を注文して出てきた飲み物の正体

宿が決まってひと安心。あとは、例によって旧市街をぶらぶらして写真を撮り、夕食がとれる店を探すだけだった。バールの姉さんは、「バールと部屋は独立しているから、鍵は自分で持って出かけてね」という。自分で鍵を持って出かけられるのは、変な時間に出入りをしがちな私にとって自由な気分である。

宿の出入口はバールとは反対側の裏通りに面しており、そこを出て振り返ると、確かに「貸部屋あります」と書いてあった。

メーリトは、見れば見るほど平凡な田舎町だった。壁画の描かれた家が高台に何軒かあったが、観光客が集まるようなものではない。まともな夕食を提供する店も限られているようで、結局、宿の近くにあるひなびたトラットリーアでとることにした。

注文をとりにきたのは、いかにも親戚の店の手伝いをしていますという感じの女の子だった。どう見ても10代なかばである。その子が不慣れのようで、20代前半くらいの女性がいちいち確認に来る。それでも食事は順調に進み、ここまで欠食気味だった私は、翌日の遠歩きを念頭に入れて、地元の赤ワイン500ミリリットルを飲みながら、カラブリア風の前菜に海の幸のパスタ、そしてステーキまで食べてしまった。

最後にコーヒーを飲んで終わりにしてもよかったのだが、腹が満たされて気分がよくなっていたので、不慣れな女の子が皿を片づけにきたときに声をかけた。

「食後酒（ディジェスティーヴォ）を1杯ちょうだい」

「はい」と彼女は言って奥に戻っていった。返事はよかったが、妙だったのは彼女が食後酒の種類を聞かずに行ってしまったことである。それが悲喜劇のはじまりだった。

地元産の変わったリキュールでも出てくるのかと期待していると、出てきたのはごく普通のコップに4分の1ほど入った透明の液体である。なぜか、底のほうからシュワシュワと炭酸が発生していた。それは、水に溶かして飲むイタリアの風邪薬そっくりだった。

試しに飲んでみると、ちょっと甘くてレモンのような味もする。しかし、どう考えても粉ジュースの味である。そんな食後酒は飲んだことはなかったし、そもそもアルコールがまったく感じられない。ばかにされているのかとも勘繰ったが、彼女の様子を見てもそうとは思えない。腑に落ちないまま、その液体を少し残して店を出ることにした。私が飲食店でものを残すのは、よほどのことである。レジに行くと、年かさのほうの女性が声をかけてきた。

「アマーロが何種類かあるので、どれか選んでくださいな」

アマーロというのは、薬草が入った15度から25度くらいの甘めの食後酒である。目の前に並べられたのは、間違いなく本物のアマーロだった。謎はいっそう深まるばかりである。釈然としないが、せっかくなので1杯いただくことにした。

話はこれだけである。だが、疑問が残った。あの発泡した透明の液体は何だったのか。

その夜、就寝前に歯を磨いていたときに、ふと思い出した。大学時代にイタリア文学の教授から聞いた話である。

「イタリア語で食後酒はディジェスティーヴォっていうんだがな、これには『消化を助けるもの』という意味があるんだぞ」

疑問は氷解した。あの女の子は、私が言ったディジェスティーヴォという単語を、文字通りに解釈してしまったのだ。彼女が持ってきたものは、食後酒でも粉ジュースでもなく、正真正銘の消化薬だったのである。まだ酒が飲める年齢ではないから、聞き慣れない単語だったのかもしれない。

翌朝、たぶん消化薬のおかげで、すっきりと目覚めることができた。長い距離を歩くには絶好の体調である。天気もよい。

1日3往復のバスで出会った聡明な年配女性

南イタリアには、いくつもの廃墟の町がある。その多くは地震が原因で放棄されたものだが、その日の目的地であるログーディは、1970年代に起きた大洪水によって放棄された町である。

ログーディが興味深い点は2つ。1つは、川の合流地点の崖上という特異な場所にあるという点。だが、それが水害に襲われる原因となってしまった。もう1つは、この地域で古代ギリシャ語の方言が今でも日常会話で使われている点だ。この2つを聞いただけで興味が湧いてくる。

ログーディに行くには、ロッカフォルテ・デル・グレーコという町に行くバスに乗り、終点から徒歩で7・5キロの道を往復する。バスは1日3便。朝のバスで出かけて、午後のバスで戻ってくるしかない。時刻表によれば、朝のバスはレッジョを6時に出発して、メーリトの中心部を7時35分に通過する。レッジョに宿泊するとなると5時起きしなくてはならないので、朝が苦手な私はあえてメーリトに泊まったわけだ。

この時間帯は通学のためのバスがひっきりなしに通過するのだが、古い車両に行き先の方向幕はなく、運転台の横に小さく行き先を記した表示板が立てかけてあるだけなので、見分けるのが一苦労である。ここでバスを見逃してしまうと、その日はもうログーディまで往復できない。心配になって、近くでバス待ちをしているご老人たちに確認したところ、80歳近いと思えるご婦人が、「私も途中までいっしょに行くから安心しなさい」と言ってくれた。

「どこから来たの、へえ日本からねえ。ログーディに行くのね。ところで、どこに泊まっているの。え、バールがやっている貸部屋？　駅前通りの……ああ、あの色っぽい若い女の人がやっているところね」

こう言ってにやりと笑う。

「でも、あの人は旦那さんがいるのよ」

私にはよくわからないが、人生の達人であるこのご婦人は、さまざまな地元の情報を握っていたのかもしれない。

バスは15分ほど遅れてやってきた。乗客は7、8人ほど。一番前の眺めのいい席には先客がいたので、運転手の後ろに私が席をとると、なんと彼女が隣に座ってきた。

どうやら同乗の人たちは、運転手を含めてみな知り合いらしく、「この人は、日本から写真を撮りにきたのよ」と紹介してくれる。しかも、私が丘上都市や小さな町が好きだといったら、車窓に見えてくる町を一つひとつ教えてくれた。

バスは海岸から離れて谷沿いに走っていたが、30分ほどしたところで右折して川を渡ったかと思うと、正面に屏風のようにそそり立つ山を登りはじめた。ヘアピンカーブの連続で車酔いしかけたところで、山の上にあるサン・ロレンツォという村に入り、バスは教会前の小さな広場で停まった。

ご婦人は、「私はここで降りるわ。この広場は素敵でしょ。降りて写真を撮っていきなさい」

聡明な女性が下車したバス停、降りて写真を撮らせてもらった

そう言って、バスの発車を待たせてくれた。

カラブリアの年配女性にしては標準イタリア語の発音がきれいで、私にもかなりよくわかった。もっとも、内輪で話していることばはまるで理解できなかったが……。

最後に握手を求めて降りていったのだが、いくらイタリア人でもこの年代の女性で、しかも田舎では珍しいような気がした。片田舎に生まれ育ったけれども、若いころから聡明で進歩的な女性だったのかもしれない。私は勝手な想像をめぐらすのだった。

「ギリシャの強固な砦」という名の終点へ

サン・ロレンツォの広場で折り返したバスは、もとの山道に戻り、さらに奥地に向かっていく。山道からは、はるか遠くシチリアのエトナ山が見えた。噴煙もくっきりと見える。

ほかに乗客はいなくなり、「写真を撮りたければ、どこでも停めるよ」と運転手が言ってくれるので、そのことばに甘えて、エトナ山がよく見える場所でバスを停めてもらい、山道の真ん中でバスから降りて写真を撮った。

こうしてメーリトから1時間40分。海抜935メートルの山頂に広がるロッカフォルテ・デル・グレーコの町が見えてきた。ここまで乗り続けたのは私一人であった。

「ギリシャの強固な砦」を意味するこの町は、見事な山岳都市であり、これを見ただけでも来たかいがあるというものだ。車窓に広がる風景を見て感動にひたっていると、町なかの急坂の途中にある小さな別れ道でバスが停まった。

「この道をずっと下っていけば、ログーディに行く。道はガタガタだけど舗装はされているよ。帰りはここで待っていればバスが停まってくれるからね」と運転手。

「帰りのバスは14時45分発だよね」と私はしつこく確認した。そのバスが最終便なので、乗り遅れると大変だ。この山中の小さな町には、タクシーもなければ宿もない。口頭だけでは心配なので、メモ帳に時刻を書いて運転手に見せてさらに確かめた。空は雲一つない快晴だった。

2-3 大洪水で廃墟となった山奥の村 ログーディ

ログーディへの道

時刻は10時近くになっていた。帰りのバスまで、与えられた時間は4時間半あまり。ログーディまでは片道7・5キロ。標高差はあるが、道は舗装されているので片道1時間半で行けるだろう。現地滞在をせいぜい1時間として十分に余裕があると判断した。町外れには「この道は1キロ先で行き止まり」という看板があって緊張するが、構わずに前進。30分もだらだらと坂道を下ると、小さな集落があった。色とりどりの花が咲き、羊たちが道端で草を食んでいるのどかな村である。だが村外れの「行き止まり」らしき地点を抜けると、あたりの景色は一変した。

眼下にはわずかな水量しかないアメンドレーア川が流れているのだが、河原に積もった膨大な土砂が白く光って異様な光景である。この川は夏にはほとんど涸れてしまうが、雨の多い冬にはかなりの水量になるという。訪問は11月だったので、細々と水が流れているという状態だった。川の全貌が見える地点まで下ると、川岸が大きくえぐられている箇所が見えてきた。すさまじい土石流によって削られたことがうかがえる。

道を下りきった地点で小さな橋を渡るのだが、そこを越えるとわずかな風が吹くたびに、崖の上からぱらぱらと細かい石が落ちてくる。道は長い間メンテナンスをされていないようで、舗装はひびだらけで路肩があちこちで崩れている。徒歩にせよ車にせよ、雨の日にここを通るのは命の危険がありそうだ。晴れていてよかった。

橋の上からは上流の山々が見えるのだが、岩がむき出しでほとんど木の姿が見えない荒涼とした光景である。まとまった雨が降ったら、すぐに大量の土砂が川に流れ込みそうだ。

帰国後、ネットでこの付近の航空写真を見たのだが、上流にある山の様子を見て驚いた。すさまじい規模の土砂崩れがあった跡がうかがえるのだ。いや、それは土砂崩れなんて生易しいものではなく、山腹崩壊とでもいうべき現象だったに違いない。それが原因で大規模な土石流が発生し、ログーディを襲ったのかもしれない。

橋を渡ると、あとはずっとゆるやかな上り坂が続く。そして、ロッカフォルテ・デル・グレーコから早足で歩くこと1時間あまり、行く手にログーディの廃墟が見えてきた。それは見るからに奇妙な集落跡だった。高い山の頂上や斜面にできた町ならば、これまでもイタリアでよく見てきたが、ログーディはそのどれとも違う。川にせり出した尾根の上に家が建ち並んでいるのだ。よくこんな場所に集落をつくったものだと感心する。

廃墟からなぜかマトン臭が

ぼろぼろの車道から脇道に入り、いよいよログーディの廃墟へ突入である。放棄されたのがそれほど以前のことではないため、崩れた家の壁から見える煉瓦も新しい。なかには、建築中といっても通じそうな家があった。集落のなかを走る路地は狭い急坂の連続で、自動車は通れそうにない。重い荷物はロバにでも載せて運んだのだろうか。

狭い路地を奥へとたどっていくと、だんだんと高度が下がり、川に向かって落下していくような気分になる。とはいえ、集落の一番下でも水面から50メートル以上はありそうだ。いったいどれほどの洪水がやってきたのか想像もできない。

廃墟に人影はなく、ときどき聞こえてくるのは、山の上のほうから羊飼いが鳴らす笛の音だけ。誰もいない廃墟で一人しみじみと憂愁にひたっていたのだが、どこからともなく異臭が漂ってきた。それは獣の臭いで、あえていえばマトン臭さを強烈にしたものといえばいいかもしれない。臭いのもとを探ろうとした瞬間、犬が3匹吠えかかってきて驚いた。犬の後方を見ると、狭い空き地で羊が放牧されているではないか。どうりでマトン臭いはずだ。この3匹は牧羊犬なのだ。

「いや、怪しい者じゃないからね。すぐ出て行くから安心して」

私は犬に優しく日本語で語りかけて、その場を離れた。

実はここに来る途中、ログーディの入口から200メートルほど手前の道の上に、小型のフィアット製乗用車が3台停まっていたのを見た。それぞれの車には中年男性が乗っていたので、すれ違いざまにあいさつはしたのだが、何もない崖の上の道で何をしているのだろうと気になっていた。

現代の羊飼いは車に乗って移動するのだと知った。

7・5キロの道のりをとぼとぼと歩いて、ロッカフォルテ・デル・グレーコの町に戻ると、たま

上｜川にせり出した尾根の上の異形の村ログーディ　下｜放棄されたログーディの家々

たま道に出ていた肉屋のお兄さんが、いぶかしげな視線を投げかける。私は、けっして怪しい者でないことを示すために「ブォン・ジョルノ」とあいさつをしたのちに「ログーディに歩いて行って戻ってきた」と答えると、彼は驚きと笑いのまじった表情を浮かべて「狂ってる」ということばを発した。私は、それをほめことばと受け止めて、笑顔で返した。

でも、車のなかった大昔は、誰もが当たり前のように歩いていたのではないだろうか。

帰りのバスでは、最初から座席が半分以上埋まり、メーリトに着くまでにほぼ満員となった。客はほとんどが知り合いらしく、客が乗ってくるたびにあいさつが交わされる。ミンモと呼ばれていた運転手は、乗客が乗り込むたびにタブレットのガムを手渡していた。

途中、停留所も家もない山道で突然停車した。変だなあと思ったら、小さな女の子がおしっこをするためだった。

2-4 地震で廃墟となった異形の村 **ペンテダッティロ**

バス停の「Bivio（ビーヴィオ）」は要注意

レッジョから見ると、ログーディの手前にもう一つ見事な廃墟の村がある。それが、ペンテダッティロだ。ログーディは洪水で廃墟になったが、ペンテダッティロは地震が原因で人口が流出して廃墟になった村である。

ここを訪れたのは、ログーディ訪問の前年にあたる2004年10月のこと。ペンテダッティロまでどうやって行くのが一番よいか、レッジョ・カラブリア駅構内の観光案内所で尋ねてみると、担当の女性がいろいろと時刻表を調べてくれた。

「うーん、メーリトの駅からは8キロほどあるし、ペンテダッティロまで行くバスもないわね」

「なんとか近くまで行くバスはないですかね」

「そうね、フェデリーコ交通のバスが走っている道からは5キロくらいの距離だから、近いバス停から歩いていくといいかも。あとは、バスの乗り場で聞いてみて」

駅前のバス乗り場に行ってみると、バス待ちのおじさんとおばさんや自転車旅行中の青年を巻き込んで、ああだこうだと大騒ぎの末、ようやく「ビーヴィオ・ディ・ペンテダッティロ」(Bivio di Pentedattilo)というバス停で降りればいいという結論が出た。

イタリアの中長距離バス路線には、「Bivio ○○」という名の停留所をよく見かけるが、これは直訳すると「○○への分かれ道」という意味で、日本流にいうと「追分」、あるいは「××口(入口)」「××下」のようなイメージと思えばいい。

だが、日本のバス停と違って、Bivio のあとに記された町まで遠いことが多い。それは1キロ以内のこともあるが、10キロ以上離れていることも珍しくない。せいぜい町外れくらいに思ってバスを降りてしまうと、周囲に人家が一軒もない場所に取り残されて、絶望することになるので注意が必要だ。

ペンテダッティロの場合は、Bivio の停留所から5キロほどだとわかったので、歩いて1時間程度だと、ひとまず心構えができた。だが、田舎の路線バスには車内放送や電光掲示板などはついていないので、前もって運転手に降りる停留所を告げておくしかない。

それでたいていは大丈夫だが、運転手に忘れられてしまったことが一度だけある。そのときは、幸いなことに反対方向に向かうバスがすぐにやってくる時間帯だったので、大過なく済んだ。

そんなことも頭をよぎったが、レッジョ駅前から30分あまりたったころ、バスの運転手が無事に停留所を教えてくれた。いっしょに下車したのは、インテリ風のインド人3人連れで、停留所近くにある彼らの顔なじみのバールで、しばし歓談をした。仕事でイタリアに来ているそうで、1人は3か月前に茨城県の土浦に行ったのだという。英語とイタリア語と片言の日本語のちゃんぽんで会話が成立し、結局ビールを1杯ごちそうになってしまった。

「五本指」の岩山に抱かれた「美しかった」村

せっかくバールに立ち寄ったというのに、うかつにも水を買うのを忘れてしまった。ペンテダッティロまでの道沿いには、ときおり人家があるものの、売店もバールも1軒もないとは思わなかった。10月中旬とはいえ南イタリアの強い日射しのもと、脱水症状の危機に見舞われながら、ようやく行く手にごつごつとした岩山が見えてきた。ペンテダッティロの背後にそびえる岩山である。

ペンテダッティロ遠景、確かに5本の指に見える

ペンテダッティロという不思議な地名は、ギリシャ語で「5本の指」を意味するペンタ・ダクティロスに由来しているのだそうだ。異様な形をした岩山の遠景を、巨人の指にたとえて付けた名前だ。それが、ギリシャ語のカラブリア方言でペンティダッティロと呼ばれるようになり、近年は現在のペンテダッティロという呼び名が定着したようだ。その岩山の中腹に抱かれるように建物が密集しており、村の端は100メートル以上もの断崖になっている。戦いになれば難攻不落かもしれないが、周囲の町との行き来はさぞかし不便だったろうと想像する。

とはいえ、カラブリア州南部の海岸と山奥とを結ぶ街道沿いに位置するために、古代から中世にかけてこの地域の中心の町として繁栄し、多くの商人や巡礼者が立ち寄ったという。また、異形の外観に魅せられて、さまざまな画家の題材になっ

廃墟のなか、修復された教会

ている。だまし絵で有名なオランダの画家エッシャーも1930年に実際にここを訪れて絵を残している。だが、そのころにはすでに、18世紀に起きた大地震によって人口の流出が進んでいた。最終的に1971年に村は完全に放棄されたという。

村から500メートルほど下った一角には、異形の村には似つかわしくない、四角張った味気ない宿舎のような家が整然と並んでいたが、もしかするとペンテダッティロに住んでいた人たちの移住先かもしれない。

村の全景が見える眺めのいい道の上で、私がため息をつきながら村の様子を愛でていたときのことである。後ろから中年の男性がやってきた。見ると背中には猟銃を背負っており、なぜか手には中身が詰まった大きなポリ袋を下げていた。

「こんにちは。とても美しい村ですね」

観光客がめったに来ないような場所で地元の人に出くわしたときは、怪しい人間でないことをほのめかすために、その町や村をほめるのが一番である。

すると彼は立ち止まり、こちらをちらりと振り向いた。

「美しかった、だね」

このひと言を残して去っていった。なるほど、うまいことを言うものだと感心した。

集落のなかに入ると、そこはまさに廃墟の村だった。だが、屋根が抜けたり壁や床が崩れたりした建物が大半のなかで、教会と数軒の家は外壁がきれいに補修されており、小さな広場も手入れされているように見えた。

あとで知ったのだが、教会は有志によって手入れされ、私が訪れた2年後からは、毎年夏に世界的な短編映画祭が開かれるようになったのだという。徐々に観光客も増えてきて、土産物屋や軽食を提供する店もできたのだそうだ。

2-5　山上に残されたギリシャ文化の都　ボーヴァ

現れなかった路線バス

話は再び2005年の旅に戻る。カラブリア州南端のイオニア海沿いの地域には、いまだに日常会話として古代ギリシャ語の方言を話す人びとがいると書いた。そんなギリシャ文化の中心となっているのが、ボーヴァという町だ。「ギリシャ地域の首都ともいわれている」という記述を読んだら、行かないわけにはいかない。しかも、標高900メートルの山頂付近にある正真正銘の山岳都市らしい。

ボーヴァの最寄り駅であるボーヴァ・マリーナへは、宿泊地のメーリトから普通列車で3駅、15分ほどの乗車である。駅名にマリーナが付くことでわかるように、町は海岸沿いに位置している。駅に到着する直前、川を渡る鉄橋付近から、はるか遠くの山並みのなかにボーヴァの町がちらりと見える。知らない人には単なる山の一つとしか思えないだろうが、目をこらすと三角形にとがった山頂の周辺に、人工的な建造物がごつごつと見える。その凛然とした山岳都市の姿が見えたときの感動は忘れられない。

ボーヴァ・マリーナ駅からボーヴァまでは10キロほど。フェデリーコ交通の路線バスが日に3往復出ていることは調べていた。ただ、時刻表はボーヴァの村の公式サイトに出ていたものの、フェデリーコ交通のサイトには出ていないのがやや心配ではあった。

駅に降り立ったのは、10月とは思えない暑い日の正午過ぎ。だが、駅前にはどこにもバス停の標識がない。それだけなら南部ではよくあることだが、20分ほど待って発車時刻になってもバスの姿がない。それもよくあることだが、何よりも駅前にはバスを待つ人影がまったくないのだ。駅は無人なので、誰かに尋ねることもできない。

刺すような日射しのもと、呆然として周囲を見まわすと、駅前に立つボードにタクシーの電話番号が書かれているのを見つけた。もう、これに頼るしかない。5分ほどしたらタクシーがやってきた。

「ちょうどよかったよ。昼休みで家に帰ろうと思っていたところだったから」

40代くらいのタクシーの運転手は、にこやかな表情で言った。おそらく町にはタクシーがこの1台しかないのだろう。危ういタイミングだった。

エアコンの利いたタクシーは快適だった。当初、帰りはずっと下りなのでぶらぶらと歩いて帰ろうとも考えていたが、帰りもタクシーで迎えにきてもらうことに決めた。

この選択は正解だった。何しろ途中の道沿いには、店はおろか人家がほとんどない。片道20ユーロはちょっと痛かったが、人里離れた山道で熱中症で倒れるよりはずっとマシである。

荒涼とした丘陵地帯を縫って、タクシーは右に左にカーブを繰り返しながら高度を上げて20分あまり、ついに前方にボーヴァの偉容が飛び込んできた。乾燥した土地には緑が少なく、周囲は埃っぽい色に覆われていたが、そのかなたに、ひときわ高い三角形の山がある。その頂上には城砦《じょうさい》がそびえ立ち、周囲を建物が取り巻いている。眺めのいい場所でいったん車を停めてもらって遠景を撮った。

最後の急な坂を上りきると、そこは2階建て、3階建ての建物が続く立派な村だった。坂道の向こうに下界を見わたせるパノラマが広がっていなければ、ごく普通の田舎町と変わりがない。

私はボーヴァの中心にある小さな広場に降り立った。タクシーの運転手は、「3時間後に迎えにくる」と言って山を下っていった。あとで知ったのだが、どうやら路線バスは廃止になってしまったらしい。

イタリア人ばなれした風貌の老人

まずは、広場に面したバールに入ってコーヒーを注文した。もうすぐ昼休みに入るというので、前年のペンテダッティロの轍を踏まないよう、ミネラルウォーターも忘れずに買った。

店内には客がいなかったが、店の前にあるテラス席では、数人の男性が椅子に座って昼間からビールを飲んでいた。なかでも目が釘付けになったのが、白いあごひげを長く垂らした老人である。それまでイタリアでは見かけたことのないタイプの風貌。もしかすると、これがギリシャ系の血なのかもしれない。5秒ほど逡巡したが、おそるおそる写真を撮ってもいいか尋ねてみた。

すると、表情一つ変えずに「うむ。よろしい」とひと言。カメラを向けると、じっとこちらに視線を投げかけてくる。堂々とした風格である。ひとしきり親父さんの撮影をしたのち、礼を述べてから村の頂上の方角に目をやった。目指す城砦は、2階建ての役場の背後に見えるのだが、とんでもなく高い位置にある。水平距離が100メートルもないのに、高低差が生半可ではない。実際に歩いてみても、城砦はすぐそこに見えるのに、大変な坂道なのでなかなかたどりつかない。しかも、日射しが強くて季節外れの暑さだから気が遠くなりかけた。

上｜ボーヴァの城砦からの荒涼とした風景　下｜広場で昼間からビールを飲む人たち

途中までは家の影を伝いながら歩いたが、頂上近くなると日射しをさえぎるものがない。「もしかしたら山の上は寒いかも」と心配して持ってきた麻のジャケットを頭からかぶって、ようやく山頂の城砦にたどりついた。

そんな苦労があった分だけ、城砦からの眺めは素晴らしく感じられた。カラブリアの乾燥した山並みと原野を360度見わたすことができ、南の方角にはシチリアのエトナ山が、噴煙とともにかすかに見える。その手前には、ペンテダッティロの岩山が小さく見えた。

風通しのよい岩影で、しばしその風景に見とれていた。

「なんでここに日本人がいるの？」

急な坂は降りるのも大変だった。ひざをガクガクいわせながら急坂を降りて村のなかをぶらぶら歩いていると、興味深いものが目に入った。教会や建物の名称を示す看板が3つの言語で記されているのだ。一番上はギリシャ文字なのでギリシャ語だろう。一番下にはイタリア語が書かれている。その2つにはさまれているのが、グレカニコと呼ばれるギリシャ語のカラブリア方言に違いない。イタリア語と同様にラテン文字で表記されているが、発音はギリシャ語とほぼ同じようである。村のなかには、グレカニコだけで書かれている看板もあった。

また、小さい村なのに教会がやけに多いのも目についた。イタリアのガイドブックによると、カトリックの教会にまじってギリシャ正教の教会もあり、そこではミサがギリシャ語で行われている

ボーヴァに保存されている蒸気機関車

という。実際に、黒ずくめの司祭の写真をネットで見たことがある。

坂を降りきったところに、最初の広場とは別の小さな広場があった。なんとそこに置かれていたのは、保存蒸気機関車である。動輪（動力が伝わる大きな車輪）が4つあり、後ろに炭水車を従えた大型の機関車だ。

日本の蒸気機関車でいえばD51やD52に相当するが、イタリアはレールの幅が日本より広い標準軌なので、車体はひと回りもふた回りも大きい。

もちろん、こんな山の上の町に鉄道が走っていたわけはない。廃車になってから、くねくねした山道をトレーラーに載せて運んだのだろう。同じ保存をするのなら、もっと小型の機関車でもよさそうなものなのに、やるときには徹底してやるのがイタリア人らしいのかもしれない。

私が機関車を眺めていると、旅行者らしいイタリア人の中年男女3人連れがやってきた。聞くと、北イタリアから来たご夫婦を、カラブリアに住む知り合いの男性が案内しているのだという。

私が旅行でやってきた日本人だと知って女性は驚いた。

「なんで、こんなところに日本人がいるの?」

どこでこの町の情報を知ったのかと聞くので、「イタリアのインターネットサイトとか……。日本ではほとんどカラブリアの情報がなくて困るんですよ」と答えると、「イタリアだって同じよ!」と笑われてしまった。

そんな会話の時間はあったものの、小さな山上の村でタクシーが来るまでの3時間はさすがに持て余した。村に1軒しかない先ほどのバールは昼休みで閉まったまま。しかたがないので、また途中まで坂を登っては展望台で茫漠とした大地を眺めたり、バールの前のベンチに座って水を飲んだりと、暇をつぶすのに苦労した。

滞在していたのが昼寝の時間だったので、結局ここで出会った人は、最初にバールで会った店主と老人たち、機関車のそばで会った3人のほかは、水道工事をしていた3人だけだった。残念ながら、地元の人がギリシャ語の方言で会話をしているのを聞くことはできなかった。

帰りのタクシーは、時間通りに迎えにきてくれた。

「夏だったら教会の内部が見られるんだけど、今は人も来ないから普段は鍵を閉めているそうだよ」

運転手は親切にも調べてくれていたようだった。こんな静かな村だが、バカンスシーズンになると、イタリア各地からたくさんの人が訪れるらしい。

海岸の近くまで戻ったところで、彼は行きとは違う道をとった。

「ほら、ここがベルガモットの畑だ」

柑橘類のベルガモットはカラブリアの特産品だ。果肉は苦くて食べられないが、皮からとれる精油が有名で、有名ブランドの香水の原料や紅茶のアールグレイの香りづけ、リキュールなどに使われている。現在、世界のベルガモットのほとんどが、この周辺で栽培されているそうだ。私が好きなのはベルガモットのジャムで、独特の苦みが病みつきになる。この地域以外ではなかなか入手できないので、カラブリアを訪れたときには必ず買って帰ることにしている。

2-6　丘上の別天地　ジェラーチェ

3台ある改札機がすべて故障している!

2泊したメーリトの貸部屋に別れを告げて向かったのは、イオニア海沿いに70キロほど北上した丘の上にあるジェラーチェという町だ。まずは、ジェラーチェのふもとにあるロークリという町に列車で向かう。

メーリトの駅では、乗務員のための控室はあるようなのだが駅員がいなかった。そんな田舎の駅からローカル列車に乗るときには注意が必要だ。まずどこで切符を買うかだが、イタリアの国鉄が民営化されてからは、無人駅にも切符の自動販売機が設置されるところが多くなった。それでも、田舎の小駅になると置かれていないこともある。そんなときは、近所のバールで売られていることがあるので、前もって確認しておかなくてはならない。幸いなことに、メーリト駅には旧型だったが切符の自動販売機があった。

無事に切符を手に入れたところで、次は改札機を探してガチャンをする、つまり有効化するだけである。

ところがである。メーリト駅の駅舎からホームの隅まで見たのだが、この駅にある3台の改札機がすべて故障していたのだ。切符に印字できないと、無賃乗車扱いにされてしまう。罰金をとられるのは嫌だが、だからといって乗らないわけにはいかない。おろおろしていると、近くにいたイタリア人が「いいから乗れ乗れ」とせかす。しかたがないので、びくびくしながら列車に乗った直後、通路を通りかかった車掌を呼び止めた。

「機械が全部動かなくて……」と切符を見せると、車掌はすべてを悟ったように切符を受け取り、その裏面にさらさらとサインしてくれた。あまりにも達筆で読めなかったが、駅名と時刻と車掌の名前を書いてくれたようである。

進退窮まった末の行動だったが、どうやらこれが正解だったようだ。その後も、機械が故障していたり、ガチャンを忘れて列車に飛び乗ったりしたことが何度かあったが、車掌に申し出て事なきを得た。大切なのは、乗ってすぐに申し出ることである。もっとも、こうした心配もスマートフォンでいつでもどこでも切符が買えるようになったことで、過去の話になりつつある。

犯罪集団が跋扈する町でホテルを探してみた

次の目的地のジェラーチェは、メーリトから列車で約1時間のロークリ駅から、内陸に7キロほど入った丘上の町だ。日本ではほとんど知られていないが、イタリアではそこそこ有名な観光地である。だが、ロークリ駅前からジェラーチェまでは日に4、5便しかない路線バスに乗らなくてはならず、ちょっと不便である。滞在中に近郊のほかの町もまわりたかったので、当初、宿はロークリ駅近くを考えていた。

ところが、ちょっと心配なこともあった。というのも、数日前に見たテレビニュースで、ロークリの「暴力反対デモ」が繰り返し取り上げられていたからだ。カラブリア州には、シチリアのマフィア、ナポリのカモッラと並ぶ犯罪集団「ンドランゲタ」が存在する。その本拠がロークリの近辺にあり、私が訪れた直前にも大きな事件を起こしたらしいのだ。

ンではじまる単語は日本人にはなじみがないが、これもギリシャ語に起源があると聞いた。実は、シチリアのマフィア勢力が下火になった2000年以後、イタリアでもっとも凶悪な犯罪集団とされているのがンドランゲタだという。主に大きなカネが動く業界に根をはって、脅迫や強奪を繰り返していると聞いた。近年は海外でも活動を活発化して、シチリアのマフィアに取って代わって麻薬の取引でも暗躍しているのだそうだ。

やや迷ったが、凶悪な組織とはいっても、真っ昼間に町歩きをしている観光客に危害を与えることはないだろうと考えて、とりあえずロークリの駅で下車することにした。

さっそく駅前の広々としたバールに入ってコーヒーを飲み、情報収集である。店主らしき中年男性に向かって、駅の近くにホテルがないか尋ねた。

「うーん、ないね」

即座に返答したのち、やや間を置いて「3キロほど南に行けばあるけど」と付け加えた。

「3キロ⁉」

線路に並行する国道にバスは通っているが、やはり不便である。それにしても、こんな大きな町なのに宿泊施設がないとは意外だった。その後、ミニホテルやB&Bがいくつかできたようだが、私が訪ねた2005年はそんな状況だったのだ。

大きなスーツケースを引きずり、うなだれて店を出ると、なんと目の前の駅前広場に「ジェラーチェ」という行き先を記したミニバスが停まっているではないか。聞くと、10分後に発車するという。これも何かの縁である。ジェラーチェに泊まれという神と仏の思し召しだったのだろう。迷わずにバスに乗車した。

ジェラーチェの町並みを見下ろす。遠くにロークリの町、そしてイオニア海まで見わたせる

シーズンオフの路地裏歩き

ジェラーチェのある大きな丘は、海岸近くを行く列車やバスからも見える。確かに、このあたりには、車窓から丘上都市が次々に現れるのだが、そのなかでもジェラーチェは異彩を放っている。

まず、丘が白いこと。ほかの丘上都市は山が緑に覆われているのだが、この町は白い岩肌がそのまま見える。しかも、白地に白っぽい家が密集しているから、遠目には単なる岩山にしか見えないのも特徴だ。丘の周囲の一部は、イタリアでは珍しくコンクリートで端を固められているので、近くからだと軍艦のようにも要塞のようにも見えた。

ここはいかにも観光地らしく、4つ星のホテルが2軒あり、そのほかにもミニホテルやB&Bがあったが、迷わず4つ星ホテルで2泊することにした。メーリトの貸部屋で節約したので、このあたりで体をゆっくり休めたいと思ったからだ。

もっとも、生来の貧乏性なので、体を休めるどころか、ジェラーチェの全景を写そうと丘を下ったり、ジェラーチェの路地という路地を歩きまわったりしてしまった。

ジェラーチェの小さな旧市街のなかで、かなりの敷地を占めるのがサンタマリア・アッスンタ大聖堂だ。飾り気がなく、要塞のような外観はいかにもノルマン様式の建物だ。カラブリア州に残るノルマン建築として非常に貴重なものだそうだが、周囲を狭い路地に囲まれているので、なかなか全貌をとらえることができない。ぐるりと一周したが、高い壁が見えるだけだった。

ただ、興味深かったのが教会の正面の広場である。坂の途中にある三角形の狭苦しい広場だが、地面に放射状の線が描かれているのは、少しでも広く見せようという工夫だろう。

夏は観光客でごった返しているそうだが、当日のホテルの客は私一人。町なかでも、観光客はヨーロッパ人の若いカップルを見かけただけ。雑然としたロークリとは別世界である。すがすがしい秋晴れのもと、私は路地でネコとたわむれるのであった。

2-7　ぽつんと残るビザンティンの教会　**スティーロ**

昔の切手に描かれていたビザンティン建築の教会

私が初めてイタリアに足を踏み入れた1980年代初めは、携帯電話もインターネットもなかった。日本との連絡は、電話局まで行って国際電話をかけるか、2週間以上もかかる（あるいは永遠に届かない）郵便を利用するしかなかった。

イタリア滞在中は、暇があれば知人に絵はがきを出していたのだが、そこで必要になるのが切手である。イタリアの通常切手は、どれも単色でそっけないものだったが、それでもイタリア国内の著名な建造物が描かれていて興味をひかれた。

切手の図柄に使われている建物のほとんどは、すでにどこかで目にしたことがあったのだが、なかで一つだけわからないものがあった。それは、崖の上にある不思議な形の建物だった。屋根には円筒型のドームが5本突き出している。イタリアというよりも、北アフリカか中東にありそうな建造物という印象だった。

調べてみると、それがイタリア南部のどこかにあることだけはわかったのだが、もとより南部については情報が少なく、いつしか記憶の底に埋もれてしまった。

その建造物が、カラブリア州東海岸から5キロほど内陸に入ったスティーロという町にあることを知ったのは、ずっとあとのことである。カットーリカと呼ばれる教会だった。異国風に見えたのは、10世紀にビザンティン文化の影響を受けて建てられたためと知った。

ビザンティン文化とは、東ローマ帝国の別称であるビザンティン帝国とその周辺で栄えた文化のことである。３９５年に東西に分割されたローマ帝国のうち、４７６年に滅亡した西ローマ帝国に対して、コンスタンティノープル（現・イスタンブール）に首都を置いた東ローマ帝国は１４５３

年まで存続した。ビザンティンの名称は、コンスタンティノープルの旧名ビュザンティオンに由来している。

ビザンティン文化は、ギリシャ・ローマに代表される西欧文化と、西アジアのオリエント文化が融合した独自の文化で、14世紀に興ったイタリアのルネサンス（イタリア語ではリナシメント）にも大きな影響を与えている。11世紀まで東ローマ帝国の支配下にあったカラブリアでは、ビザンティン文化の影響を受けた絵画や建築が数多く残されており、その貴重な遺産の一つがスティーロのカットーリカというわけだ。

スティーロの神々しい遠景

朝からザーザーと雨が音を立てて降るなか、昼過ぎにロークリ駅からイオニア海沿いに北上する普通列車に乗車した。ロークリからしばらくは、シデルノ、ジョイオーザ・イオニカ、ロッチェッラ・イオニカと、比較的大きな町がとぎれることなく車窓に現れる。

そうして約1時間後、スティーロ行きのバスが出るモナステラーチェ駅に到着した。

ここから午後3時半に出るフェデリーコ交通のスティーロ行きバスがあることまでは調べがついていたが、駅前にはバスが入れるようなスペースはない。線路に並行している国道まで出てうろうろしていたら、中高生らしき若者が道端に集まって騒がしくしている。バス停の標識はないが、それに似たポールがあった。

「ここから、スティーロに行くバスに乗れますか」と聞くと、

「スィー！（イエス）」と声を揃えて答えてくれた。

イタリア人の中高生は見るからに大人っぽく、とくに女の子は化粧をしている子がほとんどなので大人びて見える。そんな子たちが大騒ぎしているところに近づくのは緊張するのだが、実際に話してみるととても人懐っこい子が多い。とくに田舎町では、その感を強くする。

モナステラーチェを発車したバスは中高生で超満員。観光バスのように、前方に出入口が一つあるだけのバスなので、最後に乗った私は出入口近くで大きな荷物を持って立つしかなかった。

それを見たバスの運転手が、学生たちに席を詰めるように言ってくれたおかげで、わずかな隙間に座ることができた。狭苦しいが、前方はかろうじて見える。

市街地を抜けて周囲が開けてしばらくすると、行く手を遮るようにそそり立つ山が正面に見えてきた。山頂は削り取ったようになだらかで、ごつごつとした岩があちこちむき出しになっている。スティーロの町は、この海抜700メートルのコンソリーノ山の中腹に、東西1キロ以上の幅で広がっている。

スティーロへの道がなかばにさしかかったころだ。上空を覆っていた雲の一部が切れて、正面の山に突如、陽が射した。空のほとんどが厚い雲に覆われて薄暗いなかにあって、山の中腹にある家々がスポットライトを浴びたように浮き出している。それはもう、神々しいとしか形容できない光景であった。ところが、バスに乗っている中高生は、そんな光景に目もくれない。ひたすら大声

でおしゃべりをして騒々しいだけなのである。

「なんてもったいない！」、私は思わず日本語で声を出しそうになった。

超満員だったのでカメラを取り出す余裕がなかったのは残念だが、たとえ写真を撮ることができたとしても、あの情景を再現することはできなかっただろう。なんとか目に焼き付けておこうと、ただひたすら前方を凝視する私であった。

ビザンティン文化が凝縮されたカットーリカ

ホテルは予約していなかったが、シーズンオフなので問題なくとれた。新しいホテルのようだが、値段はレッジョの半額以下。それでいて設備はほとんど変わりがなかった。

スティーロは丘上都市ではあるものの、中腹に開けた平地の上に市街地が広がっており、意外と坂道は少ない。ホテルやバス停のある新市街から東側に歩いていくと小さな門があり、そこをくぐると旧市街となる。旧市街には年季の入った建物が続いており、カットーリカは旧市街から坂を登ったところにぽつんとあった。思ったよりもずっと規模は小さく、幅も奥行きも8メートル以下だった。切手で見た円筒形の装飾はもちろんのこと、壁も屋根もそれまで見てきた教会とはまったく違う。小さな建物に歴史と文化がぎっしり詰まっているように感じられた。

すでに教会としての役割はなく、がらんとした内部では2人の男性が受付をしており、いわれるままに訪問者名簿にローマ字で名前を記した。目をこらすと、壁面には美しいフレスコ画がわずかに残っていた。いかにも古い素朴な宗教画のようで、大変貴重なものを見せてもらったという気分である。

市街地より一段高い場所に建つカットーリカからは、遠く海が見える。天気も徐々に回復してすがすがしい。その気持ちを抱いたまま、元気よく丘を下って町の遠景を撮ろうとしたのだが、途中まで降りたところでまた雨が降ってきた。全景が撮れるポイントはバスのなかから見当を付けたのだが、そこまで歩いていく気力を失ってしまった。

だが、翌朝にもチャンスはある。帰りのバスに乗ったら、いくら中高生に笑われてもいいので、窓から必死になって全景を撮ることにしようと決意した。そうと決めると、あとは雨が降ったりやんだりのなか、旧市街をぶらぶら歩きするにとどめて、早めに宿で休むことにした。

翌朝スティーロを8時45分に発車するバスには、拍子抜けしたことに子どもたちは1人も乗っていなかった。彼らはもっと早い便を利用するようだ。前日と大違いで、大人が7、8人だけの落ち着いた雰囲気である。

私は最後尾の座席に陣取り、後ろを向いたままスティーロに名残を惜しむことにした。もちろん全景を入れた写真を撮りたいのだが、バスはカーブの続く道をかなりのスピードで飛ばすうえに、道沿いの木もじゃまになって、なかなかうまく撮影できない。それでも、必死になって窓ガラスにへばりつき、かろうじてガラス越しに2、3枚撮ることができた。

上｜スティーロ終点に停泊中のフェデリーコ交通のバス　下｜登校時間が過ぎた静かな車内

2-8 ラックレール式の私鉄に乗って丘上の大都市へ　カタンザーロ

運転席の扉を開けてくれて写真を撮影

次の目的地は、レッジョに次ぐ大都市で、カラブリア州北部に位置する州都カタンザーロ（カタンツァーロ）だ。

スティーロからバスで山を下り、モナステラーチェ駅で乗車した。カタンザーロ方面行きの列車は、フィアット社製の旧型ディーゼルカー Aln668 だった。1950年代から80年代前半にかけて700両以上が製造された。その後継として1980年代に200両が製造された Aln663 とともに、イタリア全国津々浦々で目にすることができた車両である。正面4枚窓の個性的なスタイル（初期型を除く）は一度見たら忘れられない。

戦後に軽量型ディーゼルカーとして登場したわけだが、21世紀に入るとかなり時代後れの印象がぬぐいきれなくなっていた。前にも述べたように、騒音や振動が大きく、車内に燃料の臭いが充満することも珍しくなかった。

右手に海岸線、左手には次々に現れる丘上都市を眺めること2時間、カタンザーロ・リドという駅に到着した。構内はかなり広く、側線には何本もの貨物列車が停車していた。

カタンザーロ・リドは海岸沿いにある町で、ここから私鉄のカラブリア鉄道に乗り換えて丘上のカタンザーロに向かう。

カラブリア鉄道は、レールの幅が950ミリの狭軌鉄道なので、標準軌（1435ミリ）のイタリア鉄道とは直通運転ができない。カラブリア鉄道の前身であるカラブロ・ルカーネ鉄道は、カラブリア州、バジリカータ州、プーリア州にかつては700キロを越す鉄道路線網を持っていたが、道路の整備が進むにつれて1960年代に入ると次々に廃止されていった。さらに、バジリカータ州やプーリア州内の路線がアップロ・ルカーネ鉄道として独立したこともあり、現在の路線長はカラブリア州内の約80キロほどになってしまった。

さて、イタリア鉄道のカタンザーロ・リド駅を出てカラブリア鉄道の駅舎をくぐると、ホームには落書きだらけの2両編成のフィアット社製M4型ディーゼルカーが、エンジン音を響かせて発車を待っていた。昼前の時間とあって車内は比較的空いている。

発車して10分もすると、行く手の丘上にカタンザーロの偉容が現れる。町の規模が大きいだけあって、丘の上に新しいビルが林立している様子は荘厳な感じさえする。

その情景を撮りたいという気持ちが羞恥心に勝って、運転席のすぐ後ろに移動してカメラを構えて何枚か写真を撮ったのだが、その様子がそばにいた乗務員の好奇心を刺激してしまったようだ。

「そのカメラはいくらするんだ?」「あんたは日本人か?　トーキョーは、なんという島にあるんだ?」「フジサンは、何メートルあるのか」と、矢継ぎ早に質問が浴びせかけられた。

しまいには、運転席との仕切りのドアを開けて、「運転席から写真を撮れ」とすすめる。運転士のじゃまをしないように写そうとすると、「もっと前に出たほうがいい写真が撮れる」とせっつく。さらには、運転士もいっしょになって会話に加わってきたのは楽しかったけれど、運転しながらの会話はいかがなものかと、ちょっと心配になったのが正直なところである。日本だったら大問題になるに違いない。

それにしても、眼前に立ちはだかる丘の上まで、どうやって急勾配を登るのだろうか？　そう思っていたら、2本のレールの中央に、ギザギザのついた3本目のレールが途中から現れた。ラックレール区間である。これは、鉄道が急勾配を登る方法の一つで、車両に付いている歯車と噛み合わせることで、急坂を安全に登り降りする仕組みである。スイスの登山鉄道でよく採用されている。

ラックレール式鉄道には、歯車の形やラックレールの本数によって、いくつかのタイプがある。かつて信越本線の横川～軽井沢間の碓氷峠で採用された方式は、3本のラックレールの歯をずらして並べることで確実性を増したやり方で、「アプト式」と呼ばれている。日本では、新幹線の開通によって碓氷峠のアプト式区間は廃止されてしまったが、静岡県にある大井川鐵道井川線のアプトいちしろ～長島ダム間が唯一現役で使用されている。

運転席に招かれなかったら、ラックレールを見逃したかもしれないので、これは大きな収穫だった。

最後にトンネルを抜けて到着した終点カタンザーロ・チッタ駅は、町の中心部の雑然とした場所にあった。線路はその先も続き、山を越えてコセンツァという大都市まで通じているのだが、運行本数は1日に5往復程度とグッと少なくなる。しかも、山越えの中央部分はバス代行となって久しい。

カタンザーロ・チッタ駅からはぶらぶらと町歩きをしたのだが、せっかくなので列車の走行写真を撮影しようと思い立った。線路はカタンザーロの丘の端をまわり込むようにして敷かれている。裏通りを行ったり来たりして、ようやくその様子を俯瞰できる場所を探し当てた。

時刻表とにらめっこして待つこと15分。谷の下から、車体全面にひどい落書きがほどこされたディーゼルカーが登ってきた。何回かシャッターを切り、あとは眼下を通過していく様子を眺めていると、なんと運転席にいる2人がこちらに向かって手を振っているではないか。顔はわからないが、さっきの乗務員だろうか。

撮影場所からは距離があり、かなりの高低差もある。よくこちらに気がついたものだと感心した。周囲に気を配って運転している証拠か。私も列車に向かって大きく何度も手を振った。

カタンザーロのケーブルカー

乗り物好きにとって、カタンザーロは興味深い町である。公共交通機関でカタンザーロを訪れるには、イオニア海沿いにあるカタンザーロ・リド駅からカラブリア鉄道に乗り換えるのが一般的だが、そのほかにもいくつかのルートがある。

上｜カラブリア鉄道の運転席からの撮影　下｜坂を登るカラブリア鉄道のディーゼルカー

イタリア鉄道のカタンザーロ駅を利用する方法もある。この駅はティレニア海沿いの西海岸から山越えをしてやってくる路線の駅だ。カタンザーロという名前は付いているものの、丘下の南側にあって中心部まではとても歩いてはいけない。その代わり、カラブリア鉄道線の途中駅と隣り合っているので、そこで乗り換えれば中心部まで来ることができた。

「できた」と過去形にしたのは、2008年にその山越えの路線が移設されて、イタリア鉄道のカタンザーロ駅は西へ5キロほど移転してしまったからである。新しい駅は荒れ野の真ん中に設置され、利用者を大いに戸惑わせていると聞く。

事情を知らない旅行者が、カタンザーロの最寄り駅だと思って降りたものの、駅前にタクシーもバスの姿もなくて唖然とするケースが続出したらしい。路線バスは一応あるのだが本数は限られている。中心部から軽鉄道を建設しているところだが、開通予定が延び延びになっているのはいかにもイタリアらしい。その軽鉄道が開通するまでは、山越えの路線で来たらカタンザーロ駅で降りずに、1つ先のカタンザーロ・リド駅まで行ってカラブリア鉄道に乗り換えるのが正解である。

そのほかに公共交通機関で中心部に行くルートとして、ケーブルカーがある。ケーブルカーは、イタリア語でフニコラーレといい、ナポリ近郊のヴェズヴィオ火山に登るケーブルカーを歌った歌謡曲『フニクリ、フニクラ』を知る人も多いだろう。

ケーブルカーというと、日本では観光地にある乗り物という印象が強いが、イタリアではかなりの規模の町でも丘上にあることが多いので、公共交通機関としてケーブルカーが普及している。カタンザーロもその一つなのだ。

　せっかくなので、これにも乗らないわけにはいかないと思ったのだが、なかなか丘下の乗り場が見つからない。地図で見ると、カラブリア鉄道の途中駅が最寄りなのだが、たどりつくのにかなり苦労した。

　着いてみると、周囲に広大な駐車場が設けられていることから、いわゆるパーク・アンド・ライドが目的で設置されたようだ。つまり、中心部の道路混雑緩和のために、ここにマイカーを駐車させてケーブルカーで中心部に行ってもらおうというわけである。

　真新しいケーブルカーは、日本で私がなじんだケーブルカーとは大きく2つの点で違っていた。

　一つは、すれ違い方である。2両の車両が中間地点ですれ違うのは同じだが、日本ならば上り下りとも仲良く左右にずれてすれ違うのが一般的である。だが、ここでは片方の線路が直線で、もう片方が曲線を描くというすれ違い方をしていた。日本では奈良県の生駒ケーブルにその例がある。

　また、ケーブルカーで途中駅をつくるときは、中間地点を基準にして上下対称につくるのが一般的だ。そうしないと、片方が途中駅に停まっているときに、もう片方が駅でないところで待っていなければならないからだ。日本ではたいていそうなっているが、カタンザーロはそうではなかった。上りの車両が中間駅に停まっている間、下りの車両は何もない場所でしばらく待たされるのである。

　最初は故障か事故かと思ってあせった。

　私が乗ったケーブルカーは、午後の空いている時間だったので、同じ車両にいたのはイタリア人

カタンザーロの丘上に向かうケーブルカー

の若い男性一人だった。驚いたのは、彼が着ているジャンパーである。ジャンパーの前側には日の丸とJAPANの文字、そしてオリンピックの五輪が縫い付けられていた。そこまではいいのだが、不思議なのは背中の文字である。そこには、大きな太字で「本トンスオラヤ」と書かれていた。

海外では漢字ともカタカナともひらがなともハングルともつかない文字を描いたデザインをよく見かけるが、これは珍しく文字自体はまぎれもなく漢字とカタカナだった。それぞれの文字ははっきりしているのだが、全体の意味が不明である。逆さにしても意味が通じない。

本来ならば、「日本語が書かれているジャンパーだね」とでも声をかけたいところだが、「これはどういう意味？」と聞かれたら返事に困ってしまう。静かに座っていることにした。

どうやら彼も私を気にしているようだったが、

中国人か日本人かもわからないので、話しかけることができなかったのだろう。狭いケーブルカーのなかで、なんとも気まずいひとときを過ごしたのであった。

2-9　原野の先にあった桃源郷のような町　クロトーネ

ホテルのフロントにいた哲学者のような男性

イオニア海に沿ってカラブリア州を北上する列車の車窓は、カタンザーロ・リド駅を境にして大きく変わる。それまで見えていた険しい山々が姿を消し、なだらかな平原が広がる。その一方で、人家はまばらになり、茫漠とした荒れ野を列車は進んでいく。そんな車窓が何十分も続き、こんな風景の先に町があるのかと心配になったころ、列車はクロトーネ駅に到着した。

クロトーネの駅から中心地までは、かなり離れていることは知っていた。でもクロトーネ県の県都だから、駅前にホテルの1軒くらいあるだろうと甘く見ていたのが大間違い。低層のビルが並んでいるだけで殺風景そのものである。重い荷物を抱えて途方に暮れてしまった。

路線バスの停留所はあるのだが、バスの姿は見えない。すでに時計は4時をまわっていた。明るいうちに町を散歩しておきたかったので、いつ来るかわからないバスを待つのは時間がもったいない。1台だけ止まっていたタクシーに乗ることにした。

「どこかいいホテルに連れていって」と私。

「3つ星と5つ星があるけど、どっちがいい」と運転手。

迷わず「3つ星」と答えた。

実は、クロトーネには知人が1年ほど前に訪れていた。南イタリア好きの彼は、この町をいたく気に入ったようで、「ぬるい感じの古きよきイタリアの町」と形容していた。

しかし、タクシーの車内から見た町並みも建物もごく平凡で、広い道を車が飛ばしていく様子もありきたりである。本当におもしろい町なのだろうか。知人の発言を疑いはじめていた。

「さあ着いたよ、ここだ」と運転手が言う。

見上げると、「ホテル・コンコルディア」という看板が掲げてある。タクシーの運転手に伴われて2階に上がると、ホテルのフロントにいるよりも、バールのテーブルでポーカーをしているほうが似合いそうな親父が出てきた。大きな黒ぶち眼鏡に哲学者然とした風貌。その一方で、下着のランニング姿というアンバランスないでたちが、ただ者でない雰囲気をかもしだしていた。どうやら、彼の個人経営のホテルのようだ。

話がついて部屋を決めたところで、彼はごそごそと机のなかからファイルを取り出してきた。そこには、古い雑誌のコピーがはさんであった。

「ほら、このホテルの昔の写真だ。……も泊まったと書いてあるだろう」

「……」にあたる語を何度も聞き直したすえ、ようやくそれが19世紀イギリスの作家ジョージ・

ギッシングだとわかった。大学の文学部を出て、学生時代は古今東西の小説を山ほど読んだ私だが、ギッシングは名前しか知らなかった。

あとで調べてみると、彼の著作に『南イタリア周遊記』という紀行書があるので、そこに登場する歴史あるホテルだと言いたかったのだろう。さらに彼は、ロビーにあった真新しいパソコンにDVDをセットして言った。

「これはRAI（イタリア国営テレビ）の番組を録画したものだ。全国ネットの放送だよ。ローカル番組じゃないぞ。これを見ればクロトーネのことがよくわかる。このホテルも登場するぞ」

これには参った。「日が暮れないうちに実際の町を見に行きたいんだけど」と言いたかったが、それを言い出せる状況ではなかった。結局、20分近くもパソコンの前に座らされて、動画を見るハメになったのである。

「あ、ミネラルウォーターはいつでもここで買えるぞ。あんた1ユーロ持ってるか？」

そこにあったのは、スーパーやコンビニで見かける高さ80センチほどの業務用冷凍ショーケースのような機械だった。お金を入れると、ミネラルウォーターの小瓶が1本だけ取り出せる仕掛けになっていることを、私の1ユーロで実演してくれた。ここでしか見たことのない機械なので、もしかすると特注品かもしれない。

ようやく解放されて荷物に部屋を置き、町歩きをはじめたころにはもう日は沈みかかっていた。

日本に戻ってから、クロトーネが気に入ったという知人に聞いたところ、彼も同じホテルに泊まったとわかった。やはり、フロントの親父さんにいろいろと講釈を聞かされて、ミネラルウォーター販売機の実演もされたらしい。

夕刻の広場で「ゆるい雰囲気」を味わう

クロトーネは紀元前8世紀にギリシャ人によって築かれた植民市で、「ピタゴラスの定理」で知られるピタゴラスが、紀元前6世紀に生まれ故郷のギリシャのサモス島から移り住んだという。彼は友人らとともに「万物は数なり」を思想の中心に据えたピタゴラス教団を創設。極端な秘密主義を貫いた謎の教団で、うさんくさいエピソードもいろいろあるが、クロトーネの中心部の広場は、彼を讃えてピタゴラ（ピタゴラスのイタリア語読み）広場と名付けられている。

クロトーネを訪れる観光客のほとんどは、中心部から10キロほど離れた海岸にあるカーポ・コロンナの遺跡を見るのが目的だろう。クロトーネ市内だけを見た人のほとんどは、たぶんがっかりするに違いない。旧市街はとくに古めかしいわけではなく、教会はけっして立派ではない。城砦からの眺めもたいしたことはなく、港は素朴でも派手でもない。

でも、町の目ぼしい場所を早足でめぐったあと、中心部にあるピターゴラ広場に戻ってきて驚いた。広場は大きな道路が何本も交差して、自家用車やバスが行き来している場所にあるのだが、その周囲の広々とした歩道におびただしい数の親父たちが繰り出しているのだ。

それだけなら、ほかのイタリアの町でも見かけるのだが、ここの親父軍団は商店街を散歩するで

上｜クロトーネで泊まったホテルは左の建物の2階　下｜夕刻のピターゴラ広場

もなく、大きな声で議論するでもなく、夕日に赤く染まった広場のあちこちで、少人数のグループをつくって静かにたたずんでいるのである。

なかには、バールのテラス席に陣取っておしゃべりをしている親父たちもいるのだが、そのテーブルの上には何も載っていない。顔なじみなので店の人も文句を言わないのだろう。

そんななかで、明らかに異分子の私なのだが、誰もさして関心を示すわけでもない。まるで緊張感がなく、知人がいう「ゆるい雰囲気」そのものだった。歩道には、だらりと犬が寝そべっていた。私もそれをまねて、その場に寝ころがりたくなったほどである。

喉が渇いたので、できて間もないと見えるバールに入ることにした。好物のスプレムータ・ディ・アランチャ（生オレンジジュース）を注文すると、「クロトーネはいいオレンジがとれないんだよ」と若い店主がすまなそうな顔で言う。こんなことばを聞いたのは初めてだった。

輸送手段が整った現代、日本では山中の宿でも刺身が食べられる。いや、ローマだって近場でオレンジはとれないが、絞りたての生ジュースを売っている店はある。

だが、頑としてオレンジを取り扱わない若主人を見て、これが地産地消を大切にするイタリア人なのかと勝手にそう解釈して感心した。代わりに彼がすすめてくれた瓶入りのブルーベリージュースもなかなかウマく、その酸味が果物不足の体にしみわたった。

掘っ建て小屋のような店で絶品の海の幸を味わう

次に、町の地図を買おうと本屋に入って驚いた。店に入るとすぐにカウンターがあり、3、4人ほどの店員が客の応対をしている。欲しい本を客が言うと、店員が奥の棚から探して持ってきてくれるという閉架式の書店だったのだ。1980年代までのイタリアの本屋には、こういう店があったなあと思い出した。

店先で客の応対をしている様子は、日本の時代劇に出てくる商家を思い浮かべるといいかもしれない。順番を待ってから「この町の周辺の地図が欲しい」と言うと、「地図は隣の店舗で扱っている」とのことなので、しかたなくそちらの店に移動する。

隣の店舗で注文をして待っていたところ、「隣で扱っている」と教えてくれた店員が客の応対の間を縫って、「大丈夫?」とわざわざ確かめに来てくれた。こんなことも、イタリアのほかの町では経験したことがない。たまたま私が会った人たちがそうだったのかもしれないが、クロトーネの人たちは話し方から立居振舞まで、すべてが穏やかで居心地がよい町であった。東洋人の旅行者なんて珍しかっただろうが、露骨な好奇心を示されることもなく、張り合いがないほどだった。

夕食は、ホテルの親父が推薦してくれた「ネル・ミオ・リストランテ」という店に行くことにした。「私のレストランで」という意味の不思議な名前の店である。行ってみると、レストランとは名ばかりの掘っ建て小屋のような建物だった。店内は薄暗くて狭く、店の外にテラスらしきスペースはあるのだが、どちらかというとシーズンオフの海の家といった風情である。

「いいか、クロトーネはイタリアで魚が一番ウマい町なんだ！」

そうホテルの親父が力説していたので、前菜はムール貝、パスタの具は海の幸、メインはよく覚えていないが魚介たっぷりの一品を注文した。店はボロかったが、肝心の味は実によろしかった。しかも値段はとても安かった。こんな町に2、3日滞在するのもいいかなと思ったが、帰国の日が近づいていた。

翌朝は、大雨のなか、早朝に出る列車で北に向かった。市街地を抜けると、列車はしばらく人家のない原野を走る。町の南側も原野なら北側も原野なのだ。

そんな原野を見ていると、クロトーネで過ごした2日間がまるで夢のなかの出来事のように思えてきた。原野のなかに忽然と現れる時の止まったような町。伝説に出てくる桃源郷というのは、あんな町のことなのかもしれないと、雨に濡れる車窓を見ながら柄にもなく感傷的になってしまった。

3.

ローカル私鉄に乗って
半島めぐり旅

プーリア州

Puglia

イタリア半島の南東端にあるプーリア州は南北に長く、地域によって地形や文化が大きく異なっている。なかでも長靴のかかとにあたるサレント半島には、なだらかな丘陵や平原が続き、かわいらしい町が点在している。そんな町々を、私鉄の南東鉄道（スドゥ・エスト鉄道）を利用して訪ねる。

3-1 出発地バーリ：南部屈指の大都市の中央駅から出発

「かかとの町々」を結ぶローカル私鉄南東鉄道

プーリア州の州都バーリはイタリア屈指の大都会で、ナポリ以南の本土では最大の規模を誇る。ローマ、ミラノから航空便が多数あり、空港から都心へはメトロが通じている。鉄道の高速化も進み、ローマから直通の高速列車を利用すると4時間ほどで来られるようになった。かつてガイドブックに「危険なので近寄らないで」と書かれていた旧市街は、今や安全に散歩や観光ができる町になっている。旧市街にある美しいサン・ニコラ教会には、バーリの守護聖人で、サンタクロースのモデルになったともいわれる聖ニコラ（聖ニコラウス）の聖遺物が安置されている。

バーリからは、イタリア鉄道のほかに3つの私鉄が出ている。イタリア半島のかかとに向けて路線網を持つ南東鉄道（スドゥ・エスト鉄道）、内陸に向かってプーリア州とバジリカータ州を結ぶアップロ・ルカーネ鉄道、バーリ空港やプーリア州北部に向かう北バーリ鉄道（トランヴィアーリア鉄道）の各線である。

このうち、南東鉄道はまさにイタリア南東端を走る鉄道だ。この地域には、小さいながらも個性的な町が点在しており、そうした町々を南東鉄道でめぐることができる。とくに、世界遺産の町アルベロベッロに駅があるために、日本人を含む外国人旅行者にも南東鉄道はよく利用されている。

イタリア鉄道のバーリ中央駅で発車を待つ新型電車、通称「ポップ」

少し前までは、「のどかな沿線風景」「古い車両」「よく遅れる」という3拍子揃った、よくも悪くも昔のイタリアらしさを伝えるローカル私鉄だった。

　趣味的にいうと、南イタリアを代表する私鉄として、カラブリア鉄道、サルデーニャ鉄道と並ぶ３大ローカル私鉄だと私は勝手に位置づけている。３つの私鉄ともそれぞれの州内に路線網を持って地域交通を担っていたが、残念ながら前の２つは多くの路線が廃止になってしまった。

　それに対して、南東鉄道は何度もの経営危機を乗り越えながら、現在まで４７０キロの路線を維持している。これはイタリアにおいて、イタリア鉄道に次ぐ路線網だ。狭軌（９５０ミリ）を採用したサルデーニャ鉄道、カラブリア鉄道と違って、イタリア鉄道と同じ標準軌（１４３５ミリ）であり、それが現在まで大きな路線の廃止もなく生き残ってきた大きな理由の一つかもしれない。

だが、2016年には、何度目かの経営危機に襲われて、とうとうイタリア鉄道の持株会社であるFS（イタリア国有鉄道持株会社）の傘下に入った。FSの傘下に入った直後は、線路や信号設備の近代化のためにかなりの時間と費用をかけたというが、少しずつ体質改善が進められて新車も投入されている。

3-2 とんがり屋根のおとぎの国のような町 アルベロベッロ

バーリから南東鉄道で移動する

バーリから南へ60キロほどのところに位置する世界遺産アルベロベッロの町は、おとぎの国のような小さなとんがり屋根の家々が密集して、日本人に人気の観光スポットだ。先ほども述べたようにアルベロベッロを訪れるには、バーリ中央駅から南東鉄道に乗るのが便利である。駅の正面口から一番遠いホームに発着しており、アルベロベッロまで行く列車は1時間に1、2本で、所要は約1時間半である。

バーリは大都市だけあって発車後しばらくは家並みが途切れないが、やがて車窓にのどかな田園風景が開け、オリーブ畑が広がる。そして、10分ほど走ると次の町が見えてきて駅に停車するということを繰り返す。やがて、車窓にとんがり屋根の建物「トゥルッリ」の農家が見えはじめると、アルベロベッロの駅はまもなくである。

この路線には何度も乗ったことがあるが、訪れるたびに薄汚れていたバーリ駅の整備や美化が進み、近郊の都市化も進んでいることがうかがえる。郊外に工場が次々に建てられて、働き口が増えたと聞く。そして、イトゥリア谷（ヴァッレ・ディトゥリア）と呼ばれるアルベロベッロとその周辺の町を訪れる観光客も飛躍的に増加した。

２０１０年代後半には、バーリからアルベロベッロを経てターラントに至る路線の電化が進められた。それだけ、地元客や観光客の利用が増えたわけだが、この情報には驚いた。多額の資金が必要なので、ＦＳ傘下に入ったからこそ実現できたに違いない。

以前は、イタリア国鉄お下がりのディーゼルカーやディーゼル機関車がうなりを上げて走っていたが、電化された区間にはポーランド・ネワグ社製の最新型電車ＥＴＲ３２２が投入された。３車体の連接車である。電化以後はバーリ駅で見ただけで利用したことはないが、車両故障による遅れや運休は激減しているに違いない。

もちろん、電化されていない区間でも大幅な車両の入れ替えがあって、やはりポーランドのペサ社製のディーゼルカーが大量に導入された。

ところで、日本人には信じられないかもしれないが、南東鉄道は休日・祝日はほぼ全面運休である（土曜日は運転）。走っている路線でも、大幅に本数が減ってしまう。運休となる路線では、代行バスが設定されている区間もあり、バーリ〜アルベロベッロは1日に4往復が運転されている。休日・祝日に運休となるのは、ほかのイタリア南部の私鉄も同様だ。路線バスも休日は本数が激減するので、休日に移動するときは、よくよく時刻表を確認する必要がある。

観光客であふれるアルベロベッロ

アルベロベッロのトゥルッリ（単数形はトゥルッロ）は見るからにユニークな形の民家で、写真で一度でも見たら忘れられない。平たくした石灰岩を積んでつくられた円筒形の家屋で、壁には白い漆喰を塗り、とんがり屋根の部分は石積みがむき出しになった独特の外観だ。

1部屋ごとにとんがり屋根が1つあり、1部屋分の棟が単独で建てられていることもあれば、大きな家では複数の部屋をつなげて1棟としていることも多い。その場合、1つの建物にいくつものとんがり屋根がそびえることになる。

アルベロベッロの中心部は、観光化の進んだモンティ地区と、地元の人が静かに暮らすアイア・ピッコラ地区に分かれているが、どちらの地区にもトゥルッリがびっしりと建ち並んでいる。その不思議な光景を目にすれば、この町が世界遺産に指定されたのもうなずけるだろう。住宅だけでなく、教会の上部にもとんがり屋根が載っているのがかわいい。

トゥルッリの起源については、似たような建物が中近東にあることから、大昔に東方から技術が伝わったというのが定説のようだ。高温で乾燥した土地に適応した建築様式となっていて、夏でも

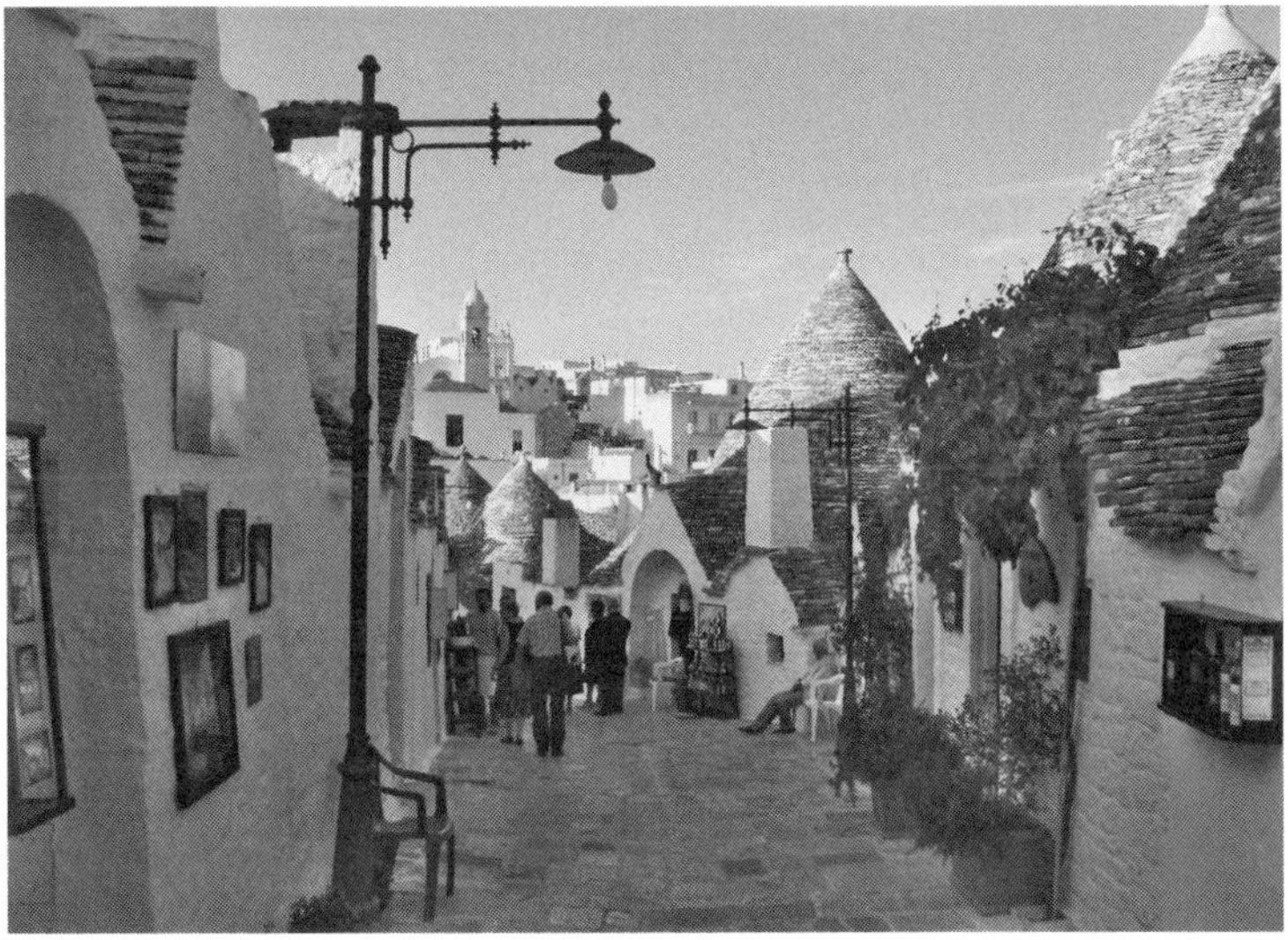

とんがり屋根の家がかわいいアルベロベッロの町並み

内部はそこそこ過ごしやすく、わずかな雨を無駄にしないために、屋根で受けた雨を地下の貯水槽に溜める仕組みにもなっている。

時が下り、ナポリ王国に支配されていた時代になると、地元の貴族は入植地にトゥルッリを積極的に建てたという。王国のスペイン人総督による査察があるたびに、貴族たちは屋根の石を取り外させて、「ここは住宅ではない」と主張して税金を逃れたのだとか。住民にとってはひどい話だが、屋根の取り外しと組み直しが容易なので税金対策に重宝されたらしい。

現在では、空き家となったトゥルッリを改装して、宿泊施設として活用する例が増えている。実際に泊まってみたところ、見た目よりもはるかに居心地がいいと感じた。

私がこの町を初めて訪れたのは1982年1月。当時は、ときどき物好きなフランス人とドイツ人、そしてごくたまに日本人がやってくるくらいだったらしい。色あせた絵はがきやちゃちな記念品を売る土産物屋は何軒かあったが、白い漆喰が薄汚れた家が多く、寂しい南部の町の一つという印象だった。

トゥルッリに招いてくれた老人

2回目は、1996年の初夏、両親を連れたイタリア旅行ではアルベロベッロに2泊した。出発日の昼前にトゥルッリが密集する地域をぶらぶらと散歩していたら、ある家の前で年配の男性が手招きをする。80歳は優に越えているように見えた。

「ブォン・ジョルノ」とあいさつすると、「家のなかに入れ」というジェスチャーをする。どうやら一人暮らしのようだ。観光用にリノベーションしたトゥルッリとは違い、室内は薄暗く、限りなく質素で、棚の上には古そうな写真が5、6枚、小さな額に入って立てかけてあった。

「これは父と母」「これは私が小さいとき」と1枚1枚指さしながら、少ない口数でゆっくりと説明する。こちらは、「うん」「へえ」「いい写真だね」などとうなずきながら聞く。

一通り説明が終わると、家の入口に戻り、そこにかかっていたプラスチックの札を指さした。「Affittasi」（貸家）と書いてあった。なるほど、ここに泊まらないかということらしい。

「残念ですが、すでに2泊していて、今日、出発するんです」というと、ちょっとがっかりした顔をする。私たちは丁重にお礼を述べたあと、家のなかを見せてくれた感謝の気持ちとして、日本円で500円ほどのリラ札を手渡すと、少し笑顔になった。

去り際に、おじいさんはトゥルッリの入口に立って、ずっとこちらに手を振ってくれていたのが印象的だった。

「あのくらいの年寄りは、小遣いをもらうのがうれしいんだよ」

その旅の翌年にこの世を去った私の父親は、どこかうれしそうにそう言った。

それから約10年後、再びアルベロベッロに行く機会があったので、その家を探してみた。家の周囲の写真を撮っていたので場所はすぐにわかった。家は外壁を白くきれいに塗り直されていた。夏だったから入口の扉は開け放たれていて、なかが見えないようにすだれが下がっている。近づくと、テーブルを囲んでいる3、4人の足が見えた。話し声からすると、若い両親と小さな子どもが1人か2人、食事をしているようだった。結局、もうあのおじいさんには会えなかった。

3-3 「イトゥリアの谷」の白い町々 ロコロトンド、チステルニーノ

「丸い町」ロコロトンドでオレッキエッテを早食いする

アルベロベッロの南隣には、これも魅力的なロコロトンドという町がある。ラテン語の「丸い場所」という意味の通り、丘の上に同心円状に白い家々が並んでおり、南東鉄道の車窓からもその不

思議な外観を望むことができる。

アルベロベッロから南東鉄道で1駅、所要時間は8分ほどなのだが、定刻を過ぎてもバーリからの列車がやってこなかったことがあった。２００6年のことである。ようやく到着したときは、定刻を30分以上も過ぎていた。

イタリア国鉄お下がりの旧型ディーゼル機関車が数両の客車を引き、なぜかその最後尾にディーゼルカーが1両連結されているという不思議な編成だったところを見ると、ディーゼルカーが故障したために機関車が応援に来たのだろうか。古い車両ばかりで、しょっちゅう遅れていた時代である。

おかげで、苦労して組んだ当日のスケジュールが冒頭からめちゃくちゃになってしまったが、それで腹を立てていたら南イタリアの旅行はできないので、「しかたがない」と思うしかない。

ロコロトンドの駅で降りて、進行方向左側の坂道を5分ほど登ると、白い家がびっしりと隙間なく建つ旧市街が目に入る。旧市街をぐるりと環状に取り巻く道の内側は、車も入ってこない別天地のようなところだ。個性的な装飾で飾られた家々も多く、レースのカーテンがかかる窓下にはきれいに花が飾られている。そんな美しく心地よい町だが、アルベロベッロほど観光客があふれていないのがいい。

もっとも、南東鉄道が遅れたために、ロコロトンドでの散策は早足にならざるをえなかった。すでに11時をまわっていたので、小さな広場に面したテラスでランチをとることにした。プーリア名物のパスタであるオレッキエッテを注文。グラスで白ワインも1杯、いや2杯飲んだ。

イタリア語で耳をオレッキオ（複数はオレッキ）というが、このパスタは耳に似た形であることからオレッキエッテ（小さな耳）と呼ばれている。手作りのパスタだと、もちもちしてまさに耳たぶを噛むような食感だ。

ロコロトンドの旧市街から線路を隔てた反対側は、のんびりとした農村風景が広がり、畑のなかにトゥルッリの家々が点在している。あるものは古い農家であり、またあるものは新築と思われるしゃれた家になっている。もしかすると、別荘なのかもしれない。

ところで、アルベロベッロやロコロトンドを含むこのあたり一帯は、「イトゥリアの谷」と呼ばれている。イタリアの地形を人の足にたとえたときに、アキレス腱のあたりにあたる地域だ。

「谷」とはいうが、どこを見ても川もなければ渓谷らしき地形もない。広々とした平原にぽつりぽつりと丘があり、そこに町があるという風情である。ガイドブックやパンフレットには、よく「イトゥリア渓谷」と書かれているが、涼やかな渓流が流れているを想像していると、乾燥した大地が広がっていて驚くことだろう。

専門家の話によると、イタリア語の Valle（ヴァッレ）という単語には、川によって削られた「谷」だけでなく、低地や低湿地の意味も含まれているようだとのこと。東日本によくある「谷戸」や「谷地」に通じるイメージがあるのかもしれない。

イトゥリアの谷には、ロコロトンドのほかに、堂々とした旧市街がある交通の要衝マルティー

真っ白なロコロトンドの町並み

ナ・フランカ、こぢんまりとした旧市街がかわいいチステルニーノ、海を望む丘に広がるオストゥーニ、美食の町チェリエ・メッサーピカなど、訪れる価値のある町が数多く点在している。このうちオストゥーニ以外は、南東鉄道の沿線に位置しているので、２日あればすべてをまわることが可能だ。もちろん、バスやイタリア鉄道を使えばオストゥーニにも行ける。

これらの町に共通するのは、白い漆喰で家の外壁を塗り固めている建物が多く、町全体が白いことだ。日射しが強いので、暑さへの対処の意味があるのだろう。

小さな旧市街のチステルニーノ

「時間が限られているから、アルベロベッロとロコロトンド以外に、もう一つだけ町を選んでほしい」

もしそう言われたら、町歩きが好きな人ならばチステルニーノをおすすめしたい。丘の上にある小さな町で、その中心に直径300メートルにも満たないかわいい旧市街がある。

南東鉄道を利用してバーリやアルベロベッロから訪れるには、途中のマルティーナ・フランカ駅でレッチェ方面行きに乗り換える。ただし、本数が少ないので注意が必要だ。

私はマルティーナ・フランカの旧市街から路線バスでチステルニーノの中心部に到着した。もちろん南東鉄道でも行けるのだが、マルティーナ・フランカもチステルニーノも駅が町外れにあり、しかもチステルニーノ駅は丘下に位置しているので、中心部までは急坂を登らなくてはならないのだ。


チステルニーノのバス終点は新市街の広い道にあったが、そこからすぐ近くにあるはずの旧市街までの道に迷ってしまった。通りの標識には、旧市街の方向を示す矢印が記されているのだが、その方向に行ってもそれらしき町並みが見えてこない。どうやら、防壁のように家が隙間なく取り囲んでいるので、内側に入ることができないのだ。

いくらなんでも、どこかに旧市街に通じる道があるはずだと思って探していると、ある真っ白な建物の1階にトンネルの形をした開口部を見つけた。だが、そのまま誰かの家に入ってしまいそうにも見えて、くぐるのをためらっていた。

すると、しばらくして開口部の向こう側から、黒い服を来た年配の女性が買い物袋を手にして出てきた。どうやら、開口部の先にあるのは個人の家ではなくて、町のようである。

「おじゃまします」という気分でくぐってみると、その先に広がっていたのは、どうやっても車が通れそうにない狭い路地が縦横にはりめぐらされ、白壁の家が続く旧市街だった。扉の色に用いられている青や黄色の原色が、壁の白といいコントラストになっている。路地から2階への外階段を設けている家も多く、階段に置かれた鉢植えの花が目を楽しませてくれる。

そして、何匹ものネコが、車におびえることなく路地を闊歩しているのも見かけた。ロコロトンドの旧市街もよかったが、ここの路地はさらに狭くて美しい。

小さな旧市街の中心には小さな小さな広場があって、1軒のバールが営業していた。そのテラスに座ってコーヒーを飲んでいると、まるで別世界にいるような気分にすらなったのである。

3-4 工業都市でも楽しい出会いがある　ターラント

ターラントに由来する有名な毒グモ

南東鉄道には何本もの路線があるが、バーリからアルベロベッロを経由して南下するのがもっとも本数の多いメインの路線であり、その終点がターラントという町である。イタリア半島の土踏まずに位置し、大きな港のある重要な工業都市である。

市街地の北側に位置するターラント中央駅はイタリア鉄道の拠点駅であり、カラブリア州のレッ

普通の家かと思った、チステルニーノ旧市街へ続くトンネル形の開口部

南部におけるイタリア鉄道の拠点駅の一つ、ターラント中央駅

ジョ・ディ・カラブリア、ギリシャ航路があるブリンディジなどへ向かう幹線が通じている。南東鉄道もこの駅の片隅に発着する。世界遺産のマテーラへ向かうバスの路線もある。

もっとも、市内に見どころはあまりなく、観光で訪れる人はよほどの物好きに限られている。東京・新宿のイタリア料理店で、たまたまターラント出身の店員に会ったことがあるが、私がターラントに行ったことがあるというと、驚いた顔をして「何も見るものがないでしょう」と上手な日本語で返してくれた。観光地としては無名のターラントだが、この都市の名前に由来した生き物で、世界的な有名なものが一つある。それは毒グモ「タランチュラ」だ。

ターラント周辺の伝説では、この地域に生息する毒グモ（イタリア語ではタラントラ）に刺されると、タランティズム（イタリア語ではタランティスモ）という病気を発症して死に至ることがあるという。死を防ぐには熱狂的に踊ることが必要であるとされ、そこから生まれたのが南イタリアで発達した舞曲タランテッラだ。

後世の研究によれば、タランティズムは集団ヒステリー症状の一種であるとして、原始宗教やアニミズムに見られる恍惚状態に通じるものがあるとのこと。

舞曲としてのタランテッラは速いリズムとテンポが特徴で、そんな音楽をバックに踊っていたら、むしろ全身に毒がまわりそうだが、その踊りで解毒できると信じられていたとか。歌が付いているものもあって、南イタリアのお祭りには欠かせない音楽だ。アルベロベッロの秋のお祭りでも耳にしたが、思わず体が動き出す。プーリア州南部では、とくにピッツィカ・ピッツィカと呼ばれていた。

懐かしいカンツォーネがかかるタクシーに乗って

ターラントに宿泊したのは、たいした理由があったわけではない。交通の便がよいので、長旅の途中で小休止を入れるのもいいかなと考えたからである。有名な観光名所はなくても、大都市ならばおもしろい人や興味深いものに出会えるかもしれないとも思った。

ターラントは大きく3つの地区に分けることができ、駅を含む市の西側と北側が主に工業地帯、駅から南下して入り江の出口に架かる橋を渡ると旧市街、さらに進んで運河を渡ると新市街になる。たまった疲れを癒やそうと、ホテルはちょっと奮発して4つ星を予約した。駅から2キロほど離れた新市街にあり、大荷物を持っているので駅前からタクシーを利用することにした。

30代後半と見える女性運転手の車に乗ったとたん、耳に入ってきたのは1960年代に日本でも大流行したミーナの歌だった。ミーナは戦後イタリアを代表する女性歌手で、80歳を過ぎても音楽活動を続けている伝説的な人物である。当時の日本ではザ・ピーナッツ、森山加代子、弘田三枝子らがカバーして『月影のナポリ』や『砂に消えた涙』をヒットさせたことで、日本のカンツォーネブームに火がついた。ミーナ自身が日本語で歌ったレコードが私の実家にあり、幼いころからなじんでいた。

懐かしい曲だとは思ったが、たまたまラジオの番組でかかっているだけなのかと最初は思った。ところが、次の曲もミーナである。そこで、恐る恐る「古い歌ですよね」と話しかけると、待ってましたとばかりに、「そう、私の車の音楽はみんなミーナよ！　それも、古い曲が大好き！」と言うではないか。

ホテルに着くまでの道々、2人で昔の流行歌ネタで盛り上がってしまった。自慢ではないが、60年代から80年代ごろのイタリアのポップスならば、若いイタリア人よりもはるかによく知っていると自負している。ホテル到着の直前にかかったのが、『幸せがいっぱい』という邦題が付いた曲。センチメンタルな恋の歌で、今聞いてもみずみずしく古びない名曲である。

イントロが出たとたんに、「これが一番好きなんですよ！　ジーノ・パオーリが作詞作曲したんですよね」と私が叫ぶと、彼女も「私も一番好きなのよ！」と言う。こうして興奮のるつぼのうち、ホテルの前で固い握手をして別れたのであった。

「夜は行っちゃダメ」な旧市街

ホテルは海沿いに建つ立派な建物だった。観光客向けというよりビジネス客向けなのだろうか、1万円程度で予約した部屋はメゾネット式で、上の階に寝室と浴室などがあり、下の階は広々とした居間になっていた。ソファが置かれて5、6人で会議かパーティもできそうだ。簡易なキッチンがあって、食器も用意されている。もちろん、大型の液晶テレビもあった。

ホテルの周囲をぶらぶら歩いてみると、新市街自体はどうということのない町並みだが、周囲を海と入り江に囲まれているために、少し歩くとすぐ海が目に入る。天然の良港だからだろう、その歴史は、紀元前8世紀ごろにギリシャのスパルタ人が建設した町に遡るという。

新市街と旧市街を隔てる運河を眺めていたら、小さな漁船が旧市街にある港に戻ってくるのが見えた。船の周囲におびただしい数のカモメがまとわりついている。大漁だったに違いない。

旧市街と新市街を結ぶジレヴォーレ橋は、旋開橋になっている。大きな船が運河を通るときには、橋が中央で2つに割れて、それぞれが回転して中央を船が通れるような仕組みになっているそうだが、残念ながらその様子を見ることはできなかった。

さて、ターラントの旧市街だが、これがなかなかワイルドである。その何年か前にも、乗り換えのついでに短い時間だけ歩いたことがあったが、狭い路地の両側には集合住宅が建ち並んで昼間で

ターラントの町を分ける運河。目前に旧市街、遠くに新市街を望む

も薄暗い。それだけならほかの町でもよくあるが、ターラントの建物は年季が入っているためか、壁は黒ずんで表面がはがれた部分も多く、なかには崩れたまま放置されているところもあった。

さすがの私も、暗くなってからここに足を踏み入れる度胸はない。ミーナ好きの女性運転手も、「ここは夕方からはダメ。歩くなら午前中」とアドバイスしてくれた。

翌日、昼過ぎに散歩をしてみると、廃屋になっている建物も多いようで、危うそうな一角もある。以前来たときよりも、廃墟化が進んでいるような気がした。ミーナ好きの運転手によれば、そこに変なやつが居ついているというのだ。

散歩中にも、2、3度、妙な叫び声が聞こえてきた。単なる酔っぱらいならば対処のしようはあるが、薬物をやっている人間だと危険である。いつでも走って逃げられるように、コンパクトカメラでさっと撮ったら足早に移動することを心がけた。

もちろん、ターラントの名誉のためにいえば、きちんと掃除をして家族で住んでいるところも多い。また、旧市街には11世紀に建設されたサン・カルド大聖堂があり、建物自体はやや小ぶりながら、手の込んだ正面の彫刻や大理石の礼拝堂は一見の価値がある。

昔は、バーリやパレルモ、ナポリの旧市街は気を付けろといわれていたが、近年はどこもずいぶん明るく安全になって多くの観光客で賑わっている。そんななかで、ターラントは昔ながらの危うさを保っている数少ない旧市街といってよいだろう。もっとも、旧市街には漁港のほかに、役所や大学などの施設が置かれている。やがては再開発が進み、きれいな町並みに生まれ変わるに違いない。

3-5 バロック建築がぎっしり詰まった町 レッチェ

1キロ四方の大きな旧市街で道に迷う幸せ

プーリア州のターラント以南は、文字通り長靴のかかとにあたる地域だ。サレント半島と呼ばれており、その中心がレッチェである。レッチェへはイタリア鉄道の幹線が通じており、ミラノやボローニャからイタリア東海岸のアドリア海沿いにレッチェに至る列車が運行されている。また、南東鉄道の拠点駅でもあり、イトゥリア谷方面からはマルティーナ・フランカからレッチェに至る路線があり、1日に10往復程度が運転されている。さらにレッチェを始発として、サレント半島の主要な町に向かう路線が何本も設けられている。

レッチェ観光の中心である旧市街へは、レッチェ中央駅を出て駅前通りをまっすぐ10分ほど北上する。初めて訪れた人は、華美で装飾豊かなバロック建築の連続を見て驚くことだろう。

イタリアの地方都市に関する情報が少なかった1980年代、私もレッチェのことを最果ての町だと想像していたものだから、夜行列車明けの目に飛び込んできた町並みに驚愕した。失礼ながら、期待も想像もしていなかった分だけ感動はいやましだった。レッチェに「南のバロック都市」というニックネームがあることは、町の観光案内所で初めて知った。

15世紀、スペイン人によるナポリ王国の支配がはじまると、地中海に面したレッチェは、フィレンツェ、ヴェネツィア、ジェノヴァなどの商人が往来し、文化・経済の中心地として繁栄したという。

現在残されている建築の多くは、17世紀に入って市民や聖職者らの手によって建設されたもので、当時流行したバロック様式が取り入れられたため、現在のような町並みが出現したとのことだ。

レッチェの雰囲気をよく味わいたければ、旧市街の西側にあるルディアエ門をくぐるのがいい。城壁の内側に入ったとたんに、時代が何百年も遡ったように感じられるだろう。歩行者専用の狭い道を300メートルほど歩くと右手に大きな広場が出現する。サンタ・マリア・アッスンタ大聖堂、

ごてごてしたバロック様式の建物に満ちたレッチェ、その代表がサンタ・クローチェ教会

鐘楼、神学校などの堂々とした建造物が旧市街の中心となる広場を囲んでいる。イタリアの広場でいつも感じることだが、レッチェのこの広場はとくに建造物と空間の調和が見事である。

ただし、ほかのイタリアの広場と大きく違うのは、広場へ入る道が1本しかなくて、しかも100×50メートルほどもある広場が袋小路になっていることだ。広場にいるときに敵が攻めてきたら、四方に建つ立派な建物が障壁になって逃げることができないのではないかと、ほんの少し心配になったのであった。

レッチェの見どころは、ほかにも数多くある。旧市街の北東部の狭い裏通りに面したサンタ・クローチェ教会は、正面に凝ったバロックの装飾がほどこされており、見ていて飽きない。だが、教会全体を入れた写真を撮ろうと思っても、正面の道があまりに狭すぎるのが難点だ。もっと広い場所に建てればよかったと思うのだが、後世の撮影者のために建立したわけではないのだからしかたがない。

バロック建築ばかりではない。町のなかに忽然と古代ローマ時代の円形劇場が出現するのもイタリアらしいところだ。

ほかの歴史ある町と同様、レッチェでも狭い路地や裏通りをぶらぶらと歩いているうちに、方向感覚が狂ってしまう。方向感覚は鋭いと自負している私だが、滞在中に何度道に迷ったことか。小さな町ならば少し迷っても心配ないが、1キロ四方を超えるレッチェで道に迷うと、とんでもない場所に出てしまうので注意が必要だ。

3-6 海辺のレストランで食べた生貝 ガッリーポリ

南東鉄道に乗って陽光降り注ぐガッリーポリへ

2008年秋の旅では、レッチェ大聖堂近くのB&Bに宿泊した。由緒ありそうな邸宅を改装した施設で、玄関から寝室のある部屋にたどりつくまでに2、3分はかかってしまう。その途中、居間のテーブル越しに緑が美しい中庭を眺め、書斎の本棚に並ぶ古めかしい本を見やり、応接間の椅子に座ってしばらくのんびりしていたら、日本での面倒な仕事や雑事が頭のなかからひととき消え去ったように感じられた。

レッチェ到着の翌日に向かったのが、レッチェの南約40キロ、サレント半島西海岸に位置する港町ガッリーポリである。地名は、「美しい町」「よい町」を意味するギリシャ語の「カリポリス」に由来している。「ポリス」は、アテネのアクロポリスでよく知られているように「町」のこと。カリは、「よい」「美しい」を意味することばで、ギリシャ語のあいさつ「カリメーラ」は「よい日」を意味している。イタリア語の「ブォン・ジョルノ」と同じ発想だ。

レッチェの南東鉄道の乗り場は、イタリア鉄道のレッチェ中央駅の構内にある。北イタリアからはるばるやってきた長大編成の急行列車にまじって、1両のかわいい車両が発車を待っていた。

9時43分発のガッリーポリ行きは、レッチェを発車した時点で座席がほぼ埋まっていた。通勤通学時間は過ぎているが、なかなかの利用率である。しかも、ローカル線にありがちな学生と老人だけでなく、労働人口にあたる年齢層の男女の乗客が多かったのは、この鉄道の将来を考えると他人事ながら喜ばしく感じた。

レッチェを発車するとすぐに車掌が車内をまわってきた。切符の検札をすると同時に、一人ずつ下車駅を確認している。あとで知ったのだが、乗降客がいない小さな駅では停車せずに通過するためだ。まるでバスみたいだが、そうした駅は時刻表にマークが付いている。

乗客はかなりの人数だが、その下車駅を間違いなく覚えているとは、さすがプロの仕事である。もっとも、万一忘れたらどうなるのかやや心配になったが、その疑問は翌日に氷解した。

レッチェの市街地を抜けると、車窓に広がる平原は一面のオリーブ畑である。同じ南部の州でも、荒々しい風景が広がるカラブリア州とは違って、プーリア州の大半は平原となだらかな丘陵からなっている。途中で何本もの支線が分かれていくのだが、それぞれ分岐駅できちんと接続をとっているのは、当然ではあるが便利だ。

約1時間で終点のガッリーポリに到着。晩秋から冬のイタリアというと天候不順の日が多く、前日のレッチェ到着時には冷たい大雨の歓迎を受けたのだが、この日は陽光がさんさんと降り注ぐ南イタリアらしい天気に恵まれた。

新市街の海沿いにあるガッリーポリ駅から10分ほど南に歩くと、17世紀につくられた全長200メートルほどの堂々としたセイチェンテスコ橋（1600年代橋）に出る。2011年にヨハネ・パウロ2世橋と改称されたこの橋を渡った先の島が旧市街にあたる。

ガッリーポリは観光地であるとともに漁師町でもあり、すでに昼近かったが、道沿いの店々には市場直送の魚や山盛りのムール貝が並んでいた。橋の手前の岸壁では、漁師が数人集まって漁網の手入れやおしゃべりをしている。旧市街の城砦を背景にして、なかなか絵になる光景だ。

「写真を撮ってもいいですかー？」

こんなとき、たいがいのイタリア人は必要以上のサービス精神を見せてポーズをとってくれるのだが、私の経験上、イタリアの漁師はあまり愛想がない。このときも、私に視線をちょっとくれてうなずいただけで、歓迎するでもなく拒否するでもなく黙々と作業を続けていた。

上｜南東鉄道の旧型車の車内　下｜南東鉄道終点ガッリーポリ駅に到着

皿にどっさりと盛られた生貝にびっくり

狭い路地は複雑に入り組んでいるので、歩いているうちに方向がわからなくなる。ただ、レッチェと違うのは、島の広さがせいぜい400メートル四方なので、うろうろ歩いているうちに海岸に出るので心配はいらない。それにしても不思議なのは、平らな狭い島だというのに、なぜこんなに道が入り組んでいるのかということだ。島の内側はたんに道がカーブしているだけでなく、あちこちで屈曲しており、狭い道の両側に立つ建物のせいで先が見えない。

その答えはしばらくしてわかった。道が狭くてわかりにくいのは、けっして私のような観光客を困らせるためではなく、襲来した外敵を惑わせるためだというのだ。

確かに、ここはイタリアの南東の端であり、地中海を行き来する異民族や海賊が、いつ上陸してくるかもしれない。相手が迷っているうちに、反撃したり逃げたりする時間を稼ぐ必要があるのだろう。もっとも、こんな狭い島では、それがどれだけ有効なのかは疑問ではある。

島の外周をめぐる片側2車線の道に出ると、地元の親父連中が日当たりのいいベンチに座っておしゃべりをしていた。外洋から吹き抜ける風が冷たいので、みんな厚着をして肩をすくめている。いくら寒くても、外で集まってのおしゃべりは欠かせないのだろう。

さて、さんざん町を歩いたところで腹が減ってきたので、昼食をとることにした。オフシーズンで閉まっている店が多いなか、駅からの道で目についた橋のたもとのレストラン「マレキアーロ」に入ることにした。海中に打たれた杭の上に建物が載った店である。

店内に入ると、なんと床の隙間から海が見えるではないか。まごうことなき、海の幸を提供するレストランだ。そこで、前菜は魚介づくしを選んだ。もっとも、いくら美味といっても、当時のイタリアの魚料理は日本に遠く及ばないというのが一般的な印象だった。だから、それほど期待をせずに注文した前菜の盛り合わせには驚いた。カキはもちろんのこと、ムール貝からアサリのような二枚貝、さらには初めて見た巻き貝まで、7、8種類の貝やエビやシャコがほぼ生のまま、何枚もの皿にどっさりと盛りつけられて供されたのである。

「こんなに生の貝を食べても大丈夫なのか。しかも、二枚貝の生なんて日本でも食べたことがない」

そんな私の心の声を見透かすように、店の人は言う。

「新鮮な海の幸だよ。召し上がれ！」

私は2、3秒ほどためらったが、すぐにナイフとフォークをつかんでいた。もちろん、飲み物は地元の白ワインである。貝を口に運ぶと、ほんのりと上品な潮の香りがした。新鮮で、まったく臭みがなく、ぎゅっと引き締まった濃い味がした。

パスタはボンゴレ（アサリ）のスパゲッティを注文。メインはどうするか聞かれたが、満腹になったので丁重にお断りした。

新市街にある駅に向かって歩いていくうちに、この町にはしばらく住んでみたいという気持ちが湧いてきた。ほどほどの観光地で、ほどよく普通の店もあって、そこそこ便利でのどかな町だった。もっとも、天気がよかったからそう感じたのかもしれない。海に突き出したこの町で、大雨にでもあっていたら、また違った感想を抱いたに違いない。

3-7 華やかな観光地に歴史の痛みを感じた オートラント

南東鉄道で目撃した「事件」

翌日は、ガッリーポリとはサレント半島の反対側、東海岸に面したオートラントに向かった。イタリア最東端のパラシャ岬からは7キロほど北に位置しているが、少なくとも人が集まって住んでいる土地としては、オートラントが最東端といってよい。南東鉄道の支線の終点となっており、レッチェからは1回または2回乗り換えが必要となる。

前日と同じく9時43分レッチェ発の列車に乗り、途中駅で乗り換えたオートラント行きは、落書きだらけの1両の列車だった。前日と同じように車掌が検札にやってきたので、切符を見せて「オートラントまで」と告げる。

沿線はガッリーポリに向かう路線よりもひなびていて、車窓からはオリーブ畑のほかには、ぽつりぽつりと人家が見える程度である。たまに停まる駅の周辺を見ても、前日の路線にくらべると規模の小さな町ばかりである。そんなのんびりとした列車で「事件」が起きたのは、オートラントの1つ手前の駅でのことである。

すでに、その前の駅を発車した時点で、乗客は私を含めて2人だけになっていた。駅に近づいたのだろう、もう1人の乗客である中年男性が席から立ち上がり、ドアに向かって歩いて行った。その駅で降りるに違いない。

やがて、小さなホームが見えてきた。ところが、列車はスピードこそ落としたものの、その駅を通過してしまったのだ。どうなるのかと見ていたら、その男性は運転室後ろのドアまで小走りに行き、その鉄製のドアをドンドンドンとこぶしで叩く。運転室にいた車掌が飛び出してきて、その男性が何やら叫んだところで列車は急停車した。すでにホームを通過して、駅の先にある踏切の上だった。ただし、踏切といっても人の姿も車の影もない。がらんとした空間といったほうがいいだろう。

車掌がドアを開けると、男性は何事もなかったように道路の上に降りていった。そして、何事もなかったようにディーゼルカーも走り出した。

前日に私の心配したことが現実になったことがわかった。車掌は、その駅で降りる客がいることを忘れてしまったのだ。同じことが日本で起きたら大問題になるだろうが、ここはプーリアの片田舎を走る南東鉄道の支線である。

実は、2023年秋、久しぶりにこの路線に乗る機会を得た。さすがに近代化された車両が軽快に走っているのかと思いきや、レッチェ駅で待っていたのは旧型のディーゼルカーだった。しかも、線路の状態が悪いらしく、最初から最後まで時速40キロほどでのろのろと、しかし轟音《ごうおん》を上げなががら走っていた。同じ南東鉄道でも、まだ半島の先端までは近代化の波が押し寄せていないようだ。もっとも、乗降客がいない小さな駅でもすべてきちんと停車するようにしたらしく、15年前のような「事件」は起こりようがなくなっていた。

大聖堂の床に描かれたヘタウマなモザイク画

町なかに終点があったガッリーポリとは対照的に、オートラント駅は町外れのがらんとした場所にあった。人っ子一人いない駅前に放り出されて途方に暮れかけたが、看板に従って10分ほど歩くと、町の中心部に出た。オートラントの港にはぎっしりとプレジャーボートが停泊して、ガッリーポリ以上に観光地、保養地としての比重が高いように見えた。11月だったので観光客の数は少なかったものの、土産物屋はそこそこ開いていた。

海岸には堂々とした古い城砦が建っており、浜辺の散歩道からは町のなかがまったく見えない。高い壁がまるで津波の防波堤のように立ちはだかり、町に戻るには連続する城砦の狭い隙間を通り抜けなくてはならないのだ。

来訪者を阻むかのような無粋な城砦に、多少の違和感を覚えた。それだけではない。町なかに広場はあるのだが、きれいな長方形をしたものは一つとしてなく、どれも三角形だったり、ひしゃげた四角形をしている。町自体は美しくあるものの、なんとも不思議な光景が心に引っかかった。

それはさておき、オートラントで必見なのは、サンタ・マリア・アヌンツィアータ大聖堂である。

日中はひっそりとしている南東鉄道オートラント駅

その床に所狭しと描かれた人や動物のモザイク画は、子どもの絵のように下手くそに見える。とはいえ、どれも愛嬌があって印象的。まるで「ヘタウマ」の元祖だ。

見てすぐにアダムとイブだとわかる人物像もあれば、カインやアベルといった名前が記されている人物もあって、異教徒の私でもそれが聖書の各場面であることが理解できる。文字が読めない人は、このモザイクを見て聖書のストーリーを学んだのだろう。剣で刺されて血を流している場面もあるのだが、ヘタウマのおかげで、悲惨な光景というよりもユーモラスにさえ感じてしまう。

ただ、本当に驚いたのは、大聖堂の奥にある「殉教者の礼拝堂」の壁面に積み上げられていた膨大な数のしゃれこうべだった。ヨーロッパの教会や修道院を訪れると、ときどきこうした骸骨やミイラを見かけるのだが、日本人の感覚ではかなりグロテスクである。しかも、ここではしゃれこうべが何百と積み重なっているのだ。無知だった当時の私は、その理由がわからなかった。膨大な遺骨がこの教会にある背景を知ったのは、それから10年ほどたってからのことだった。

オスマン帝国軍との戦いの悲劇的な結末

オートラントからアドリア海の対岸にあるバルカン半島のアルバニアまでの距離は、わずか70〜80キロほどしかない。そうした地理的な条件もあって、この町は過去に大きな災禍を何度か経験している。なかでも過酷だったのは、１４８０〜81年に起きたオートラントの戦いだ。メフメト2世の治世のもとで繁栄し、力を蓄えたオスマン帝国の軍勢が、海を渡ってオートラントに襲来したのである。

実は、この戦いには伏線がいくつもあった。一つは、歴史上よく知られるコンスタンティノープル（現・イスタンブール）陥落である。１４５３年、オスマン帝国のメフメト2世によって東ローマ帝国の首都であるコンスタンティノープルが陥落し、東ローマ帝国が滅亡。これがヨーロッパ史の大転換期につながったことは、世界史の授業で必ず登場する。

一方、バルカン半島で独立を維持していたアルバニアには、メフメト2世に抵抗し続けた英雄スカンデルベグ（ジェルジ・カストリオティ）がいた。天才的な戦略家・戦術家であり、アルバニア人で彼を知らない人はいない人物である。

上｜サンタ・マリア・アヌンツィアータ大聖堂のヘタウマな絵
下｜壁面にしゃれこうべが積み上げられた「殉教者の礼拝堂」

イタリアにも縁が深く、支援を求めてイタリアにやってきたこともあり、彼の孫娘は南イタリアの貴族と結婚している。馬に乗った彼の銅像が、ローマのオスティエンセ駅に近いアルバニア広場に立っているほか、南イタリアのアルバニア系の人が多い町には、必ずスカンデルベグの名前が付いた通りがあり、胸像が据えられている町もある。

ローマにある有名なトレビの泉からわずか100メートルの場所には「スカンデルベグの館」という建物があり、入口には彼の肖像画が描かれている。ローマ訪問時に、スカンデルベグが一時滞在していた場所なのだという。スカンデルベグがオスマン帝国に抵抗し続けたおかげで、オスマン帝国はイタリア本土を攻める余裕がなかったわけだが、彼は1468年に病没。その12年後の1480年にアルバニアはオスマン帝国に併合され、バルカン半島はオスマン帝国によって平定された。

海の向こうでそんなことが起きていたのはわかっていたはずだが、当時南イタリアを支配していたナポリ王国は、メディチ家支配下のフィレンツェに対抗することに追われていた。

オスマン帝国によるアルバニア併合より2年前の1478年、ナポリ王フェルディナンド1世は教皇とともにフィレンツェを攻撃。しばらく続いた戦いののち、1480年にフィレンツェのロレンツォ・ディ・メディチがナポリを訪問してナポリ王と和解するに至った。だが、その直後の1480年7月、ナポリ王国の警備が手薄になっていたオートラントに、オスマン帝国軍が襲来したのである。一般市民の奮闘もむなしくオートラントは落城して、捕らえられた市民800人はイスラム教への改宗を拒んで斬首されてしまった。

翌年になって、ようやく態勢を整えたナポリ王国などの連合軍がオートラントを包囲。メフメト2世の死去やオスマン帝国軍の内部分裂も手伝って、1481年9月にナポリ王国がオートラントを奪還した。大聖堂の遺骨は、命を賭けて改宗を拒んだ市民を讃えて、ここに葬ったものなのだ。

そんな歴史を知ると、巨大な城砦が湾に沿ってそびえている理由もよくわかった。小さな旧市街に狭い道が迷路のように入り組んでいるのも広場がひしゃげた形なのも、みな外敵を防いだり惑わしたりするためなのだろう。

もちろん、観光客で賑わう現在のオートラントからは、そんな大昔の血なまぐさい出来事を感じさせるものはない。海岸べりは風が強くてたまらなかったが、観光客でごった返す夏とは違って、季節外れのオートラントは落ち着いた雰囲気だった。起伏に富んだ旧市街の町並みを、あっちへ行ったりこっちへ来たりと道に迷うのを楽しんだ。

せっかく来たのだからと、ちょっとセンスのよさそうな石細工の店に入ってみた。若い男性の店主によれば、近郊でとれる白い石を使っているのだそうだ。石でできたブックスタンドやランプシェードも心をひかれたが、日本に持って帰るには重そうである。さんざん迷ったあげく、小さなネコの彫り物を一つだけ買うことにした。

コラム② チップのこと

アメリカと違って、現在のイタリアではチップの習慣はあまりない。ホテルでは、高級ホテルでよほど特別なことを頼まない限り、まずチップは不要である。

1990年代なかばのこと、ほどほどいいホテルで枕元にチップのつもりで100円相当のお金を置いていたが、何日たっても持っていってくれなかった。別の中級ホテルでは、ホテルから駅まで車で送ってくれたのでお礼を渡そうとしたら、笑って手を振って受け取ってくれなかった。そんなことも一度や二度ではない。

払うとしたら、そこそこのレベル以上のレストランとタクシーくらいだろう。レストランは、サービス料込みで請求されていれば払う必要はない。タクシーは端数を「お釣りはとっておいて」というくらいで十分である。もちろん、どちらの場合でも、気分よくサービスを受けたと思えば、料金の5~10%程度をチップとして払えばいい。要は「気は心」である。タクシーでほんのわずかのチップを足しただけで、あんなにうれしそうな顔をするのかと驚くこともしばしばだ。

ヨーロッパ人の旅行者のなかには、「絶対にオレはチップを払わない」という人もよく見かけた。人それぞれでいいと思う。

いずれにしても、クレジットカード払いやタッチ決済が普及したことで、レストランやタクシーでのチップの習慣もすたれつつあるようだ。もちろん、どうしてもチップを払いたい気分になったら、クレジットカードで支払ったあとで別途渡せばいい。

4.

狭軌の私鉄と小さな路線バスで
奇岩の田舎町をめぐる旅

バジリカータ州

アペニン山脈の南端に位置し、内陸の山がちな地域が大半を占めるバジリカータ州。交通が不便で開発が遅れたこともあり、昔ながらの雰囲気をとどめる田舎町が点在している。私鉄アップロ・ルカーネ鉄道と路線バスを利用して、山上の州都ポテンツァから、岩山に抱かれた不思議な町を訪ねる。

4-1 出発地ポテンツァ：イタリアでもっとも標高の高い山上の州都

乗り物好きにとって楽しい町

バジリカータ州の州都はポテンツァという町だ。いかにも近代都市という雰囲気のため、日本人の観光客が訪れることはほとんどないが、実際に滞在してみるとなかなか味わいのある町である。

イタリアでは丘の上にある町は多いが、ここは人口7万人近い大きな都市で、高層住宅が建ち並んでいる。似たような丘の上の大都市としては、同じ南部のカラブリア州のカタンザーロがあるが、ポテンツァのほうがより近代的だ。

南部の町ではあるが、内陸にあって海抜が高いので冬は気温が氷点下まで下がり、雪も多い。冬のイタリアの天気予報や道路情報では、大雪のポテンツァ付近の様子がよく取りあげられる。

ポテンツァは、乗り物好きにとって楽しい町でもある。ナポリ方面からやってくるイタリア鉄道は、丘下のポテンツァ中央駅に到着する。さらに先に向かう列車は、駅の先からトンネルに入って町の周囲をぐるりとまわり、丘上のポテンツァ・スペリオーレ（上ポテンツァ）駅に到着する。

それとは別に、私鉄のアップロ・ルカーネ鉄道もまた、ポテンツァ中央駅近くにあるポテンツァ・インフェリオーレ（下ポテンツァ）駅から中心部に向かう。こちらは、市内の急勾配をエンジンの音も高らかに登っていき、イタリア鉄道ポテンツァ・スペリオーレ駅に隣接したポテンツァ・サンタンナ駅に到着する。

つまり、ほぼ同じルートをたどって丘下と丘上を結んでいるわけだ。興味深いことに、丘上のポテンツァ・スペリオーレ（ポテンツァ・サンタンナ）駅を過ぎると、イタリア鉄道とアップロ・ルカーネ鉄道が合流して、郊外にあるアヴェッリーノの町まで列車が走っている。

といっても、イタリア鉄道は1435ミリの標準軌、アップロ・ルカーネ鉄道は950ミリの狭軌で、レール幅が違う。そこでどうしているかというと、標準軌の2本のレールの間にもう1本のレールを入れた三線軌条になっているのだ。日本でも、標準軌の北海道新幹線と狭軌の海峡線（貨物専用線）が乗り入れる青函トンネル内、標準軌の秋田新幹線（田沢湖線）と狭軌の奥羽本線が乗り入れる神宮寺〜峰吉川間などの区間で三線軌条が見られる。

このあたりの路線の入り組み方は、イタリアの鉄道ファンにも人気らしく、たまたま現地で買ったイタリアの鉄道趣味誌でも、路線図を含めて詳しく紹介されていた号があった。

アップロ・ルカーネ鉄道には、ポテンツァから山越えをしてプーリア州の州都バーリに向かう路線もある。以前はバーリまで直通する列車があったのだが、現在は山越えの区間がバス代行となってしまった。だが、鉄道復権の気運が高まっているイタリアなので、もしかすると山越え区間の復活もあるかもしれないと秘かに期待している。

ポテンツァの興味深い乗り物は、鉄道だけではない。丘の上にある町なので、丘上と丘下を結ぶエスカレーターやエレベーターがあちこちに設置されている。日本ではデパートや駅の上下移動く

エスカレーターやエレベーターにも路線図がある

らいしか思い当たらないが、ポテンツァでは立派な公共交通機関になっているのだ。

　丘上の町から丘下のポテンツァ中央駅近くに出るには、何本も乗り継ぐ必要があり、途中にはまるで地下鉄の路線図のようなエスカレーター路線図が掲示されていた。

　そして、エスカレーターの乗り場で目をひいたのは、１９８０年11月に発生したイルピニア地震の惨状を伝える写真である。南部のカンパニア州とバジリカータ州に甚大な被害を及ぼした大地震で、ナポリやポテンツァをはじめとする広い地域で多くの建物が崩壊し、３０００人近い犠牲者を出した。イルピニアというのはカンパニア州北部の地域名である。

　同年の８月２日に起きた北イタリアのボローニャ駅爆破テロ事件は85人もの死者が出ただけでなく、私と同世代の日本人学生が巻き込まれて亡くなったこともあって、新聞の一面に大きく報じられたが、このイルピニア地震は記憶にない。エスカレーター乗り場の写真を見ても、ポテンツァで大きな被害があったことがわかる。ポテンツァの町が近代的な外観をしているのは、この地震のあとに建てられた建物が多いためだ。

「高級レストランにテレビがあるなんて！」

ポテンツァは以前にも乗り換えのついでに町を歩いたことはあったが、宿泊をしたのは2016年が初めてである。宿は中心街から路地を入ったところにあるB&Bだ。朝食はこぢんまりした居間でとるのだが、その日の客は、ほかに50代くらいのドイツ人夫婦がいた。旅好きな夫婦のようで日本にもぜひ近々行きたいという。そんな話のあとで、前夜はどこで食事をしたのかという話になった。

実は、宿の周囲には軽食屋やビールを飲める気楽な店はいくつもあったのだが、ゆったりと食事をとれるレストランは限られていた。そのためか、よくよく聞くと彼らと同じレストランで食事をしていたことがわかった。この周辺で一番とされる店で、ものすごくうまいというわけではなかったが、十分に満足できる店だった。内部は広々としていたが、そこそこ混み合っていて、私が座ったのは年季の入った大きな据え置きテレビの近く。週末の夜だったからか、イタリアの懐メロ番組が放映されて大御所歌手が続々登場していたので、私は食事をしながら熱心に見入っていたのである。

ドイツ人の奥さんは私の顔をじっと見て言った。

「高級レストランにテレビがあるなんて信じられないわ。日本ではそんなことがある？」

眼鏡の奥の目つきが鋭くて、私はややうろたえた。

「い、いや、ないですね。大衆的な食堂ならばあるけれど」

彼女は「そうよね」と言って、まだ信じられないという顔をしていた。

確かに、彼女の言うことももっともである。だが、ミシュランに載るようなレストランは別として、イタリアの田舎町のレストランにテレビはつきものなのだ。

暇なときに店主が客席にどんと座ってテレビに見入っているのは、イタリアの田舎町の風物詩でもある。そのことに何の不思議も感じなくなっていたが、世界基準に照らしてみると奇異なのかもしれない。でも、テレビがない田舎町のレストランは、どこか収まりが悪いのである。

4-2　奇岩に抱かれた田舎町①　カステルメッツァーノ

田舎町行きのバスに乗るまでに一苦労

バジリカータ州というと、世界遺産になったマテーラがあまりにも有名で、それ以外の場所は日本ではあまり知られていない。そんななかで、イタリア人観光客に人気なのがカステルメッツァーノである。

ごつごつとした奇岩に抱かれるようにして家々が斜面にへばりついている様子は、ひと目見たら忘れられない。私も1990年代のなかばごろにイタリアの旅雑誌で目にして、ぜひとも訪ねたいと思っていたのだが、それが実現するまでに四半世紀もたってしまった。

ポテンツァのB&Bに荷物を置かせてもらって、カステルメッツァーノへの1泊旅行である。ポテンツァ市内からシータ社の都市間バスで1時間弱。1日4往復ほどが運行されている。

切符は前日のうちに、丘上の新市街のバールで買っておいた。たまたま散歩の途中で通りかかったバールの入口に、シータ社のシールが貼ってあったからだ。

だが、宿の近くで乗り場を探すのには難儀した。切符を買ったバールまでは徒歩で30分はかかるので、できれば宿に近いバス停から乗りたい。ネットでバス停の名前を調べたところ、近くを走るグリエルモ・マルコーニ通りを経由することがわかった。ノーベル物理学賞の受賞者で、無線通信の発明で有名なマルコーニにちなんだ名称である。だが、その通りというのは全長1キロほどもあるメインストリートの1つ。そのどこにバス停があるのか。目を皿のようにして探した。

ゆるやかな坂道になったマルコーニ通りを行ったり来たりすること30分。ようやく道端に「SITA」と書かれた小さな標識が立っているのを見つけた。時刻表も行き先も記されていなかったが、標識があるだけでも幸いだった。南イタリアでは標識さえないバス停も珍しくないからだ。

下校時間だったので、帰宅する通学生を乗せた各社のバスが次々にやってくる。再び目を皿のようにして、バスの行き先表示を見つめるのだが、なかなかカステルメッツァーノ行きがやってこない。ネットで調べた定刻を15分ほど過ぎて不安に襲われてきたころ、ようやくやってきた。

私は両手を大きく振って、乗る意思を示した。

最前部のドアが開いて、若い女の子が私に聞く。

「どこに行くの？」

「カステルメッツァーノ！」

私が叫ぶと、彼女はうなずいてバスに招き入れてくれた。

あとから考えてみるに、大荷物を宿に置いてきた私は、小さなショルダーバッグだけを持った軽装だった。彼女とすれば、わけのわからない東洋人が市内バスのつもりで乗ってしまったら大変なことになるだろうという親切心だったのだろう。しかも、彼女はバス会社の社員でもなんでもなく、乗客の一人だったようで、途中の町で降りていった。

「小さなドロミーティ」の見事な風景

バスは市街地を抜けると、高速道路を快調に南下していった。左右には乾燥した大地が広がり、ところどころに現れる丘の上に住宅や教会が見える。

やがて、ごつごつした岩山が車窓に見え隠れするようになる。巨大な岩山が連続したこの一帯は、ピッコレ・ドロミーティ・ルカーネ（Piccole Dolomiti Lucane）と呼ばれて州立自然公園に指定さ

ポテンツァでやっと見つけたバス停は市が開かれている広場のそばだった

れている。「ルカーネ地方の小さなドロミーティ」という意味だ。ルカーネは、バジリカータ州周辺の古い呼び名ルカニーアの形容詞形。ドロミーティというのは、北イタリアにあって奇岩の並ぶ景勝地として有名な山脈である。あそこまでスケールは大きくないが、似たような風景だということで、そう呼ばれているわけだ。

ポテンツァから1時間弱でカステルメッツァーノに到着。ポテンツァの宿に大きな荷物を置いてきたのは正解だった。バスや一般車は村の手前までしか入れず、村の最奥に位置する宿までは、アップダウンの激しい道や階段を10分ほど歩く必要があったのだ。宿は、空き家を旅行者用に改装したもののようで、内装はシンプルだがおしゃれ。鍵を預けられて、あとはチェックアウトまでご自由にという感じなので気楽である。

小さな村だが、変化に富んでいるので散歩のしがいがある。背後の岩山には段が刻まれていたので、頂上近くまで登ることができた。雨が降ったらかなり危険そうではある。岩山の頂上からの展望は抜群で、小さな村と周辺の山々を一望できる。

夏の観光シーズンは過ぎていたために、観光客はあまり見かけなかった。1泊しかしなかったもののの、飽きることなく散歩をしていたら、最後には地元の親父さんたちや小学生らと顔見知りになってしまった。

カステルメッツァーノは人口が1000人に満たない小さな村だが、素敵なレストランがある。「アル・ベッコ・デッラ・チヴェッタ」という店で、「フクロウのくちばし」という意味である。ミシュランガイドに載っているとも知らずに入ってみると、サービスも料理も店からの眺めも満点。それでいて、気取ったところはまったくない。

せっかくなので、ちょっと奮発してシェフのおすすめコースを注文すると、「今日は生のポルチーニ茸がありますが、それもいかがですか？」というので、即座にそれをお願いした。

それはもちろんいいのだが、前菜はハムの盛り合わせに生ポルチーニのカルパッチョの2皿、さらにパスタも2皿になってそれだけで胃がはちきれそうになった。もちろん、コースだからメインの肉料理もついた。

ワインは、地元産ブドウのアリアニコを使った赤ワインを選択。コクのあるワインで好きなのだが、日本では高級品ばかりが輸入されるためか、値段がお高くてなかなか飲む機会がない。その点、地元で飲むアリアニコのワインは安くて大満足。ポルチーニにもよく合った。

上｜カステルメッツァーノ全景　下｜夕暮れ時にたたずむ親父たち

広い店内にはほかにイタリア人グループの数人がいるだけ。この村を訪れる観光客は、車でやってきて日帰りする人が多いようである。でも、この高原の村に来ていながら、この静かな夜も、村人たちの素顔が見えるすがすがしい朝も体験しないのは、もったいないというしかない。

4-3 奇岩に抱かれた田舎町② ピエトラペルトーザ

隣村へハイキングコースを2時間

カステルメッツァーノの隣には、やはり巨岩に抱かれたピエトラペルトーザという村がある。直線距離で2キロほどなので、カステルメッツァーノの岩山の上からも近くに見えた。だが、2つの村の間には深い谷があるために、地図で見るとくねくねした車道を遠回りをして20キロ近くも行かなくてはならない。タクシーもないし、ピエトラペルトーザに行くのは難しいかなと思っていた。

だが、この旅の直前になって、2つの村を結ぶハイキングコースがあることをネットで探り当てた。宿の管理人の若い男性に聞くと、2時間ほどのコースだという。

「登山の装備がなくても大丈夫?」

「普段着で普通の靴で大丈夫ですよ!」

「鎖で登るような場所はない?」

「大丈夫、ご心配なく！」

大荷物はポテンツァに置いてきたとはいえ、ショルダーバッグには結構な荷物が入っていたので、しつこく確認した。

ところがである。車道を村外れまで歩いてから、舗装されていないハイキングコースに入ってしばらくすると、重装備の欧米人グループ4人が私の横を追い抜いて行くではないか。かなり不安になったが、入口には確かに「ハイキングコース　所要2時間」と記されていたので、看板と宿の管理人を信用して、そのまま進むことにした。

ハイキングコースは「7つの石の道」と名付けられていた。7つの石とはなんだろうと思っていたら、コースの途中の7か所に、石でできたオブジェが置かれている。あるものは古代の巨石墓のようであり、またあるものはイギリスのストーンヘンジのようだった。一瞬、本物の遺跡かと思ったが、石のそばからはメロディが流れてきたりしているので、最近になってつくられたものだろう。

道標によると、中間地点にネパール橋という名の橋があるので、そこに行けばヒマラヤのような雄大なパノラマが見られると思って期待して歩いていた。だが、ネパール橋があったのは、きつい坂道を下りきった薄暗い場所。長さ5メートルほどの小さな石橋だった。

ネパール橋を渡った先に分かれ道があり、そこに置かれた看板の写真を見ると、どうやら左に行くと本格的な岩場になって、それなりの装備が必要なようである。もちろん、私は右の道を選んだのだが、それでもきつい上り坂を1時間近く登らなくてはならなかった。

目立たないところにあったネパール橋

　ところで、私が歩いた谷の上には、カステルメッツァーノとピエトラペルトーザを結ぶジップラインが架けられている。ジップラインとは、山や森に張ったワイヤーにベルトでぶら下がり、滑車を使って疾走していくアウトドアのアクティビティだ。最近では日本でも増えてきたようである。

　ここでもなかなかの人気らしく、土曜日だったためか車で大勢の観光客がやってきていた。ジップラインが何度も頭のはるか上を行き来し、そのたびに叫び声が聞こえた。ジップラインを使えば、私が2時間かけて歩いた道を、わずか30秒ほどで移動できてしまう。荷物もいっしょに運べれば利用してもよかったのだが、さすがにそれはできないようである。

コネを使ってバスの切符を購入

　ピエトラペルトーザは人口1000人ほどの小

さな村で、カステルメッツァーノよりも素朴な感じがした。賑わっているのはジップラインの乗り場くらいである。それでも夏になると観光客が数多く訪れるようで、宿泊施設やレストランも何軒かある。

のんびりと村を一まわりしたところで、バス停の確認と切符の購入をしておかなくてはならない。ポテンツァ行きの最終バスが出る夕方5時までは2時間近く残されていたが、田舎のバス移動は余裕を持って調べておく必要がある。それを怠って大変な目にあったことは一度や二度ではない。

バス停の場所は地図でだいたいわかっていたが、問題は切符である。前にも書いたとおり、イタリアのバスの切符は車内で買えるとは限らない。タバッキ（タバコ屋）やバールで売っていることが多いのだが、どの店でも買えるわけではない。売っている店を探す必要があるのだ。

ピエトラペルトーザとポテンツァを結んでいるのは、レンナ兄弟を意味するフラテッリ・レンナ社のバスだ。同社が運行しているのはこの1路線のみで平日5～6往復。おそらく、地元の名士が会社をつくって、村と州都を結ぶ公共交通機関を運営しているのだろう。もちろん、そんな田舎のバスだから、スマホで買える切符などはない。誰に聞けばいいかなと思っていると、道ばたでのんびりと会話をしていたインテリそうな老紳士2人を見つけた。1人は電動カートに乗っている。

「すみません。ポテンツァに行くバスの切符はどこで買えますか？」

私が聞くと2人は顔を見合せた。そして、電動カートに乗った老紳士が、遠くを指さして困ったような口ぶりで言った。

「あそこのバールで売っているんだが、今日は土曜日だから夕方の18時にならないと開かないんだ」17時が最終バスだというのに、18時にならないと切符が買えないとは不条理な話である。呆然としている私を見て、電動カートの老紳士は言った。

「心配するな。あそこはオレの妹の店だ。電話してみる」

スマホですぐさま電話をしてくれたのだが、どうやら女主人は不在らしい。しかたがないので、お礼を述べてバス停に向かおうとすると、「まあ待て、いっしょに行こう」と言って坂道を電動カートで先導してくれる。

小さな村なので、すれ違う人はみな知り合いのようだ。そのたびに、「この人のバスの切符が買えなくて……」と説明しているので、恥ずかしいことこのうえない。

村外れのバス停にやってくると、また何やら電話をしている。しばらくして登場したのが、40代くらいの小柄で苦み走った男性である。

「このバスの運転手だよ。オレの親戚だ」と老紳士。運転手にひと言ふた言話すと、「もう大丈夫だ。発車時間にバスに乗ればいい」とウインクする。

なんだかよくわからないが、私はお礼を言って、バス停の前にあった軽食屋に入って発車時間までビールを飲むことにした。しばらくすると、ごく普通の家かと思っていた建物のシャッターががらがらと開いて、マイクロバスが登場。バスに乗ると、先ほど会った運転手は私の顔を見てニヤリと笑い、まるで手品師のように手を開いて切符を見せてくれた。

「切符を持っているなら、最初から車内で売ってくれ！」と思わず叫びたくなった。

発車直前に中学生らしき男の子2人が乗り込んできたのだが、彼らも切符を持っていないようだ。苦み走った運転手は、さらに苦い表情になってくどくどと彼らに説教をしていたようだったが、最終的には乗せてあげた。すさまじいカーブが連続する山道を下って高速道路に入ると、マイクロバスはつねに100キロ以上のスピードで飛ばす。やがて前方の丘の上に、夕日を受けて黄金色に輝くポテンツァの町が見えてきた。

コラム③　イタリア鉄道の列車種別

駅の電光掲示板には、列車の種別が略称で示されていることが多いので、利用するときにはその意味を知っておく必要がある。主なものは、AV、IC、RV、Rの4種類だ。

AVは、Alta Velocità（アルタ・ヴェロチタ＝高速列車）のことで、イタリア鉄道のフレッチャロッサとフレッチャルジェント（それぞれ、赤い矢、銀の矢を意味する造語）、そしてNTV社のイタロが該当する。

ICは、Intercity（インターシティ）のことで、イタリア語風にインテルチティとも呼ばれる。直訳すると都市間列車で、日本でいえば一般の特急に該当する。また、近年のヨーロッパでは夜行列車が復活しており、イタリアでもICの夜行列車としてICN（インターシティ・ノッテ）が運行されている。

AVとICの間のレベルには、白い矢を意味するフレッチャビアンカがあってFBと表示されるが、現在では運行系統がかなり限られている。

以上の列車は全車指定席なので、前もって乗車券を買っておく必要がある。ネットで買うときにはもちろん、窓口や券売機で買うときにも名前と電話番号の入力が必要となる。

RVとRは指定券不要の普通列車である。RはRegionale（レジョナーレ）を示し、直訳すると地域列車といった意味だ。RVはRegionale Veloce（レジョナーレ・ヴェローチェ）の略で、「速いレジョナーレ」という意味。日本でいえば料金不要の快速列車である。

5.

アペニン山脈の別世界の廃線跡をバスで乗り継ぎ旅
……アブルッツォ州〜モリーゼ州

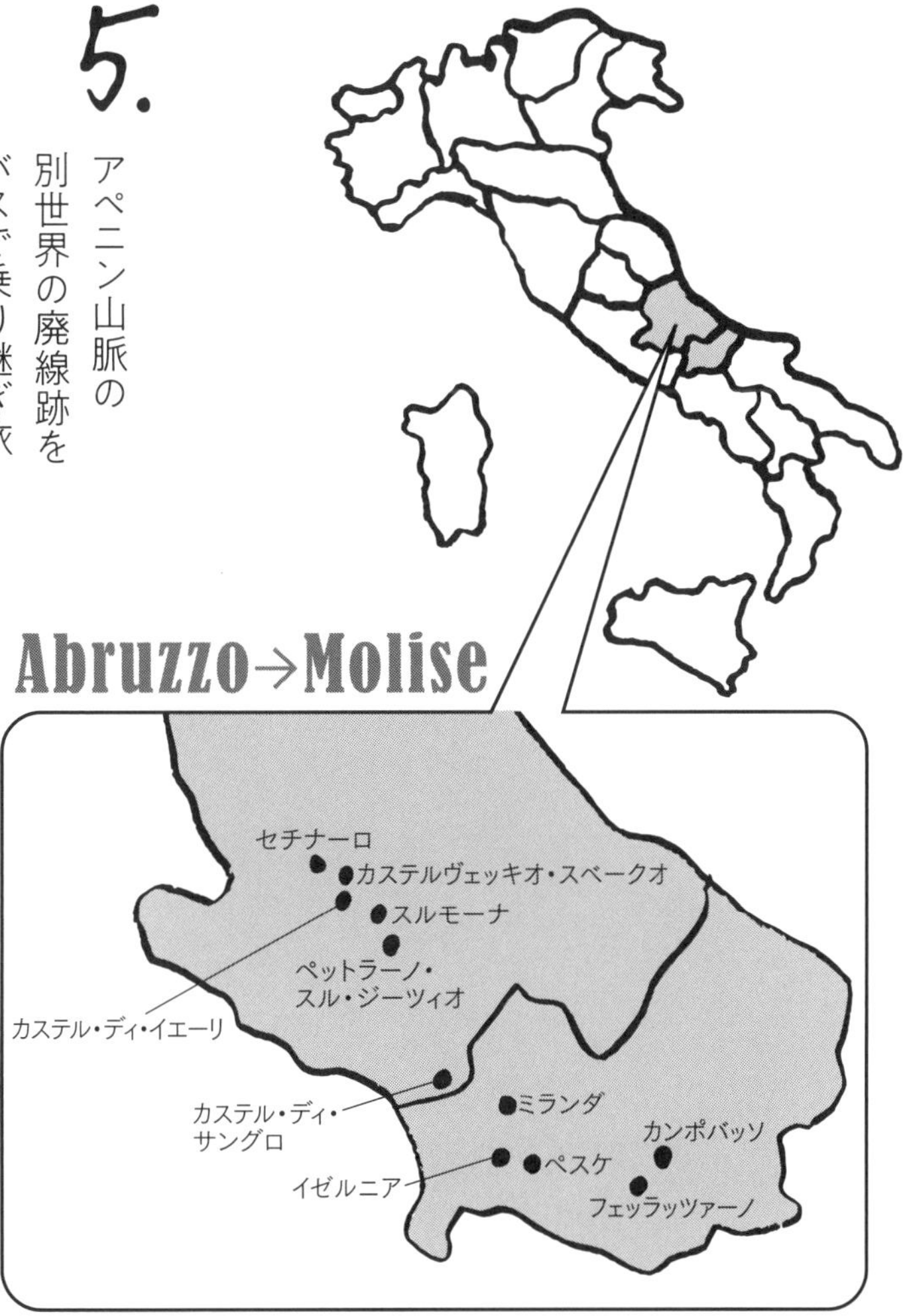

アドリア海（東海岸）に面したイタリア中南部のアブルッツォ州とモリーゼ州は、その地域の多くがアペニン山脈とその裾野に広がる高原地帯に含まれ、数多くの国立公園や自然保護区が存在する。山間地を縦断して2つの州をつなぐ鉄道は美しい沿線風景で知られていたが、2011年に廃止されてしまった。路線バスで山岳都市をめぐり、鉄道代行バスに乗ってアブルッツォ州からモリーゼ州に向かった。

5-1 出発地スルモーナ：高原に咲いた一輪の花のような町

ローカル線に乗って山中の中核都市スルモーナへ

アブルッツォ州の田舎町めぐりの拠点にしたのがスルモーナだ。人口約2万5000人の高原の町で、ローマからは鉄道でも高速バスでも所要2時間から2時間半ほどかかる。このアブルッツォ州の周辺は、大きな地震がしばしば起きることでも知られている。近いところでは、2009年に起きたラークイラの地震が日本でも大きく報じられたが、スルモーナは同じ県に属するものの、幸いなことに大きな被害はなかったようである。

ローマとは緯度がほぼ同じで150キロほどの距離だが、途中にアペニン山脈が横たわっているために、かつては行き来もそう簡単ではなかっただろう。そのためか大都会の喧騒とは無縁で、まったく別の国といったのんびりした空気が感じられる。キザにいえば、高原に咲いた一輪の小さな花のような町だ。

私が初めてスルモーナを訪れたのは2012年のことだった。東海岸のアドリア海沿いを走る幹線をペスカーラで下車して、ローカル線に乗り換えるルートをとった。だが、幹線の列車が20分ほど遅れたので、接続するはずのローカル線は出発済み。近代的ながらもがらんとしたペスカーラ駅構内の売店で、切り売りの安価なピッツァを頬張りながら、1時間ほど待たなくてはならなかった。

ペスカーラから乗ったローカル列車は、フィアット社製の古いディーゼルカーだった。山地を分け入って進むこと1時間。エンジン音も高らかにディーゼルカーが急勾配を登りきると、しばらくしてスルモーナの駅に到着した。

スルモーナ駅は、町の中心部から2キロほど離れた町外れに位置している。駅前には蒸気機関車が保存されているが、人家もまばらで殺風景そのもの。市内へは路線バスがあるようだが、大きな荷物を持っているのでタクシーを利用することにした。

芸術的な「砂糖菓子の花束」

駅から続く片側1車線の道路が旧市街に入ると、アスファルト舗装から石畳に替わり、そのまま町を貫くメインストリートとなる。この道は、スルモーナに生まれた古代ローマの詩人オウィディウスにちなんで、それをイタリア語読みしたオヴィーディオ通りと名付けられている。

町の中心にある広場にはオウィディウス像が立っており、昼前や夕方になるとこの広場に親父たちが集合して、とりとめのないおしゃべりに花が咲くのである。

このオヴィーディオ通りを歩いていて目につくのが、花束を模したカラフルな砂糖菓子「コンフェッティ・ディ・スルモーナ」だ。「スルモーナの砂糖菓子」という意味で、楕円形にした砂糖漬けの菓子のこと。バラ売りもしているが、さまざまな色の菓子を組み合わせて花束のようにして売っているのが美しい。イタリア人なら誰もが知っている名物で、なかでも老舗「ペリーノ」では

背後に山がそびえるスルモーナのガリバルディ広場

芸術的ともいえるデザインの品々を見ることができる。お土産や贈答品にもぴったりだ。

旧市街は１キロ×５００メートルほどの楕円形で、駅の側から見ると奥のほうにイタリア統一の英雄の名前に由来するガリバルディ広場がある。イベント会場や駐車場に使われている広大な広場である。その入口には中世につくられた水道橋が残されており、広場に入るには人も車もそのアーチをくぐるようになっている。広場の中央には噴水があり、教会などが並ぶ古い町並みの背後には山並みが借景のように控えているという見事な光景が広がる。

予約した中級ホテルを探すと、そこはオヴィーディオ通りから路地を入ってすぐのところにあった。２階にある部屋の窓を開けると、なんと路地の向かいの目と鼻の先に教会の正面が見えたのには驚いた。当初は２泊で予約したのだが、周辺の丘上都市めぐりに時間を費やしたことに加えて、この町ののんびりとした居心地のよさが気に入って、4泊することになった。

なみなみとワインを注いでくれたワインバー

スルモーナで特筆すべきは、食事が安くておいしかったことだ。滞在中に訪れた店は、最上級にうまいというわけではないが、お手軽な値段の割には料理の内容がよいという点が共通していた。

2日目の夜に訪れたのは、イタリアのガイドブックの評価で、「コストパフォーマンスがいい」と書かれていた「チェジーディオ」というレストランである。旧市街の路地を入った小さな広場にあり、古い邸宅の1階をレストランにしているようだ。

私が来店した夜9時ごろには、小さな庭で5、6組の客が食事をしていた。私は味わいが感じられる店内で食事をすることを選んだ。クラシックな調度品が並んでいて、レストランというよりも、地元の名士のお宅にお邪魔したという気分である。家族経営のようで、40代後半に見えるマダムの自然でありながら艶やかな笑顔が素敵だった。

もっとも、メニューは平凡なものが並んでいて、とくに郷土料理というわけではない。できのいい家庭料理というレベルかなと偉そうに値踏みしながらも、前菜、パスタ、牛肉のステーキとフルに食べて、デザート、コーヒーまでとってしまった。ワインは、地元産のブドウ、モンテプルチャーノ・ダブルッツォを使った赤ワインをデカンタでいただいた。これで30ユーロ台だったので満足である。

さすがに食べ過ぎたので、翌日はオヴィーディオ通りをはさんだ反対側の一角で、たまたま見つけた古めかしいワインバーに行ってみた。「ラ・カンティーナ・ディ・ビッフィ」という店で「1953年創業」というプレートが店先に光っていた。店内でワインの小売りをしているようで、食事のできる質素なテラス席が数席設けられていた。

「白と赤の地元のワインをグラスで飲みたいんだけど、食べるものもある?」と尋ねたら、「ワンプレートに盛りつけましょう」といって前菜と肉を盛りつけて持ってきてくれた。満腹の翌日の夕食にぴったりの量で、味も大満足。

店で働く4人の若い男性は、みなヒゲ面で野性的な見た目だったが気のいいやつらだった。食事中もいろいろと声をかけてくれ、前年に起きた東日本大震災の被害に心を痛めていると話していた。グラスワインは、おかわりをするたびに量が増えていき、なみなみと注がれた3杯目を飲み終えたときには、すっかりいい心持ちになっていた。

アブルッツォ名物の羊肉と格闘

4日目の夕食の前になって、アブルッツォ名物の羊を食べていないことに気がついた。アブルッツォとくれば羊肉は外せない。地元の人にとっては欠かすことのできないヒツジ品、いや必需品である。そこで、最後の晩はやはり安くておいしいと評判の「クレメンテ」という店に向かった。手軽な店だと聞いていたが、店内は想像以上にリッチな雰囲気である。

「メインで羊が食べたいんだけど、ほかは何がいい？」

やや小太りの店主に尋ねると、「当店の自慢の前菜盛り合わせがおすすめ！　それと羊でいいですね？」

そこでOKと言えばよかったのだが、ここまでパスタをほとんど食べていないことを思い出した。ちなみに、日本人の知人に向かってイタリアに行ってきたというと、「じゃあ、おいしいパスタをたくさん食べたんでしょう」とよく言われる。だが、きちんとしたレストランでは肉や魚のメイン料理を食べるのが当然であるし、ワインのつまみには地元名産の前菜を食べたいとなると、量の多いイタリアで食べ過ぎを防ぐには、パスタを省略するほかなくなるのだ。だから私は、イタリアのレストランでパスタを食べる機会が少ないのである。10日ほどの旅行で、結局パスタを一度も食べずに帰国したこともあったくらいだ。

「アブルッツォ名物のキタッラも食べたい！　でも、量が多すぎるかな？」

「じゃあ、それは半分の量にしましょうね」

キタッラとは、弦楽器のギターを意味するイタリア語。ギターのように、木枠に弦を張った道具でつくるパスタのことだから、こう呼ばれている。一般のスパゲッティは断面が丸いが、キタッラは断面が四角いのが特徴だ。

こうして、スルモーナでの最後の晩餐がはじまった。

さて、まずはご自慢の前菜盛り合わせである。値段は12ユーロとメニューに書かれていた。おもしろいことに、握り寿司を載せるのに似合いそうな簀《す》の子の小さな台の上に、生ハムやチーズやらが盛りつけられて出てきた。とはいえ、それだけで12ユーロだとちょっと高い印象である。もっとも、腹にたまらないから羊の前にはいいかなとも思った。

だが、その見通しは甘かった。自慢の前菜がそれだけで終わるわけはなかった。単に冷たい前菜が先に出てきただけだったのだ。そのあとに野菜やキノコなどの温かい前菜が、山盛りで2皿も運ばれてきた。その豪華で美味な盛り合わせには大変満足したのだが、それはその後に訪れる悲喜劇の序章に過ぎなかった。

4メートルほど離れたテーブルには、店主と英語でやりとりしていた西洋人夫婦がいたのだが、そこに羊の皿が運ばれてきたのが見えた。遠目ではあるが、その量の多さに旦那が驚いているようである。私はパスタを追加したことを悔やみはじめた。

結局、前菜は平らげたものの、半分にしたはずのパスタを少し残してしまった。

「羊に備えなくちゃならないから」

そう店主に言い訳がましいことを言うと、先ほどの旦那の耳に入ったようで、振り返ってこちらに笑顔を向けてくれた。旦那は、羊をかなり残したようである。「肉をしゃぶるとウマいのに」と店主に言われていたが、もうこれ以上食えないというジェスチャーをしていた。

そして、私のところに羊のグリルが運ばれてきた。すでにそのとき私は腹8分目を越えて、満腹

スルモーナのレストランで格闘した羊肉

中枢が電気信号を送りはじめていた。

私としては、日本でよく見るような、骨にかわいく肉がついたラムチョップが、2、3本ほど、いくらイタリアでもせいぜい4本ほどが載ってくるのかと想像していたが、まったく違っていた。

皿の上に山盛りに載っていたのは、厚く切られて脂身がたっぷりついた羊肉である。はたして全部で何切れあるのか数える気力もなかった。しかも、恐ろしいことに付け合わせがフライドポテトなのだ。しかし、盛岡のわんこそばを135杯食べたことが自慢の私である。最後の力を振り絞って、半分ほどまでは店主のアドバイスに従って骨もしゃぶった。その後も必死になって8割方は食べたが、それが限界だった。フライドポテトもだいぶ残した。

もう動くこともできない。息を吸うのもつらかった。しばらくは羊の顔も見たくないと本気で思ったほどである。もっとも、デザートは断ったが、食後酒は頼んだ。前にも書いたように、食後酒はイタリア語でディジェスティーヴォといい、消化を助けるものという意味があるからだ。だが、そう簡単にあの大量の羊肉が消化されるはずはなかった。

なぜか、この町にはバスターミナルがない！

スルモーナに到着した翌日からは、路線バスを使って周囲の田舎町をめぐることにしたのだが、事前の調べでどうしてもわからないことがあった。それは、どこからバスに乗るのがよいかである。このくらいの規模の町ならば、どこかにバスターミナルがあるものだが、この町の地図をいくら探してもネットで検索しても見当たらない。町の中心部にも駅前にもないのだ。

それでいて、時刻表を見ると、周辺の町とを結ぶアルパ社のバスの経由地は複雑怪奇。市街地のあちこちに停まっていくようで、バス会社の時刻表には、病院経由だの○○通り経由だの××前経由だのと、さまざまなマークが付いている。だが、旅行者にとっては通りの名前を探すのも一苦労で、どこをどうめぐっていくのか見当も付かなかった。

到着した日の夕方は、翌日からの町めぐりに備え、バスターミナルを探して何十分もうろうろしたのだが、それでもわからない。中心部から20分以上も歩いたあげく、人家もまばらな町外れにようやくバスの車庫を見つけたが、そこはあくまでも車庫であって乗り場はなかった。しかたがないので、翌日に乗る系統のバスが確実に停まりそうな停留所だけを探すことにした。

平凡なガソリンスタンドの前が、この町のバスターミナルだった

ようやく見つけたその乗り場とは、中心部から坂を降りた片側一車線の道路沿いにある地味なガソリンスタンドの前だった。乗り場を示す標識は立っているが、行き先までは書いていない。それでも、ガソリンスタンドの片隅に切符売場のブースがあったことだけは確かめた。

そして翌朝。

「アンヴェルサでいったん下車して、次に終点のスカンノまで行って、それから戻ってきたいんだけど」

私が、その日の行き先とルートを窓口の若い女性に告げると、彼女はすぐに理解して切符を売ってくれた。

「それから、明日はセチナーロに行きたいんだけど、どこから乗ればいい？」

「ここよ。バスは全部ここに停まるの」

なんと、何の変哲もないガソリンスタンド前が、ターミナル代わりのバス停だったのだ。どの都市間バスも市内をぐるぐるまわったすえに、ここを経由して郊外に出ていくのだと知った。

いくら旅をしても、イタリアのバス事情をすべて理解するのは難しい。町にそれぞれ個性があるように、バス会社によって切符の売り方だけでなく、バスのルートにも個性がある。イタリアのバス旅は奥が深いと、改めて感じた体験だった。

5-2 山上の村での不思議な出会い　セチナーロ

路線バスの終点にある山岳都市へ

スルモーナを拠点とした丘上都市めぐりの1日目はアンヴェルサとスカンノに行った。2日目はセチナーロという小さな村に向かった。スルモーナの北西40キロほどにあって人口400人弱。アルパ社のバスが1日に5往復運行されている。

このセチナーロは、イタリアの一般のガイドブックにもまず載っていない村である。どうして知ったのかというと、以前アブルッツォ州の州都ラークイラを訪れたときに購入した地元の出版社が出している写真入りガイドブックだった。薄くて小さな本だったが、魅力的な山岳都市の写真が数多く掲載されており、旅心をかきたててくれた。そのうちの一つがセチナーロだったのだ。

前日と同じくガソリンスタンドそばにあるバス停に向かい、切符売場のお姉さんに「セチナーロまで1枚」というと、彼女は私のことを覚えてくれていて、「セチナーロね、いいところよ」と言って切符を出してくれた。

スルモーナを発車したバスはしばらく平原を走ったかと思うと、途中から右に左にカーブしながらぐんぐんと高度を上げ、目のくらむようなとんでもない峠を越えた。そこからは、何度も脇道に入っては近くの村に立ち寄り、また戻ってを繰り返して、1時間ほどで終点セチナーロに到着した。標高859メートルの山上付近に家々が密集している村だ。

人口400人というと、日本では田んぼや畑のなかに家が点在する風景を思い浮かべるが、イタリアでは狭い範囲に住居が密集している村が多い。ここセチナーロもそうで、中心の広場の周囲だけを見ていると、地方の小都市のようにも感じられる。

広場に降り立って、まず一つの決断をしなくてはならなかった。折り返しのバスは50分後に発車するのだが、その次は3時間半後である。いくら小さな村といっても滞在50分は短い。ここまで来たからには村の頂上まで登りたいし、離れたところから村の遠景を写真に収めたい。かといって、ここに3時間半も滞在するのは退屈しそうである。

ひとまず、50分後のバスに乗ることを考えて、急ぎ足で頂上を目指した。ぜいぜいと息を切らしながら早足で登る坂道の両側には、美しい花々がプランターに飾られていて目の保養になった。

頂上までの往復に約20分を費やして中心の広場に戻ったところで、広場に面したバールで一呼吸置くことにした。店の正面には、入口を取り囲むようにしてテラス席がいくつもあり、総勢20人ほどの中高年男性が座っていた。私が名付けた南イタリア名物「親父軍団」である。私は、左に右に交互に視線をやり、「ブォン・ジョルノ」と愛想をふりまきながら店に入っていった。

南イタリア名物「親父軍団」とは

バールでは、ミネラルウォーターで喉をうるおし、コーヒーで気分を落ち着かせた。まだバスの発車までは余裕があるので、町の遠景が撮れる場所でも探そうかと考えながら、店を出たとたんのことである。親父軍団に捕まった。

「まあまあ、座れ」

「どこから来た？　ほう、日本か。一人旅？」

次々に質問が飛んできた。

ちなみに、私が勝手に名付けた「親父軍団」というのは、昼前や夕方ごろになると広場に集まってくる中高年男性の集団のことである。

まだ私がイタリア初心者だったころ、田舎町の広場で会った初老の男性が、こう説明してくれた。

「ちょうど今ごろの時間は、家で女房が昼飯をつくっているんだけどね、オレたちがいると邪魔なんだよ。だから、こうやって男たちは広場に避難してくるわけ」

毎日同じ顔ぶれでよく飽きないと思うのだが、外に出て会話をするのが健康の秘訣なのだろう。

正午を過ぎると、あっというまに広場から人影が消えるのは、まるで魔法を見ているようだ。

夕方になると、またぞろ広場に集まってくるという日常である。夕方の顔ぶれは、町によっては中高年女性のグループも多く見かけるが、やはり圧倒的に男性が多い。

そんなグループを私は「親父軍団」と勝手に名付けたのだ。大きな町だと、あちこちに親父軍団のグループができるが、ここセチナーロは小さな村だからか、20人ほどが村唯一のバールの前に集結していたというわけである。

日本のどこに住んでいるのか、イタリアは何回目か、どのあたりを旅行しているのかなど、お決まりのやりとりがあったあと、和気あいあいとした雰囲気のなかで、こんな質問が発せられた。

「テレビで日本のドラマを見たけれども、奥さんのいる男性が、別の若い女を連れて旅行に出かけるというストーリーなんだ。あれは日本の文化なのか？」

男性は真顔である。からかっているのではなく、どうやら真剣に知りたいらしい。

しばし返答に困ったが、話の内容からして、どうやら当時日本でも話題になった渡辺淳一原作の『失楽園』のようである。日本の文化かと聞かれても困るのだが、日本を代表している状況下で、ここでおかしな回答をするわけにもいかない。

「うーん、なかにはそういう人もいるかな。たいていはそうでない。私もそうでない」

無難な答えを発しておいたが、ここで一瞬の間ができた。こんなときは、誰かが冗談の一つでも飛ばすのが、イタリアのお決まりの間合いというものだが、なぜかみんな真顔で黙っているのには参った。はたして、私の説明に納得してくれたのだろうか。

そんな難問奇問に答えているうちに時間はあっというまに過ぎ、もう次のバスまでほとんど時間が残されていなかった。

「引き止めちゃって悪かったね」と言われたが、手遅れである。次のバスで帰ることはあきらめて、坂をぐんぐん下り、遠景がうまく撮れる場所を探すことにした。

丘上都市の遠景写真は、それが高いところにあればあるほど、遠くに離れないとうまく撮れない。セチナーロの場合、近くに撮影ポイントとして適当そうな丘を見つけたので、いったんふもとまで下ってから、その丘の上に登ることにした。

途中から舗装道路を外れ、刺すような日射しを浴びながら灌木《かんぼく》を抜け、崩れやすい岩場を登り、ようやく見晴らしのいい場所を見つけた。満足できる写真が撮れて、ほっとひと息ついたところで我に返った。

「これから3時間近くどうしよう」

炎天下での無謀な徒歩旅行

ここでまた決断をしなくてはならなくなった。選択肢の1つは、急坂を20分ほど登ってセチナーロに戻り、次のバスまで3時間近く過ごすこと。もう1つの選択肢は、バスが立ち寄る隣町まで、だらだらと下り坂を10キロ近く歩いていくことである。

上｜セチナーロのバス終点がある広場　下｜質問責めにされた「親父軍団」

すでに通った道を戻って、すでに知っている場所で3時間近くもいるのはつまらない。店は昼休みで閉まっているだろう。それならば、ちょっと無茶かもしれないけれど、隣町まで歩いていこうと決めた。

目的地は、カステルヴェッキオ・スベークオという町である。行きにバスで通ったときに、ほどよく古さが感じられるよいところだという印象を持っていた。

セチナーロのふもとからしばらく歩くと、あちこちに鹿や猪のシルエットを描いた「動物注意」の看板が立っているのが目に入った。この一帯は州立自然公園に指定されているので、動物も数多く生息しているのだろう。もっとも、道路は見通しのよい場所を通るので、少なくとも日中に大型の野生動物が突進してくる心配はなさそうである。

道路はきれいに舗装されているので、歩くこと自体は苦痛ではなかった。だが、それよりも心配だったのは、30度を越える暑さと強い日射しだった。

じつは、こんなこともあろうかと、日焼け止めクリーム、サングラス、帽子を持参していた。このうちの1つを欠いても後悔の原因になることは、これまでの経験で身に沁みてわかっていたからだ。イタリアの夏は乾燥して日射しが強い。しかも、ここは遮るもののない田舎の道路である。

これまでの旅でも、想定外の徒歩旅行をせざるをえなくなり、日焼けで火照って夜も寝られずに苦しんだことが何度かあった。帽子をかぶらなかったせいで、ただでさえ寂しくなっている髪の毛がぱさぱさに傷んだこともあった。

あとで知ったのだが、この日、平地では38度まで気温が上がったのだそうだ。アブルッツォの山中も日射しは刺すように痛かったが、高原ということもあって気温は30度程度だっただろうか。しかも、日本の夏と違って湿度が低い。さわやかな風も吹いていたので、日陰は意外に過ごしやすかった。

車は、たまに思い出したように通るだけで、道の両側に林と麦畑が交互に現れる。そんな木々の陰があるたびに休み休みして、呼吸を整えながらひたすら歩いたのである。

そうして2時間近く歩いたすえ、眼下に遠くカステルヴェッキオ・スベークオの町が見えてきた。人口は約1200人というから、少ないといえば少ないが、セチナーロの3倍ほどある。

何はともあれ広場に面したバールで一休み。どんな小さな町でも1軒はバールがあるのはイタリアのいいところである。しかも、この店は昼休みの時間でも開いていた。エアコンの利いた店の隅でビールが飲めたのはこのうえない幸せなひとときだった。

少し元気を取り戻して旧市街を散策。イタリア語で「古い城」を意味するカステルヴェッキオという地名の通り、旧市街の中心には古い城砦があった。昼下がりなので、ほとんどひと気がないのが不気味なほどだったが、そんなときに相手をしてくれるのがイタリアのネコである。

城砦でネコとじゃれながら、セチナーロから折り返してくるバスを待とうと思っていたのだが、城砦の上から別の趣深い丘上都市が目に入ってしまった。

行きのバスでも立ち寄ったカステル・ディ・イエーリである。「昨日の城」「以前の城」といった意味で、行きにバスで通りかかったときには食指が動かなかったが、遠くから全景を眺めると心をひかれる。いったんそう思うと、行かないと気が済まなくなってくる。バスの時刻を頭に入れつつ、最後の力を振り絞って30分ほど歩いた。

近くから見ると、丘の上のほうに旧市街があることがわかる。味わい深そうな家並みなのだが、そこまで行って帰ってくるとバスに乗り遅れる恐れがある。まだ15時半ごろだったが、それが上りの最終バス。それを逃すとニッチもサッチもいかなくなるので、涙を飲んであきらめた。

町の入口すぐのところにある広場でバスを待つことにした。次に来たときはこの丘の上まで行きたいものだと思ったが、はたしてそんな日は来るのだろうか。行きたい町はほかにも山ほどあるので、ここを再訪することはないかもしれない。

もしかすると、二度と見ることのない風景かもしれない。そう思うと、ありふれた教会の塔も小さな公園で遊んでいるおじいさんと孫の様子も、なんだかいとおしく感じるのだった。

5-3 廃線跡、廃駅を歩いてみた ペットラーノ・スル・ジーツィオ

地元の赤ちゃんに凝視される

スルモーナを拠点にした丘上都市めぐりの最終日は、スルモーナから10キロほど南にあるペット

ラーノ・スル・ジーツィオという町を訪れた。「ジーツィオ（川）の上にあるペットラーノ」という意味で、周辺ではもちろんペットラーノだけで通じる。

3日連続で、ガソリンスタンド横で切符を購入した。「毎日バスで町めぐりなのね！　素晴らしいわ。ペットラーノは近いのよ」と、切符売り場のお姉さんが微笑んでくれた。

ペットラーノへは1日に8本のバスがあるのだが、午前中は朝8時の次が11時半という半端な時間である。11時半のバスだと現地到着がちょうど昼ごろ。暑いさなかで昼休みの時間にもかかるので、ひと気のない田舎で帰りのバスまで2時間以上も過ごすことになる。8時のバスで行くことにした。

朝に周辺の町からスルモーナに来るバスは通学生で混んでいるが、反対方向なのでほかに客は2、3人だった。着いてみると、確かに丘上都市ではあるがそれほど高度差はない。三方を山に囲まれた谷間に、ぽっこりと低い丘があるといった風情だ。

ペットラーノの人口は約1200人。前日に訪れたカステルヴェッキオ・スベークオと同じくらいだが、ここは町の入口に立派な門が残されていた。バスの終点はその門の外側にあり、門をくぐって旧市街に入る。2分ほど歩くとこぢんまりとした役場があり、建物の壁面に日時計らしきものがおしゃれに描かれていた。役場に面した小さな広場には、不釣り合いなほど立派な噴水があった。広場に面したバールでひと休みしているうちに、9時近くなって人が集まりはじめた。

もともと小さな町である上に坂道がきつくなかったので、あっというまに一周できてしまった。

バールは1軒きり。12時に出る帰りのバスまで、どう3時間近くを過ごすかに頭を悩ますことになった。

バス停近くの小さなベンチに座ってぼんやりしていると、朝の散歩なのだろう。おじいさんと孫らしき2人連れが通りかかった。孫はようやく一人歩きができるようになった男の子で、おむつをして口にはおしゃぶりをくわえている。私とおじいさんは、にこやかに「ブォン・ジョルノ」とあいさつを交わしたのだが、孫の反応がおかしかった。

その子は私を凝視したまま、文字通り固まってしまったのだ。おじいさんが名前を呼んでも、目を見開いて私を見つめたまましばらく動こうとしない。それどころか、しまいには後ずさりをはじめたではないか。私もおじいさんも、その様子を見て笑うしかなかった。

彼にとっては、それまでの短い人生のうちで、初めて東洋人を見たのだろう。とはいっても、こんな赤ん坊が、普段見慣れている人間と私を、どこでどう区別しているのだろうか。人間の能力は不思議なものだと感じる体験であった。

アブルッツォの山中で廃線跡歩き

時間はまだまだ十分に余っていたので、国道を隔てた向かいの丘の中腹にある廃駅を見にいこうと思い立った。今回、スルモーナからペットラーノへはバスを利用したのだが、実は前年の2011年12月まで鉄道が走っていたのである。ペットラーノから先は、山越えをして南側のモ

丘の中腹にぽつんと残されたペットラーノの廃駅

リーゼ州に向かう。

地図を見ると、ペットラーノを取り巻くように山肌をぐるりとS字を描いて高度を上げていくことがわかる。並行して走る国道が整備されたために乗客が減少してしまったのだろう。廃止直前には1日2往復の超ローカル線になっていた。

ペットラーノ駅に行くには、国道が走る谷にいったん降りてから、反対側の丘の中腹まで登らなくてはならない。どんなに急いでも、町の中心部から徒歩で30分近くかかる。これでは利用客がいなくなるのもしかたない。どうやら路線が廃止になる何年か前に、すでにこの駅は廃駅となっていたようだ。

木々に囲まれた山道を登り、ようやく駅にたどりついた。駅舎や蒸気機関車用の給水塔は残っていたが、人の気配はまったくない。ただ、腑に落ちないことが一つだけあった。線路がやけにきれいなのである。半年も使っていなければ、レールが錆びついて、雑草もぼうぼうに生えてくるのが普通だろう。日本ほど雨が降らないから雑草も生えないのかとも思ったが、レールの下に敷きつめられた砂利も真新しい。どうにも不思議に思えたが、その理由は翌日になってわかる。

一通り写真を撮ったところで町に戻ろうかと思ったが、帰りのバスまではまだ1時間ほどある。せっかくだから、廃線跡をしばらく歩いていこうと考えた。

もっとも、周囲には家もなければ人もいない。林のなかを線路だけが続いていく。こんなところで、イノシシや毒蛇に襲われたらどうしようと心配したが、学生時代に北海道や九州の蒸気機関車を追って山奥の線路脇を歩いたことを思い出しながら、ひたすら歩を進めた。

次のカーブの先が見えたら引き返そう、いやもう一つ次のカーブだと思っているうちに、1キロほども歩いただろうか。そろそろ戻らなくてはと思ったとき、前方に橋らしきものが見え、下のほうから自動車の行き交う音が聞こえてきた。

それは、国道をまたぐ鉄道橋だった。国道に降りれば、線路を後戻りしなくても町に戻れる。線路脇の踏み分け道に出て、とげのある灌木をくぐり抜け、最後は1メートルほどの側壁から国道に飛び降りた。

だが、すぐに後悔した。高速道路ではないのだが歩道がない。

国道を時速80キロくらいのスピードで飛ばしていく車を横目に見て、路肩にへばりつきながら徒歩15分ほど。暑さと緊張でさまざまな汗をかきながら、ようやくペットラーノの村まで戻ることができた。

5-4　アペニン山脈を縦断する鉄道代行バス　スルモーナ～イゼルニア

市街地を通過して走る鉄道代行バス

4泊したスルモーナを離れて、モリーゼ州へ南下する日がやってきた。アブルッツォ州とモリーゼ州はもとは一つの州だったが、1963年から1970年にかけて段階的に分離する形でモリーゼ州が成立した。だから、モリーゼ州はイタリアでもっとも新しい州ということになる。面積は、アルプスのふもとでフランスに接するヴァッレ・ダオスタ州に次いで2番目に小さい。そして、私自身にとっては、イタリア20州の最後に訪問する州となった。

スルモーナからモリーゼ州の中心部までは、アペニン山脈を縦断してそのまま南下するのが近道なのだが、前述のようにその鉄道路線は前年に廃止になっていた。それでも代行バスがあるはずだと思ったのだが、地元のバス会社であるアルパ社のサイトをいくら探しても、そのバス路線が出てこない。念のために買っておいたイタリア鉄道の紙の時刻表には、廃止になったためか路線図すら掲載されていなかった。

そのコースが使えないとなると、いったん東海岸まで出てからイタリア鉄道に乗って海沿いを南下し、もう一度内陸に向かうローカル線を利用するという大回りのルートをとらなくてはならない。だが、山越えのコースのほうが絶対におもしろいに違いない。

ほぼあきらめかけていた出発前日の夕方、突如ひらめいた。

「鉄道は廃止されたけれども、代行バスの時刻はそのままイタリア鉄道のサイトに掲載されているのではないか？」

さっそくイタリア鉄道のサイトで、スルモーナからモリーゼ州のイゼルニアまでの経路を検索したら、あっさり見つかった。鉄道会社の経路案内にバスが出てくるとは想像できなかった。鉄道の代行バスもイタリア鉄道が運営しており、紙の時刻表からは削除されたものの、ネットには掲載されていたのだ。

時刻がわかったところで、次の問題はどこから乗るかである。代行バスだから駅から出発するのは間違いなさそうだが、町のどこに停まるのだろうか。例のガソリンスタンドの前で待っていれば乗れるのか？

町の観光案内所でも調べてもらったのだが、よくわからないという。しかたがないので、安全を期してホテルからタクシーを呼んでもらい、2キロほど離れたスルモーナ駅に向かうことにした。

スルモーナ駅前には「鉄道代行」という表示を掲げたバスが停まっていたのですぐにわかった。乗客は7、8人ほどだ。

さて、いよいよ発車。代行バスは、直前にタクシーで来た道をそのまま戻って町の中心部に入っ

スルモーナ駅前から発車する代行バス

ていく。
「こりゃタクシー代を損したか」と思ったが、代行バスはどこにも停まらない。例のガソリンスタンド前のバスターミナルもスーッと通過していった。

　そう、鉄道代行バスだから駅があった場所にしか停まらないのだ。イタリアらしいのからしくないのか、なんとも融通の利かないやり方である。いずれにしても、タクシー代をケチらずに駅まで行ってよかった。

　バスは国道に入り、前日訪れたペットラーノの脇を通過すると、大きなカーブをいくつも描いて一気に高度をかせいでいった。車窓にはアブルッツォの高原が広がり、やがて廃線歩きをした線路が国道の横に並行するのが見えた。

　そのときである。線路の上を小さな車両がずいぶんなスピードで走り去っていくのが見えた。

保線工事用の車両だ。

これで、前日レールが錆びていなかった理由がわかった。たまに車両を走らせて維持管理しているのだ。もたもたと廃線歩きをしていたときに、あの車両が猛スピードでやってきたらどうなっていたことか。

日本に帰ってきてから知ったのだが、この路線にはときどき観光列車を走らせているらしい。緑と茶色の車体のクラシックなディーゼル機関車が、茶色の旧型客車を牽引して、雄大な眺めを見ながら時間をかけて走ることから、「イタリアのシベリア鉄道」というニックネームがあることも知った。本物のシベリア鉄道に3回乗った私としては、ぜひここも乗ってみたい。

運営しているのはFS（イタリア国有鉄道持株会社）の傘下にあるイタリア国鉄財団という組織である。イタリアの各地で、保存鉄道や蒸気機関車をはじめとする保存車両の運行をしている。廃線跡の写真集や古い車両をモチーフにしたグッズも発売していることから、イタリアにもかなりマニアックなファンがいることがわかる。

カステル・ディ・サングロの廃駅舎でひと休み

代行バスは、1時間ほどかけてカステル・ディ・サングロという山中の盆地の町に到着した。保養地やウインタースポーツの拠点として知られているようで、かなりの規模の町である。

「このバスはここが終点。イゼルニア方面のバスは乗り換えです」と運転手。

カステル・ディ・サングロの廃駅

降ろされたのは、どう見ても鉄道の駅舎だった建物の正面である。廃駅にしてはなぜか真新しい駅舎だが、もちろん列車はやってこないので入口はしっかりと施錠されている。

駅正面に貼り出された時刻表によると、イゼルニア行きの発車までは20分ある。スーツケースを転がしながら周囲をうろうろしていると、駅構内の奥に廃車となった車両を見つけたので撮影。さらに廃線跡の線路づたいに50メートルほど歩くと、そこにも駅舎らしい建物が立っていた。内部は古めかしいバールになっている。

バールの壁には昔の鉄道の写真やイラストが飾られていて、なかなか趣味がいい。卓球台のように見えたものは、伝統的なバールでよく見る「テーブルフットボール」というアナログなゲーム台だった。そして、その手前のテーブル席には、古めかしいバールに似合う初老の男性が2人、昼間から静かにビールを飲んでいた。

ズボンが色とりどりの塗料で汚れているところを見ると、塗装関係の仕事をしている人なのだろう。１人は穏やかな表情だが、もう１人は終始無表情である。限りなくフォトジェニックな光景なので、撮影欲が刺激されたが、さすがにいきなりカメラを向けるのははばかられる。

コーヒーを飲んだ私は、彼らに向かって「ここにはもう列車は来ないんですか？」などとわかりきった質問をして打ち解ける努力をしつつ、古めかしい内装や飾られたイラストを撮影していった。

そして最後に、２人に向かって、写真を撮ってよいか尋ねた。穏やかな表情の男性は、にこやかに「いいよ」と答える。こちら側の無表情な親父さんは、「カメラが壊れるぞ」とひと言。ニコリともせずにカメラに収まった。

ところで、なぜここに新旧２つの駅舎があるのか不思議だったが、理由は新駅舎の正面に貼り出されていた地元の新聞記事でわかった。それによると、新しい駅舎は前年に完成したばかりなのだが、肝心の鉄道路線が12月に廃止になってしまった。廃止の予定はわかっていただろうに、建設を止めることができなかったようだ。「建設費の無駄遣い」と書かれていた。

アブルッツォ州から山を越えてモリーゼ州へ

ここまで乗ってきた鉄道代行バスは１日２往復だったのに対して、カステル・ディ・サングロからイゼルニアに向かう鉄道代行バスは１日４往復が走っている。

廃線跡を見ながらバスは走る

カステル・ディ・サングロを発車したバスは、モリーゼ州に向けて広々とした国道を快適に南下する……かと思いきや、2、3分ほど走ったところで左折して狭い道に入った。その道を走っていたのも短い間で、次に右折すると、今度は大型バスがすれ違えないような山道に分け入っていった。その先しばらくは、きついカーブと勾配が連続し、人家のまったくない森林地帯を走っていく。地図を見てわかったのだが、どうやらこれが鉄道の旧駅をたどるコースのようだ。山を大回りする線路跡に沿うようにして、さらに大回りする道をバスは進んでいったのである。

国道ルートにくらべるとかなりの迂回だが、おかげでアペニン山脈の絶景を楽しむことができた。車窓に広がる山や森の風景、たまに現れる廃線跡や丘上都市の姿に目が釘付けになった。廃線跡にはレールがしっかり残っている。そして10分ほど走るたびに車窓には見事な丘上都市が現れ、それぞれの町の中心部で1人、2人と乗客が降りていった。

カステル・ディ・サングロから40分近く走ったところで、カルピノーネの町に到着。ここは、1つの町に丘が2つあって、大昔にNHKテレビで見た人形劇『ひょっこりひょうたん島』のような外観をしている。

このカルピノーネから先は、現在も鉄道が通っている。アドリア海（イタリア東海岸）沿いのテルモリから州都のカンポバッソ、カルピノーネを経由してモリーゼ州の主要都市イゼルニアに通じる準幹線だ。イゼルニアから先は、ローマやナポリにも列車が運行している。

その線路を横目に見ながら、さらに20分ほど走ってイゼルニアに到着。終点のイゼルニア駅前で降りたのは3人。スルモーナから乗り通したのは私1人だけだった。

5-5 「低い土地」のはずが、階段路地で息も絶え絶えに　カンポバッソ

イゼルニア駅前で見た「ホテルサヨナラ」

このときの旅では、州都のカンポバッソに宿をとっていた。イゼルニア駅から列車で向かうことにしたのだが、発車まではだいぶ間があったので、駅の近くをぶらぶらしていたら、おもしろいホ

テルを見つけた。「サヨナラ」（Sayonara）という名前のホテルである。シンプルな庶民的なホテルのようだった。同じ名前のホテルは、ナポリ中央駅近くでも見かけたことがある。

これはれっきとした日本語から来ているようで、世界のあちこちに存在するらしい。知人の話によると、１９５０年代に公開されたアメリカ映画『サヨナラ』に由来するとのこと。なんとなく語感がいいので、もとの意味もわからずに使っている人が多いのだとか。

かなり昔、『旅』という雑誌の記事で、サヨナラという名前の少年の話を読んだことがある。その記事の筆者は滞在先の南太平洋の島で、ある夫婦に出会ったのだが、その息子の名前がサヨナラだったという。だが、その少年は何年も前に海で行方不明になってしまった。夫婦から、「サヨナラは日本語だそうだが、いい意味なんだよね」と聞かれて、本当のことが言えなかったという話だった。

あまりにもできすぎた話だったので半信半疑でいたのだが、イタリアで「ホテルサヨナラ」の存在を知り、知人からその由来を聞いた現在では、作り話と疑ったことをやや反省している。

そのイゼルニアの「ホテルサヨナラ」だが、最新の情報によると、残念ながら２０２０年ごろに閉館してしまったようだ。

イゼルニア駅で列車を待っていると、ナポリ発カンポバッソ行きの到着が告げられた。いやしくも2つの州都を結ぶ列車であり、しかも始発が大都会ナポリであるから、さぞかし長大編成だろうと思っていたのだが、ホームに着いた列車を見てびっくり！　なんと、たった1両の

カンポバッソ駅と宿泊したホテル

ディーゼルカーだった。しかも、おなじみ正面4枚窓のフィアット社製の旧型車だった。エアコンはついているものの、ほとんど利いていない。生暖かい風と騒音に満ちた車内で、カンポバッソまでの40分間をひたすら耐えるしかなかった。

出入口は車両中央の一か所で、車内にはボックスシートが並んでいるのだが、興味深いのは端のほうに1等のボックス席が2つだけ設置されていることだ。日本風にいえば、グリーン車と普通車が1両にまとめられた「合造車」である。

「1等」とは書かれているが、どう見ても「2等」との違いがわからない。席の広さもクッションも同じである。1等と2等の境にちょっとした仕切りらしきものはあるが、丸見えである。

「ヨーロッパは階級社会だから、どんなローカル線でも上流階級や金持ちのために1等席が用意されているんですよ」

その昔、イタリアで出会った日本人から訳知り顔で教えてもらったことがある。確かに言われてみればそうかもしれないと納得したが、よく考えるとそんな上流階級や金持ちがこんなボロい車両に乗るのだろうか。現に、その1等席に乗客が座っているのは見たことがない。たまに座っている人がいるかと思うと、列車の乗務員なのである。

そんな列車に乗ってモリーゼ州の州都カンポバッソに到着したのが夕方の5時過ぎ。とはいえ、昼が長い時期だったので、まだ太陽はかなり高かった。ちょっと欲が出て、カンポバッソの郊外4キロほどに位置する小さな村フェッラッツァーノを訪ねてみようと思い立った。カンポバッソの市街地からも見える、かわいい丘上都市である。

名言を連発する年配のタクシー運転手

ホテルに荷物を置き、フェッラッツァーノ行きのバスに乗るために、カンポバッソ駅前に戻ってきた。だが、バスは最終便を残すのみで、それに乗ると終点ですぐに折り返してしまうため、帰りは歩くしかない。どうしようかと思って見わたすと、駅前にタクシーが1台停まっている。近くの日陰で休んでいた運転手は、70歳前後と見える年配の男性だった。

私の体験からして、イタリアのタクシーは若い運転手ほど誠実である。スルモーナでも行きは5ユーロ、帰りは呼び出し料金も含めて6ユーロと納得の価格。「コーヒーでも飲んで」と1ユーロを余計に渡すと、驚くほど喜んでくれたのが印象的だった。

ところが年配の運転手となると、よくも悪くも昔のイタリアの運転手気質が残っている。請求額が高かったり、「明日はどこに行くんだ、タクシーで行かないか」としつこかったりするのがお決まりだ。ちょっと不安がよぎったが、「乗りかかった船、じゃなくて乗りかかったタクシーだ」と心を決めて、エアコンのついていないタクシーに乗り込んだ。

真夏の日射しのなか、駅前に長時間停めてあったタクシーの車内はかなり暑い。そして私は、昔のイタリアのタクシーの習慣に従って、助手席に座らせられた。案の定、田舎町のタクシーによくあるように、メーターはついていなかった。

しばらくはカンポバッソの市街地を走るのだが、わが運転手は歩道を行く友人やベンチで休んでいる知人を見つけては、クラクションを鳴らしたり大声をあげたりしてあいさつする。すると、相手も手を振り、声をあげて応える。200メートル走るごとに知人がいるといった具合だった。

「知り合いが多いんだねえ」と私。

「ああ、でも、こういうことばがある。『アミーコ（男友だち）は100人でも少ない。だが、それより重要なのは1人のアミーカ（女友だち）だ』とね」

誰の名言か知らないが、彼は真顔でそう答える。

「ところで、あんたは学生さんかい？」

久しぶりの質問に、私は少々たじろいだ。東洋人は若く見られるので、30代のころまでは言われたことがあったが、このときすでに私は50代だった。

「い、いや。仕事をしているよ、日本で。バカンスでやってきたんだ」

「そうか、観光客がもっとモリーゼに来てほしいね。モリーゼには木々もある。水もある。メシもうまい。でも、仕事がない」

まるで舞台俳優のような名調子である。

「でも、ローマやナポリからはそんなに遠くはないよね」

「いやいや、ナポリからは200キロ以上あるんだ」

もっとも、大都会から離れた山のなかにあるからこそ、州都であっても素朴な雰囲気が残っているのだろう。私のようなへそ曲がりな観光客には、そこが魅力的なのだが、そんな人間だけを相手にしていては商売が成り立たないはずで、なかなか難しい問題である。

それにしても、私を学生だと思ったこの運転手の視力には問題があるのではないか。市街地を離れ、カーブが連続する道を丘上までたどりつけるのかと、やや不安に感じたが、なんとか無事に到着した。

「いくら払えばいい？」

「15ユーロ」

微妙な金額を言ってきた。20ユーロと言われたら、「高いよ」と文句を言おうと思っていた。気分的には12〜13ユーロだったが、チップ込み、端数切り上げということでいいだろう。私は15ユーロちょうどをポケットから出して手渡した。

「ありがとう、チャオ」

「よい旅を」

フェッラッツァーノは本当に小さな丘上の町で、ゆっくり歩いても20分あれば一周できる。使っている石が白っぽいからか、とても明るい印象を受けた。小さな広場でサッカーボールを蹴っている少年たちや、風が吹き抜ける展望台でおしゃべりをしている中年女性たちを見ると、平和な町なんだなと実感する。

帰りは下り坂だし、少し涼しくなってきたので、バスを待たずに歩いて帰ることにした。すると、タクシーからは気がつかなかったが、夕刻のカンポバッソとフェッラッツァーノを結ぶ道を、ジョギングやウォーキングをする人たちがひっきりなしに通っていくではないか。ちょうどいい距離と勾配なんだろう。

それにしても、イタリア人がジョギングをするなんて、20世紀には想像もつかなかった。健康に気を使う人が増えたのだろうか。ミラノやローマならともかく、田舎町でもジョギングをする人を目にするようになったのは2005年くらいからかなと感じている。

平和だけど仕事がない

カンポバッソには3泊の予定なので、市内散歩は2日目からにしようと思っていた。だが、生来の貧乏性が出て、フェッラッツァーノから戻ってくると、そのまま町歩きをすることにした。

到着した日は金曜日。しかも、夕方だったからか、新市街中心部のヴィットリオ・エマヌエーレ2世通りは、老若男女であふれ返っていた。イタリアのほかの地方都市と同じく、たくさんの人びとが商店街を行ったり来たりする。パッセッジャータと呼ばれるもので、散歩と訳されているが、単に歩いたりショーウィンドウを覗いたりするだけでなく、道で出会った友人や知人と語らうのも楽しみのようである。

中心部の広場にはベンチが用意されていて、高齢の男女が夕涼みがてらおしゃべりに余念がなかった。顔ぶれを眺めていると、これまで見てきたほかの町にくらべて女性の比率が多い。そしてあくまでも印象だが、イタリアの州都にしては緊張感がほとんどない。

この町でイタリア人の旦那さんと店を営んでいた日本人女性のブログを読んだことがあるのだが、それによると、カンポバッソにはマフィアのような暴力集団が存在していないのだそうだ。その理由として、ここでは金が儲からないからだと書かれていた。その分析がどこまで正確かわからないが、タクシー運転手が「ここは仕事がない」と言っていたことに思い当たる。

さて、駅前から新市街を突っ切って500メートルほど歩いたところに、旧市街の入口があった。小さな門をくぐった先に狭い路地が走るのは、ほかの町の旧市街と同様だったが、ここカンポバッソはそれに加えて恐ろしいほどの階段が待ち構えていたのである。

旧市街の路地がそのまま階段になっていると考えるとよいだろう。坂道ばかりの旧市街はよく見たが、これほどの規模の町で階段だらけの旧市街は珍しい。しかも、踊り場が少なくて、勾配がかなり急なのだ。夜中に酔っぱらって足を踏み外したら、何十メートルも転がり落ちそうだ。

こんな旧市街になっているのは予想外だった。というのも、イタリア語で「カンポ」とは野原や広い土地という意味、バッソとは「低い」という意味だから、せいぜいゆるやかな坂道が多少ある程度かと甘く見ていたのである。

町の名前が付けられたころは、おそらくこの旧市街しかなかったことだろう。そう考えると、なぜこんな小山のような町に「低い」という名前を付けたのか疑問に思えてくる。階段の連続に息を切らしながら、「地名に偽りありじゃないか」と一人憤慨したのだった。

その矛盾した命名の理由は、翌日イタリアのガイドブックを解読してわかった。有力な説によると、ラテン語で「封建領主の土地」を意味する「Campus vassonum」に由来しているらしい。バッソは現代イタリア語の「低い」を意味する「basso」ではなく、「封建領主の」を意味するラテン語の「vassonum」が語源だというわけだ。

丘上都市に来た以上、一番高いところまで登らないと気が済まない。なんとか旧市街の頂上にある教会と城砦までたどりついた。そこで私を出迎えてくれたのは、群れ飛ぶ無数のツバメだった。教会も城砦もすでに閉まっていたが、周囲の眺めは抜群。南の方角には、先ほど行って帰ってきたばかりのフェッラッツァーノの町が遠くの丘上に見えた。

「ピッツァとスープ」という不思議なモリーゼ料理

到着した日の夕食の候補として、うまいと評判のレストラン2軒のどちらかにしようと思ったが、週末というのに2軒とも休み。さんざん町なかを徘徊したのちに、駅からほど近い1軒のピッツェリーア兼トラットリーアが目に入った。

裏通りに面した入口は狭く、建物も古くさい。だが、店の入口近くに据えられたピッツアの釜から時折見えるオレンジ色の炎が鮮やかだった。そして、近所の人が入れ代わり立ち代わりピッツァを買い求めにやってくるのを見て、この店はいいかもしれないと私の食い物レーダーが反応した。

前日までスルモーナで毎晩たらふく食べていたので、この日はピッツァとビールくらいにしようと思って店に入ったのだが、小太りで中年の店主に案内されて、店の奥に入ったところで気が変わった。

店内は質素ではあるが清潔で広々としている。けっして洗練されているわけではないが、壁に飾った昔の白黒写真、酒瓶の置き方の一つひとつに、店主の意気込みと趣味のよさが感じられた。先客はいなかったが、この店はかなりイケるかもしれないと確信し、コースで食べてみようと思い直したのである。

店の名前は「ダ・ネローネ」。ネローネとは、イタリア語であの悪名高いローマ皇帝ネロのことだから、「ネロの家」「ネロの店」という意味になる。ローマ皇帝にちなんでいることは、店内に似顔絵があったことから間違いない。なぜそんな名前を付けたのか。

ここも、多くのイタリアのトラットリーアと同じく、家族で経営しているようだ。まず、息子であろう長身で若い男性が注文をとりにやってきた。前菜は、この店の名前の付いた盛り合わせを選んだ。店名の付いた盛り合わせなら間違いないというのが、これまでの経験からの結論である。実際に、生ハムや野菜の煮物など、食材自体はよくあるものだったが、どれも一手間かけた複雑な味わいが感じられて期待は高まっていく。

お皿を回収に来たのは、10代前半と見える娘さんだった。おいしかったので、本心から「オッティモ！」（最高！）と言うと、彼女ははにかんで「オッティモ？」と語尾を上げておうむ返しに言って戻っていった。

不思議だったのはパスタ料理である。メニューの一番上には、「Pizza e Minestra」（ピッツァ・エ・ミネストラ）と書かれている。

「ピッツァとスープ？　これは何？」と息子らしき男性に尋ねた。

「モリーゼの地方料理です。ピッツァとあるけどピッツァじゃない。ミネストラとあるけどスープじゃない……。野菜はお好きですか？　だったらおすすめですよ」

何しろパスタの部の一番上に書いてある料理である。メニューに迷ったら、だいたい一番上に書いてある料理を選べば間違いない。それがその店の自慢料理である可能性が高いからだ。これは話のネタに食べておくしかないと思った。

出てきた料理は、深皿の底にパン生地のようなものが敷かれ、その上に野菜をぐちゃぐちゃに混

上｜モリーゼの地方料理ピッツァ・エ・ミネストラ　下｜「ネロの家」という名のレストラン

ぜたような緑色のものが乗っていた。どうやら、ピッツァというのは下に敷かれているパン生地を指すようだ。あとで原型を見せてもらったが、具のないピッツァというか、単なる丸くて平たいパンだった。上に乗せられた野菜はほうれん草で、肉や香辛料で味付けがしてあった。食べてみると悪くはないが、毎日これを食べろといわれたら飽きるかもしれない。

帰国してから検索してみたところ、日本語では引っかからなかったが、さすがにイタリア語のサイトにはレシピが書かれていた。モリーゼ州以外のイタリア人には知られていない料理らしく、「ピッツァとあるけどピッツァじゃない。ミネストラとあるけどスープじゃない」と、どこかで聞いたような前置きののちに料理の紹介がされていた。ピッツァのようなパンはトウモロコシを原料にしたものらしい。

メインは豚肉のグリルを注文した。店名に皇帝ネロを名乗るくらいだから、火あぶりが自慢ではないかと思ったからだ。実際のところ、値段も量も手頃。味もよかった。

こうして、スルモーナでの食べ過ぎを反省したはずだったのに、この日もたっぷり食べてしまった。アルコールは、駆けつけの生ビールに加えて地元の赤ワインをデカンタにして500ミリリットルいただいた。腹いっぱいになって満足していたところに、ピッツァのテイクアウトも一段落したのだろう。店主がにこやかな表情でやってきて、しばし歓談した。

楽しい夕餉《ゆうげ》の余韻のまま、千鳥足でカンポバッソのホテルに帰還。唯一残念だったのは、なぜネロにちなんだ店名なのか聞くのを忘れてしまったことである。

フィアット500パーティに遭遇！

カンポバッソの宿は、駅の裏口にある「Centrum Palace」という4つ星の立派なホテルだ。ラテン語のような英語のようなイタリア語のような不思議な名前だが、「チェントゥルム・パレス」と読むらしい。駅をはさんで町の中心部とは反対側にあり、滞在中には駅をくぐる長い地下道を何度も行ったり来たりすることになった。

中途半端に古びた町に似つかわしくない新しいホテルで、内部も清潔、エアコンの利きもバッチリで、暑くもなく寒くもない。難点をいえば朝食がぱっとしないところだが、もともとイタリア人はカプチーノかコーヒー1杯に、せいぜいブリオッシュ1つくらいしか食べないのだから、これでいいのだろう。

ホテルには宴会場もあって、あれこれと地元の集いの場になっているのは、日本の地方都市とよく似ている。私はそこに3泊4日滞在したわけだが、3日目が日曜日。実は、この日は仕事のためにとっておいた。南イタリアでは日曜日の公共交通機関の移動が不便であることは前にも書いたが、それに加えて日本時間で月曜日夕方までに出さなくてはならない原稿があった。そこで、近代的なホテルに滞在して、連日の田舎町めぐりの疲れを癒やしつつ、涼しい部屋でのんびり仕事をしようという完璧な計画を立てたのだった。

昼飯の時間となり、気分転換を兼ねて町の中心部に出かけたのが午後1時過ぎ。バールで軽食をとってホテルに帰ってきたところで、わが目を疑った。

門をくぐったすぐのところに駐車場があるのだが、そこに停まっている何十台という車のほとんどが、旧型のフィアット500なのだ。排気量500ccの小型車で、500を意味するイタリア語の「チンクエチェント」の愛称でも親しまれている。

日本では、マンガ・アニメの「ルパン三世」に登場したことで知っている人も多いだろう。1960年代にイタリアでの自動車普及に大きな役割を担った車で、日本のスバル360に通じる愛らしいデザインで人気がある。

根強いファンがいる一方で、年月がたつとともにイタリアでも見かける機会が少なくなってしまった。たまに見かけたときは必ず写真を撮ることにしている。そんな貴重なチンクエチェントが目の前に何十台と停まっているのだ。

「いくらなんでも、これは夢を見ているのだろう」というのが最初の感想だった。

実際にそんな夢を見ることがあるので、懸命に夢から覚めようと試みたのだが、どうも現実のようである。気を取り直して見わたすと、門の近くだけでなく奥の駐車場にもびっしり。少なくとも50台はあっただろう。ヘッドライトを増設して四つ目に改造してあるのは初めて見た。なかには、極めて珍しい初代チンクエチェント「トポリーノ」までいた。日当たりのよい駐車場であることを幸いに、私は写真を撮りまくったのである。

興奮状態の私は、ホテルの入口に貼ってあったポスターを見て、ようやく事情が飲み込めた。この日は、チンクエチェントのオーナーが集合するパーティだったのだ。午前中にツーリングをして、

四つ目に改造された旧型チンクエチェントと赤シャツのオーナー

午後にこのホテルでミーティングをしているらしい。

「カンポバッソでのオーナーパーティは、年に1回この時期にやっているんですよ」

ホテルのフロントの青年はそう教えてくれた。

部屋に戻って涼みながら1時間ほど仕事をしていると、密閉性のよい部屋にも、かすかに車の排気音が聞こえてきた。パーティが終わったのだろうと予想を立て、おっとり刀ならぬおっとりカメラで駆けつけた。

案の定、オーナーたちが三々五々、車に戻ってきたところである。オーナークラブのユニフォームだろう、真っ赤なポロシャツが粋だ。

「すいません、私、チンクエチェント大好きなんです。写真撮っていい？」

そう言って、車も人も撮りまくった。走っているところも撮らないとと思い、門を出て公道で待ち伏せした。色とりどりのかわいいチンクエチェントが、次々にホテルの門をくぐって東に西に散っていった。大半の車はナンバープレートには「CB」という県の略称が記されていたので、このカンポバッソ県に住んでいる人なのだろうとわかる。

だが、なかには「LT」という表記のナンバープレートがあった。これは、ローマの南に位置するラツィオ州のラティーナ県を示している。ここから150キロはある町だ。しかも、小さな車に大人がぎっしり乗っている。

運転しているのは50代くらいの恰幅のいい男性で、助手席には奥さんらしき人、後部座席はその娘だろうか。親父の道楽に付き合って、狭苦しくて乗り心地の悪い車で山のなかまでやってきたことを悔やんでいるのか、それとも理解ある家族なのか。少なくとも親父さんはご機嫌な様子で、カメラに向かって手を振ってくれた。

5-6 丘の稜線に沿って市街地がひたすら細長く伸びる町 イゼルニア

ドイツ占領下で連合軍の空襲にあった町

カンポバッソに泊まった最初の旅から4年後の2016年、前回は駅前を歩いただけで終わったイゼルニアに宿泊した。この町はイゼルニア県の県都ではあるが、人口2万人あまりの小さな田舎町である。町の東側に新市街や工業地帯があり、駅も新市街にある。一方、駅から西に向かって10分ほど歩くと旧市街の入口に達する。旧市街は丘の上に尾根づたいに細長く連なっており、駅側から町外れに向かってだらだらと下り坂が続いている。

旧市街入口にある広場の地下には、戦争博物館というのがあったので入ってみた。広くない館内には当時のイタリア軍、ドイツ軍、連合軍の軍服を着たマネキンが飾られ、さまざまな資料が展示されている。そこで知ったのは、第二次世界大戦でイゼルニアが戦場となってひどく破壊されたことである。

博物館から出て旧市街をぶらぶら歩いていると、古めかしい建物の壁にプレートがはめ込まれているのが見えた。書かれている文字を読むと、こんなことがイタリア語で書かれていた。

「1943年9月10日の連合軍の空襲による4000人の犠牲者に捧げる」

こんな平和そうな田舎町でも、そんな出来事があったのだ。

それにしても、1943年9月10日といえば、イタリアが連合軍に降伏した2日後のことである。なぜ、そんなときに空襲があったのか。そこには、日本やドイツとは違ったイタリアの特別な事情があった。

そもそも、第二次世界大戦でのイタリアというと、日本、ドイツと並んで敗戦国だというのが一般的な常識だ。おそらく、世界の多くの国の人もそう思っていることだろう。

だが、当のイタリア人は敗戦どころか「私たちは戦いに勝った」と考える人が多いという。これはイタリア史の専門家から聞いた話なのだが、いくらなんでもそれは一部の人たちの偏った主張だろうと私は半信半疑だった。

だが、それから何年かしてから、日本語を勉強に来た若いイタリア人女性に試しに聞いてみたことがある。すると、確かに「戦争に勝った」と答えるではないか。私だけでなく同席していた日本人もそれを聞いて驚いたが、当のイタリア人は、日本人が驚いているのを見て驚いた顔をしていた。

いったいどういうことなのか。

第二次世界大戦前の1936年、イタリアのファシスト党党首ムッソリーニは、ドイツのヒトラーと提携して枢軸国を形成した。第二次世界大戦が勃発すると、枢軸国側に日本が加わり、これにイギリス、アメリカ、フランス、ソビエト連邦を中心とした連合国が対峙することとなる。

戦争の様相が大きく変化したのは、1943年7月10日に決行された連合軍のシチリア島上陸と、それに続くイタリア半島北進だった。

形勢不利となったイタリアでは、ムッソリーニ政権に不満を持つ者らによるクーデターが発生。成立したバドリオ内閣は9月8日に連合軍に対して降伏し、ドイツに宣戦布告をする。これを見て、イタリアの戦争が終わったと思っている外国人が多いのだが、そうではない。

昨日の友は今日の敵、昨日の敵は今日の友となったのである。イタリア国内にはドイツ軍が進駐しており、ファシスト党の残党も各地に存在していた。これに対して、それまで各地で抵抗運動を続けていたパルチザンが本格的に決起した。

北イタリアはドイツに占領され、イタリア国内では敵と味方が入り乱れての戦いが続くことになる。親類同士が銃を向けあうという悲惨な内戦状態が各地で起きた。このあたりの様子は、ベルナルド・ベルトルッチ監督の映画『1900年』やタヴィアーニ兄弟監督の映画『サン・ロレンツォの夜』などの映画で見ることができる。

連合軍はパルチザンと協力しながら北上してドイツ軍を追いやり、1945年5月7日のドイツ無条件降伏によって戦争が終結した。

イゼルニアに空襲があったのは、イタリアが連合軍に降伏した直後で、町がドイツに占領されていた時期である。ドイツ軍がこの町に進駐していたために、連合軍の空襲にあい、ドイツ兵だけでなく多くのイタリア人が犠牲になってしまったのだ。大変な犠牲を払ったうえでファシストやドイツ軍から国を解放したというのが多くのイタリア人の意識である。だからこそ、「私たちは戦争に勝った」と胸を張っているわけだ。

日本と同じ！　市内バスは必ず病院を経由する

風格ある建物が並ぶイゼルニア旧市街の坂道をだらだらと下っていったら、とうとう旧市街の反対側に出てしまった。そこで目に飛び込んできたのは、田舎町にしては大きめなショッピングモールである。そこでしばし涼みながら、日本へのお土産を物色した。

それはいいのだが、駅からすでに2キロ近くも離れている。しかも、帰りはずっと上り坂。その

イゼルニア旧市街

うえ、お土産をしこたま買い込んでしまって荷物が重い。

　あまりに計画性のない行動に我ながらあきれつつ周囲を見わたすと、ショッピングモールの斜め向かいに大きな病院がある。もしやと思ってバス停を探したら……あった。そう、日本の地方都市でもそうだが、高齢者や病人のために、市内バスは必ず病院を経由するのである。

　しかも、南イタリアでは珍しく時刻表とともに路線図が書かれていた。それによると、30分に1本の駅方面行きバスがあと5分あまりでやってくるではないか。

　あとは例によって、どこでバスの切符を買うかである。バス停で待っていたイタリア人に聞くと、病院内のバールで売っているという。病院の門をくぐり、ちょっと消毒液臭い白衣の人びとにまじってバスの切符を買い、ついでに立ち飲みでコーヒーを飲んだ。

　こうして運とタイミングのよさに満足しながら、病院前でバスを待っていたときのことである。病院の入口近くに立っていた広告塔が目に入った。目立つ広告塔の上部に掲げられていたのは、なんと葬儀屋の看板ではないか。社名と電話番号が書かれている。病院の前に葬儀社の広告とは、日本人の感覚ではなじまないかもしれないが、よく考えてみると便利で効率的かもしれない。

ホテルのレストランで飲んだおごりのリキュール

イタリアはワインが有名だが、それにもまして興味深いのが、さまざまな薬草を漬け込んだリキュールである。ワインの話となると奥が深すぎてついていけないことがあるが、リキュールなら難しいことを言う評論家もいないようだ。しかも、地域によってバラエティに富んでいる。イタリアのレストランで食後酒にリキュールを飲むのは、私にとって大きな楽しみの一つでもある。

とくに、アブルッツォ州やモリーゼ州では、山で採れる植物を使ったさまざまなリキュールがつくられている。有名なのはリンドウの根を使ったものだ。リンドウはイタリア語でジェンジアーナと呼ばれ、その根には消化促進、強壮などの有効成分が含まれている。リンドウのリキュールは、イタリアではスーパーでも売られているが、日本では薬事法に触れるので販売できないそうだ。

リンドウはイタリア人にとっても貴重なものらしく、結婚してイタリアに住んでいる女性からこんな話を聞いたことがある。

夫妻がイタリア人の知人たちと高原にハイキングに出かけたときのこと。道端に紫色のかわいいリンドウの花を見つけたのだという。すると、それまでのんびり山歩きをしていた上品なイタリア人たちが、目の色を変えてリンドウのそばに駆け寄り、根元から引っこ抜きはじめたのだとか。

さて、イゼルニアでの夕食なのだが、宿のB&Bが中心部からかなり離れていたこともあり、どこで食べるかが悩ましかった。1日目は宿から中心部まで30分ほどかけて歩いていったのだが、2日目は昼間にかなり歩いて疲れたので、近くのホテルに併設されたレストランで済ますことにした。初日にB&Bの主人がすすめてくれたこともあったが、地図で調べても近所にレストランがなかったので、しかたがない。

そのホテルというのは、いかにも団体観光客や学会などで使われそうな郊外の大きなホテルで、そこのレストランにはたいして期待していなかった。

ホテルの1階にあるレストランに入ると、そこは運動会ができそうなほど広々とした空間だった。テーブルや調度は野暮ったい感じでもある。時間が早かったこともあり、広いフロアにはほかに客が一人もいない。

これは失敗だったかと思ったが、注文をとりにきた30代くらいの男性がやけに愛想がいい。何を注文したか覚えていないが、親身になって相談に乗ってくれたうえに、出てきた料理がどれも絶品だった。ワインもしこたま飲んで満足したところで、「食後酒は何かある?」と聞くと、「よくぞ聞いてくれた」とばかりに笑顔になった。

「私のおばあちゃんがつくったリキュールがあります。ここからは私のおごりです」

町のトラットリーアではよく耳にするせりふだが、こんな立派な大ホテルのレストランで聞くとは思わなかった。聞くと、やはりリンドウの根のリキュール「ジェンジアーナ」らしい。味は、高麗人参酒を飲みやすくしたような感じと表現すればよいだろうか。

会計のときに、「おばあちゃんのリキュール、とってもおいしかった」と告げると、とびきりの笑顔を返してくれた。

スーパーでもジェンジアーナのリキュールを売っていたので、安いのと高いのを2本買ってみたが、あの「おばあちゃんのリキュール」にはかなわなかった。

5-7 山腹にびっしりと家が張りついた完璧な山岳都市 **ペスケ**

威風堂々とした町の眺め

移動中の車窓でその姿を見て、ひと目で気に入ってしまった町がいくつかある。その一つが、イゼルニアの東に位置するペスケだ。最初のモリーゼ訪問時、カンポバッソからローマに向かう車窓をぼんやり眺めていると、イゼルニアに到着する直前に現れたその偉容に目を奪われた。

山や丘の頂上付近に広がる丘上都市はよく見かけるのだが、このペスケは山の中腹に、かなりの高度差をもってべったりと広がっているのである。イタリアのガイドブックにもほとんど記述がないので、ますます興味を持った。

すぐにでも訪問したかったのだが、そのときは帰国の日が迫っていた。再訪がかなったのは、それから4年後の2016年のことである。イゼルニアの宿泊地を決める際には、中心部から北東側、つまりペスケ寄りの場所を探したところ、都合のいいB&Bが見つかったわけだ。

B&Bからペスケまでは4キロほどだったので、到着した翌日、朝の散歩がてら歩いていくことにした。国道は歩道がほとんどなくて危険だが、それに沿ってくねくねと走る旧道には、たまにジョギングをする人がいるくらいで、のどかな雰囲気だった。

ほぼ中間地点のイゼルニア大学を過ぎたあたりから、山腹に広がるペスケの町が視界に入ってきた。町のふもとにはごく普通の郊外の住宅地が広がっているが、山の中腹には古めかしい建物が障壁のように立ちはだかっている。

正面から見たその姿はまさに威風堂々というにふさわしい。あちこちの町を訪ねていると、なかには遠景で期待していたのに、近くまで来てがっかりさせられたことも少なくない。しかし、この町はまさに期待通り、いや期待以上だった。あとは、例によって登山同様の坂道を、息を切らせながら登っていくだけだ。

坂道を登ること5分あまり、旧市街の入口に1軒のバールを見つけた。そこで喉をうるおしつつ、休憩と情報収集である。まず、店にいた若い男性客が、B&Bで部屋の案内をしてくれた男性と同級生だったという役に立たない情報を入手。次に、バールのすぐ前からイゼルニア駅行きのバスが、ちょうど2時間後に発車するという重要な情報を手に入れた。1日5往復しかないクロッラ社の路線バスである。

中腹までは町の周囲を大回りする車道も通じていたが、家の間の路地を縫って歩き、急坂や階段

上｜ペスケ旧市街　下｜ペスケの中腹で発車を待つイゼルニア駅行きバス

を登ればショートカットできる。その代わり、足の筋肉が何度も悲鳴を上げた。

ほかの町の場合、古いままの家は一部に残っていても、外観をきれいに塗り直していることが多いのだが、ここペスケはそれほど大きく手を入れている様子はない。その一方で、放置されている家は少ないように見え、最小限の手入れがされているのがいい。

頂上に近くなると、人がようやくすれ違える、いやときにはすれ違えないような狭い狭い路地や階段が迷路のように走っている。もう、そんな路地や階段を行ったり来たりするだけで幸福だった。

頂上付近には城砦の跡があり、見晴らしは抜群である。平地にあるイゼルニアの町が遠くに見え、向かい合う山の中腹の小さな町まで一望できる。

城砦から少し下りたところには、5本の古風な石造りの十字架の立つ小さな広場があった。その広場は、まさにネコの楽園だった。寝ているネコあり、突然の来訪者を警戒するネコあり、遊びたがるネコあり、全部で5、6匹のネコの姿に疲れを癒やすことができた。

大満足して山を下り、先ほどのバールに戻ると、昼どきとあって親父軍団が来訪して昼からビールを飲んでいた。

「どうだい、この町は」と一人が聞くので、「素晴らしい！　美しい町ですね」と答えると、別の一人が「いやいや、ひどい町だよ」と言う。

おらが町自慢の多いイタリアでは珍しい反応である。もちろん「そうですね」とも言えず、「いやいや、とっても特徴ある町じゃないですか」と、知っている限りのイタリア語の語彙を総動員してほめると、「うーん、特徴的であることは確かだな」と笑っていた。

5-8　なぜこんな場所に町をつくったのか　ミランダ

夕方のバールは親父軍団の憩いの場

イゼルニア郊外で訪れた町がもう一つあった。イゼルニアから北へバスで20分ほどの山のなかにあるミランダだ。実は、現地に行くまで聞いたこともない町だった。

訪問のきっかけは、イゼルニアからペスケに向かって歩いていたときのことである。道の左手に開けていた風景を眺めているうちに、なんともいえない違和感を覚えた。

遠くに見える山なみから顔を出している丘の一つに、頂上付近が白っぽくなっているところがあった。岩の採掘場でもあるのか、それとも石灰岩が露出しているかのようにも見えたが、どうも何かが違う。カメラのズームレンズで覗いてみると、丘の上に密集した家が見えた。

たまたま近くで市のユニフォーム姿の若い男性が道を掃除していたので聞いてみると、「そう、あれはミランダという町だよ」と教えてくれた。

それにしても遠目にも不思議な光景だった。ぽっかりと突き出した丘の上に密集している家々は、大雨や地震でもあったらすぐに崩れ落ちそうに見える。興味をそそられたので、ペスケから帰ったら立ち寄ってみようと考えた。

ペスケからイゼルニア駅前に戻ったのが午後1時半ごろ。ミランダにはタクシーで行こうかとも考えたが、調べてみると1日3本のサティ（ＳＡＴＩ）社のバス便があり、2時のバスで出ると、現地に2時間ほど滞在して夕方に帰れることがわかった。

昼過ぎの駅前バスターミナルは、学校帰りの中高生であふれていた。バスターミナルというよりは広いバス溜まりという雰囲気で、そこに次から次へとバスが入ってきては発車していく。南イタリアの例にもれず、乗り場や行き先の案内などどこを探してもないので、近くにいる学生に「ミランダに行くバスはどこから乗ればいい？」と聞き回って、ようやくたどりついた。

バスはしばらく平原を走っていくが、10分ほどしたところで急に山道に入る。飽きるほどヘアピンカーブを曲がった先に、丘から突き出した異様な家並みが見えてきた。ミランダは、山あいに開けた狭い平地の上に広がっていた。驚いたのは、そのカラフルな家々である。周囲の緑に囲まれてそこだけが別世界のようで、まるでテーマパークのようにも見えた。

バス通りから離れると、別に観光地というわけではないのだが、道はきれいに清掃され、家の前には花が飾ってある。町全体を俯瞰できる場所は小さな展望台として整備され、ベンチも置かれていた。

町を一周してバス停近くのバールに入ると、そこはまさにおじさん天国だった。30人ほどの客は、すべて中高年男性。町全体のおじさんが全員集合したかのような賑わいだった。

イゼルニア駅前のバスターミナル

もちろんおしゃべりに余念のないグループがあるかと思うと、店内でカードゲームに熱中する人たちあり、そのまわりでああだこうだという人あり、手持ちぶさたにしている人たちもいた。

それにしても異様なまでの賑わいである。町にバールが少ないこともその理由の一つだろうが、カウンターでコーヒー待ちをしていたときに、本当の理由がわかったような気がした。

私の前にコーヒーを注文した男性は、コーヒーにアニスのリキュール（ウーゾ）をほんのわずか入れてくれという。バールの女性スタッフがリキュールの瓶を傾けながら、笑顔で「このくらい、もう少し？」と聞くと、彼はこれまた満面の笑顔で「もう少し、もうちょっと、よーし」と答える。その2人の笑顔を見ただけで、この店の繁盛の理由が理解できた。

和気あいあい、バールの楽しい一コマ

それにしても不思議なのは、ペスケにしてもミランダにしても、なぜこんな不便そうな場所に町をつくろうと思ったのか。しかも、大昔にどうやって山の上まで資材を運んだのか。
翌朝、駅まで車で送ってくれるというB&Bの主人に、車内で尋ねてみた。
「そうなんだよ。不思議だよねえ。どうやってつくったんだろう」
地元の人もわからないようだった。

6.

アルプスのふもとの小さな町を
ローカル鉄道vs路線バス乗りくらべ旅

ヴァッレ・ダオスタ州

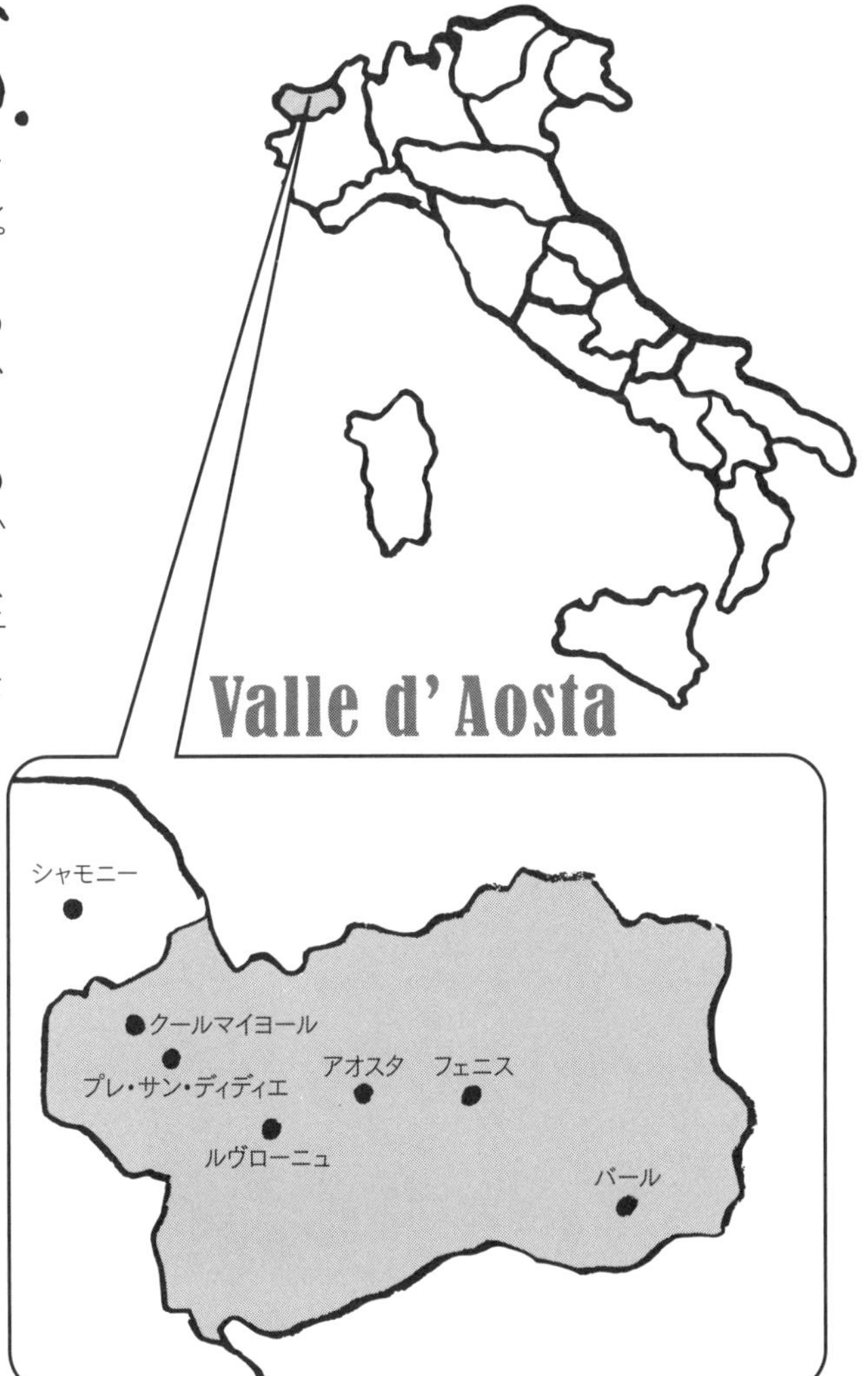

北西部に位置してフランス、スイスと国境を接するヴァッレ・ダオスタ州は、アルプスの山懐に抱かれたイタリア最小の州で、イメージはスイスかオーストリア。イタリア語とフランス語が公用語で、地名のほとんどもフランス語に由来している。州都アオスタを中心に、イタリア鉄道のローカル線と路線バスを乗りくらべながら、沿線のかわいい町を訪ねる。

6-1 出発地アオスタ：アルプスのふもとに残るローマの遺跡

イタリア国内にあるフランス語圏

「ヴァッレ・ダオスタ」とは、アオスタ谷、アオスタ渓谷という意味。イタリアの北西隅に位置して、イタリアではもっとも面積の小さな州だ。約3300平方キロというから、鳥取県と佐賀県の間の大きさである。州の西側のフランス国境にはモンブラン（イタリア語名：モンテ・ビアンコ）、北側のスイス国境にはマッターホルン（イタリア語名：チェルヴィーノ）がそびえる山がちな州である。この州は、もともとフランス語圏にあり、地名自体もフランス語由来のものが多い。アオスタという地名自体も、フランス語ではアオストと呼ばれる。州内ではイタリア語とともにフランス語が公用語になっており、看板や標識は両言語が併記されている。

ただ、フランス語ではあるのだが、よく見ると明らかに標準フランス語にはない綴りが見られる。南仏プロヴァンス語系のことばが使われているためで、この周辺で話される言語はとくにアオスタ語とも呼ばれている。

州都は、中央部の盆地に位置するアオスタだ。トリノからイタリア鉄道で所要約3時間。現在は普通列車のみが運転されており、全便が途中駅のイヴレーアで乗り換えとなる。ミラノ、トリノから長距離バスもある。

昔ながらの鉄道駅の外観を保つアオスタ駅

アオスタは、アルプス越えの起点として先史時代から栄えた都市だという。その名残として、市内にはローマ帝国時代の遺跡をはじめ、数多くの遺跡が残されている。

州都とはいうけれど、人口は4万人足らずの町である。町の中央には市庁舎のあるシャノー広場があり、そこから四方に道が伸びて飲食店や土産物屋が建ち並んでいる。観光客や地元の人で賑わう市の中心部からは、万年雪をかぶった山々を見わたすことができて、すがすがしい気分になる。

この町の市内バスの乗り方は

予約したホテルはアオスタ駅から4キロほどのところにある「ホテル・パノラミーク」。名前にたがわず丘の中腹にある眺めのいいホテルだった。ベランダからはアオスタの市街地が一望できるクラシックな趣の素敵なホテルである。

アオスタの市街地が一望できるホテルからの眺め

ホテルの200メートルほど手前にバスの終点があるのだが、重い荷物があるのでタクシーで行って正解だった。その200メートルがとんでもない急カーブと急坂なので、荷物を引きずって登るのは大変だったことだろう。

平面の地図で調べて「近いから楽勝」と思っていたところ、丘上の町でひどい後悔にさいなまれた経験も一度や二度ではない。イタリアの田舎町を訪ねるときは、標高差も調べておくことが欠かせない。

ホテルのフロントで出迎えてくれた上品な中年婦人は、私が公共交通機関で旅行していることに驚いた様子だった。でも、南イタリアにくらべれば鉄道も路線バスも本数が多いので問題はない。

部屋に荷物を置いてベランダからの眺めをしばし堪能してから、30分おきに発車する路線バスに乗って中心部に向かうことにした。

バス停近くにある小さなバールに入って、例のように「バスの切符はありますか？」と聞いてみた。すると、店の中年女性は一瞬きょとんとした表情だったが、すぐにすべてを察したように優しい声で説明してくれた。

「アオスタではバスの車内で切符が買えるのよ」

「そうでしたか！」

笑顔で答えた私だったが、本当にイタリアのバスはわかりにくい。州や会社によってルールが違うので、いちいち確認しないといけないのである。もし、これが逆で、車内で買えない町の市内バスに切符なしで乗って、運悪く検札の係員につかまったら、50ユーロの罰金を払わされてしまうのだ。もっとも、日本でも町や路線によって運賃が先払いだったり後払いだったり、前から乗って後ろから降りたり、後ろから乗って前から降りたり、前から乗って前から降りたりと、バラエティに富んでいるのだから、あまり文句はいえない。日本を訪れる外国人観光客も、イタリアでの私のように、複雑なバスのルールを楽しんでくれているだろうか。

サヨナラという名のバス停

ホテル近くの始発バス停から乗ったのは2、3人だけだったが、中心部に向かっていくうちに満員の盛況となった。新市街の単調な車窓をぼんやりと眺めていると、バス停の名前に思わず眠気が覚めた。次のバス停を告げる音声はイタリア語とフランス語で繰り返されるのだが、そこに日本語

ホテルの近くにある終点にバスが到着した

が交じっているような気がしたのだ。

空耳なのかと思ったが、念のため耳を済ませていると、もう一度放送があって間違いなく「サヨナラ」と言っている。それでも、現地のことばにたまたま同音があるのかと思って、車内の電光掲示板を見た。すると、「Via St. Martin Sayonara」という文字が流れていくではないか。

「サンマルタン通りサヨナラ」である。

バスはサンマルタン通りをずっと走っていたので、「サンマルタン通り○○」という名前の停留所が続いていたのは気がついていた。「サヨナラ」はどうやら交差点の名前らしい。

はたして、何に由来しているのだろうか。帰国してからネットで調べてみると、かつてこの近くに「ホテルサヨナラ」があったらしいことまではわかったが、それが交差点の名前になったのか、それとも地名が先でホテルの名前が決められたのかは不明である。モリーゼ州のイゼルニアで「ホテルサヨナラ」を見たことはすでに書いたが、どうやら日本語のサヨナラはかなりの人気のようだ。どこだったか「ホテルニューサヨナラ」も存在するようで笑ってしまう。

アオスタ市内の歴史的な観光地というと、ローマ遺跡やアウグストゥス門がガイドブックでまず紹介されているが、聖オルソ教会とその修道院も必見である。とくに修道院は、建物や回廊のデザインに特徴があって目を引く。

狭い路地の奥にあって、知らないでいると見逃してしまいそうな場所にある。何度も行きつ戻りつして、ようやく入口を見つけることができた。

12世紀に建てられたという教会の外側はアーチ下のもったりした大根足のような装飾がかわいい。内部の回廊は15世紀につくられたという。こうした修道院の回廊は、イタリアのどこに行っても見られるが、ここのものは天井が低くてアーチの間隔が狭いためか、薄暗くてよい意味での古臭さを感じさせる。柱に刻まれた彫刻は土俗感あふれる表情と肢体がいきいきとしていて、アフリカの遺跡から発掘されたといわれたら信じてしまいそうだ。

そのほかにも、歴史的な建造物や遺跡が、狭い町のなかのあちこちに点在しているイタリアの地図だけを見ていると、アオスタはアルプス山脈を目の前にした辺境の地のように思われるが、実際に現地を訪れてみると、アルプスの南と北を結ぶ重要な地であることがよくわかった。

そして、フランス語を話す人たちというと、どこか気取っていてよそものに冷たいという先入観があったが、この州の人たちは観光客にとてもやさしい。むしろ、何かと気が利いて、親切な人が多かったという印象である。経済的に豊かな地域だということもあるのだろう。夜でも町にあまり緊張感がない。事実、イタリア国内でもとくに治安がよいとのことだった。

6-2 街道沿いに出現する異様な城塞 バール

山上の城塞に向かう斜行エレベーターができていた

ヴァッレ・ダオスタ州で、かねてから訪問したかったのがバールの城塞である。バールといっても、立ち飲みの喫茶店とは何の関係もない。綴りはBard。イタリア語だとバルドゥと発音するはずだが、ここはフランス語圏だから、語末の子音は発音しないでバールとなるわけだ。

バールは、トリノとアオスタを結ぶ街道沿いにある。アオスタのバスターミナルから30分おきに出ているポン・サン・マルタン行きのバスで1時間あまりの行程だ。

アオスタからしばらくはアルプスの山々が見える国道を快調に飛ばしていくのだが、行程の半分を過ぎたあたりから川沿いのくねくねとしたカーブが増えてくる。乗客が1人降り、2人降りして、とうとう私だけになった。くねくね道はさらに続いて車酔いしそうになったころ、バスが停まり、運転手が振り返った。

「ほら、あれだよ」

前方に見えたのは、山を覆うように建てられた見事な城塞だった。日本風にいえば山城なのだろうか。イタリアで見たどの城塞とも違って、山の頂上からふもとまで、斜面に沿って屋根付きの通路が続いている。

バスを降りて、国道から分かれた狭い道を50メートルほど歩くのだが、この旧道こそがイギリスのカンタベリーを起点にしてフランス、スイスを経てローマやエルサレムへ向かう巡礼の道の一部なのだそうだ。中世になってエルサレムの聖ヨハネ騎士団がここに休息所を設けたのが、バールの村の起源だという。

バールの城塞に登る斜行エレベーター

小さなバールの村を抜けて橋を渡ると、いよいよ城塞のふもとにたどりつく。遠くから見てよし、近くから見てもよい威容である。

この城塞の写真を初めて見たのは、1980年代後半のイタリアの旅雑誌だった。ひと目見て、ぜひ訪れたいと思って四半世紀たってからの訪問だった。

ただ一つ心配だったのが、かなりの高低差があるために頂上まで登るのは大変そうだったことでである。ところが現地に行ってみて驚いた。なんと斜面にピカピカの斜行エレベーターができているではないか。

乗り口にある案内所の初老男性に尋ねると、このエレベーターを4本乗り継いでいくと頂上までいけるとのこと。しかも、眺めがいいうえに無料なのだ。心のなかでは山岳都市なみの登山を覚悟していたので、ほっとすると同時に、あっさりと頂上まで到着して拍子抜けした。

城塞の外周をまわって歩いて降りるだけなら無料だが、ここまで来たのだから入場料を払って城塞の内部を見学しないわけにはいかない。内部がずいぶん近代的なのは意外だったが、それもそのはずで、19世紀まで手を加えてきたからのようだ。監獄もあって、いろいろと楽しむことができた。

この城塞の起源をたどると、ほかの地域でよく見られる山の砦と同じく、当初は山の上にぽつんと城壁をめぐらせただけのものだったようだ。それが、中世になるとトリノを中心とするサヴォイア公国の手によって整備され、アオスタ渓谷における前線基地になったとのことである。

ところが、１８００年5月、アルプス山脈を越えて襲来したナポレオン軍によって破壊されてしまう。ナポレオン失脚後、フランスの再侵攻から守るために、膨大な武器と人員を収容できる堅固な要塞を再建して、現在の姿になったのだそうだ。

券売機もない無人駅から切符なしで乗車したら

バールからの帰路は、トリノとアオスタを結ぶ鉄道を利用した。駅は、川の対岸に広がるオーヌ

バールの城塞を望むバス停で下車

の町に位置し、オーヌーバール駅という名前が付いている。オーヌとバールは川を隔てて隣り合っており、古い姿を残す人口わずか１２０人のバールに対して、冶金《やきん》で栄えたオーヌの人口は１０００人以上あり、今では近代的な明るい住宅地が広がっている。

列車ならアオスタまでの所要時間は45分なので、バスよりかなり速い。ところが、ただでさえ普通列車のみ1時間に1本ほどの運行なのに、この駅には半分ほどの列車しか停車しないのだ。不便ではあるが、あのくねくね道をバスで戻る気にはなれないので、時刻表を調べて帰りは列車を利用することにした。

駅は、色とりどりの花を飾った静かな住宅地のなかにあった。それはいいのだが、駅には駅員はおろか、どこを探しても券売機がない。駅の周囲を見わたしても、切符を売っていそうな店がない。

バール駅なのにバールが一軒もないのだ。切符なしで乗ったときの罰金を考えてしばし逡巡したが、くねくね道のトラウマを消し去ることはできず、「ええい、ままよ」と列車に乗り込んだ。

すぐにやってきた車掌に申し出ると、罰金なしでにこにこと切符を切ってくれるではないか。これまた拍子抜けだった。切符を買えなかった言い訳をイタリア語でどういえばよいか、必死に考えていたのだが、それを披露する必要はなかった。どうやら、この路線では車内で買うのが当たり前だったようで、ほかの無人駅から乗った人たちも同じように車掌から切符を購入していた。バスだけでなく、列車の切符の買い方も路線によって異なるとは、イタリアの公共交通はやはり奥が深い。

6-3 絵本から出てきたようなお城 フェニス

時間つぶしの町歩きで不思議な看板を発見

フェニスは、アオスタとバールのちょうど中間くらいに位置している静かな町である。なんの変哲もない田舎町なのだが、ここには14〜15世紀ごろに原型ができたという城がある。

外観はおとぎ話に出てくるような古い城で、観光客にも人気が高い。アオスタとトリノを結ぶ鉄道駅や国道からは少し外れているが、アオスタのバスターミナルからお城近くまでやってくる直通のバスがある。

絵本に出てくるようなフェニスの城

ここは、とくに地理的にも近いフランスからの観光客が多く、フランス人の団体客と遭遇した。残念ながら城の内部は撮影禁止だったのだが、特徴的な外観とは打って変わって、とくに撮りたいと思うような壁画や家具はなかった。きらびやかなお城のイメージからはほど遠く、どの部屋も素朴なつくりで、ヨーロッパの田舎の庄屋さんの家という印象だった。もっとも、大昔には意匠を凝らした家具や絵画などが置かれていたのかもしれない。

城は小さいので30分もかからずに見学できたが、帰りのバスまでは2時間ほどあったので、ぶらぶらと町のなかを散歩することにした。どうということのない町でも、歩いていれば何かしら発見があるものだ。

一番の発見は街角の標識で、この地方では当然のようにイタリア語とフランス語が併記されているのだが、なかにはどう見てもフランス語とは思えない単語が並んでいる。「area attrezzata」というイタリア語はあまり見たことがなかったが、「テラスのある区域」ということで、イラストと合わせてキャンプ場なのだろうと見当がついた。だが、それに対応する「tsantè de bouva」の綴りが全然フランス語っぽくない。おそらく、これが南仏プロヴァンス語系のアオスタ語なのだろう。

また一つ発見をして満足感にひたれたのはいいが、いくら時間をつぶしても、次の帰りのバスまでには1時間以上残っている。しかたがないので、鉄道駅があるヌスの町まで歩くことにした。地図上では直線距離で1キロ強と見えたが、実際に歩いてみると途中に川があるために回り道をしなくてはならず、炎天下を2キロ以上歩くことになってしまった。

ヌスの町はNusという綴りなのだが、イタリア語風に「ヌス」と発音するのも聞いたし、フランス語風に「ニュ」と発音するのも聞いた。どちらにしても、地名にしては短すぎるので、文章のなかで埋もれてしまって聞き取りにくそうである。

この駅もバールと同じく普通列車の半数以上が通過する。大回りしたおかげで停車する列車に乗り遅れてしまったので、さらに国道まで歩いてバスでアオスタまで帰ることにした。無計画の極みだったが、30分ごとにやってくるバス、1時間ごとに走る列車があれば恐いものはない。

6-4 客は少ないけれど眺めがいいローカル線
アオスタ〜プレ・サン・ディディエ

乗り損ねた1駅間を2年後にリベンジ乗車

バールとフェニスはアオスタの東側（トリノ側）にある町だが、アオスタの西側にも小さいながら見どころのある町が点在している。

日本のガイドブックによっては「鉄道はアオスタが終点で、それより西へフランス国境方面に行くにはバスしかない」と書かれているが、アオスタ駅から、さらに国境近くに向かうローカル線も存在する。1日に12往復も走っているので、ローカル線好きにいわせれば十分な本数である。

アオスタ駅は昔ながらのつくりの大きな駅で、ホームからは雪をかぶったアルプスの山が遠望できる。新型の車両が並ぶアオスタ駅のホームで、旧型ディーゼルカーの2両編成がエンジン音を響かせて停まっていた。それこそが、フランス国境に近いプレ・サン・ディディエまで、30キロあまりを1時間近くかけて走るローカル列車だ。

実は、このアオスタ〜プレ・サン・ディディエ間の小旅行は、私にとってリベンジの旅であった。リベンジといってもそんな大層なものではなく、2年前の2012年6月に訪れたとき、最後の1駅間だけ乗り損ねてしまったのだ。ほとんどの人は、「そんなのは、どうでもいいことじゃないか」と思うだろうが、乗り物好きにとってはすっきりしない。せっかくならば、全線乗り尽くしたい。あまり知られていないローカル線ならば、なおさらである。

発車時刻になり、わが列車はエンジン音も高らかに動き出した。昼下がりという中途半端な時間帯ということもあるのだろう、車内を見わたすと乗客は数えるほどである。

アオスタ駅を発車してしばらくは、まるで日本の地方私鉄線のように民家の脇をすり抜けるように走っていく。最初の2駅ほどは簡素なホームがあるだけだ。市街地を抜けると、周囲の風景は一変。緑の木々に覆われた山々の向こうに、アルプスの峰々が顔を出す。駅に停まるたびに、周辺に広がる町は徐々に近代的な町並みから、古めかしい家並みへと変わっていく。そして、そんな家々の屋根越しに、教会の尖塔が見えてくるということの繰り返しである。

サン・ピエール、ヴィルヌーヴ、アルヴィエと続く駅名は、まさにフランス語圏。駅舎はどれもアルプスの山小屋を思わせる外観だ。駅間の距離がだんだんと長くなり、深い山林に分け入ったかと思うと、広々としたU字谷の底をカーブを描きながら走っていくといった具合で、車窓を眺めていて飽きることがない。

列車がアオスタの郊外に出ると、乗客は私のほかに欧米系の鉄道ファンらしき2人だけになってしまった。こんな素晴らしい車窓なのにもったいないと思うのだが、並行する道路には路線バスが30分おきに走っているので、日中の鉄道利用者はほとんどいないようだ。窓が開く旧型車両であることを幸いに、3人は笑顔を交わしながら、それぞれ席を立ち、窓にへばりついて沿線の駅や風景を撮りまくったのである。

行く手に大きな雪山が見えたところで着いたのがモルジェ。前回の旅で下車した駅である。町並みを見ながらぶらぶらしているうちに、次の列車に乗りそこなってバスで帰ることになったのだ。前回の分と合わせて、今回は最後の1駅の区間をじっくりと味わわなくてはならない。

もっとも、これまでの区間にくらべて、最後の1駅間は距離こそ長かったものの、どうということのない風景だった。アルプスの山々は見えないし、渓谷があるわけでも古い集落が見えたわけでもなかった。まあ、それでも、全線乗ったことが大切なのである。

終点のプレ・サン・ディディエ駅は、周囲に何もないどん詰まりの窪地に位置していた。小さな町の中心に行くには、坂を5分ほど登らなければならなかった。

プレ・サン・ディディエから、ウインタースポーツで賑わう国境の町クールマイヨールまでは直線距離で5キロほど。地図で見ていたら、なぜそこまで延長しなかったのか不思議だったが、現地に行ってよくわかった。この間にかなりの高度差があるので、鉄道を通すのはコストがかかりすぎると判断されたのだろう。

この路線は、もともと沿線で採掘される石炭の輸送のために建設されたそうで、炭鉱の廃鉱と並行道路の整備によって乗客は減少を続け、ついに私の2度目の乗車から1年後の2015年末に無期限運休となってしまった。

運休の直接の原因は、線路や施設の老朽化とのことで、大規模な補修をしたうえで運行再開を目

上｜アルヴィエ駅で上下列車のすれ違い　下｜終点の1つ手前のモルジェ駅

指しているという。だが、２０２４年末現在、まだ再開の話は伝わってこない。昔のイタリアならそのまま立ち消えになりそうだが、鉄道が復権している現在のイタリアでは、長期運休のあとで再開したローカル線も少なくない。にわかには信じられないが、再開に合わせてクールマイヨールまで延長するという話も出ているようで、ほんの少しだけ期待したい。

6-5　モンブランの下をトンネルで国境越え　クールマイヨール

パリから一目散にイタリアを目指す

クールマイヨールはヴァッレ・ダオスタ州の北西端、ということはイタリアの北西端にある町だ。トリノからの街道のどん詰まりに位置しており、行く手には標高４８００メートルを超えるモンブラン（モンテ・ビアンコ）がフランスとの国境にそびえている。

そのモンブランの下を貫いているのが、１９６５年に開通した全長11キロあまりのモンブラントンネルだ。現在、公共交通機関としては、１日数本の路線バスが、モンブラントンネルを経由してクールマイヨールとフランスのシャモニーとの間を行き来している。

話はヴァッレ・ダオスタ州に初めて足を踏み入れた２０１２年のこと。６月13日夜に出発するはずの成田発パリ行きの便が機材故障で翌日の昼に振り替えになり、ディズニーランドそばの東京べイヒルトンホテルに夜中の2時に連れて行かれたかと思うと、振り替えになった翌日の便に危うく乗り遅れそうになったりと、冒頭から波乱続きの旅であった。

いったん出国手続きをして飛行機に乗ってから再び戻ってきたので、パスポートの出国印の横に「出国中止」という小さな長方形のスタンプが押された。ちょっとした犯罪者気分である。

それでもなんとか12時間遅れでパリの空港に到着。フランスの高速列車TGVとローカル列車2本を乗り継いで、あわただしくフランス国内を駆け抜け、予定より1日遅れでモンブランのふもとにあるシャモニー・モンブラン駅に到着した。

ごく普通の観光客ならばシャモニーに滞在して、登山電車やロープウェイでアルプスの風景を満喫するところであるが、私としては一刻も早くイタリアにたどりつきたかった。別にフランスが嫌いなわけではないが、なじみの飲み屋に行くのと同じ気分で、イタリアに早く行って落ち着きたかったのである。

派手なシャモニーとは対照的な観光地

シャモニーからクールマイヨールまでのバス路線があることは調べがついていたので、駅前をきょろきょろしていると、駅のすぐ横にそれらしき看板と切符売場を見つけた。

掘っ建て小屋のような切符売場の窓口に向かって、「クールマイヨール1枚」と怪しいフランス語で言うと、すぐに切符が出てきた。

国境越えは小さなマイクロバスで

発車まで小一時間あったので、キャリーバッグを転がしながら駅の周辺をうろついてみた。ホテルが林立して町中にはさまざまな人種や民族が行き交う、いかにも世界的な保養地である。そういえば、ローカル列車にも新婚旅行らしき日本人のカップルが乗り合わせていた。

発車の15分ほど前にバス停に戻ると、中小企業の社員輸送に使われていそうなマイクロバスが1台停まっているではないか。まさかこれで国境を越えるわけじゃないだろうと思ったが、正面には「クールマイヨール」と行き先が記されている。てっきり、近くの駐車場に停まっていた大型バスに乗るのかと思っていたのだが、そうではなかった。

20人ほどが乗れるバスに、半分ほどの客が乗り込んで出発。駅前を出て10分ほどすると、モンブラントンネルの入口にやってきた。

混雑のためか、トンネルの手前でしばらく待たされたのちに、いよいよトンネルに突入だ。抜けるまで10分ほどだったかと思うが、その印象は何よりも「恐い！」だった。

トンネルの断面は日本の高速道路のトンネルにくらべると格段に狭く、2車線の対面通行で中央分離帯がない。しかも、直線が続くのでかなりのスピードで突っ走っていくのだ。運転手がちょっとぼんやりしたり、急病になったりして正面衝突でもしたら大惨事である。トンネルを抜けるまでの間、小心者の私はバスの前方に乗ったことを後悔しつつ、ずっと全身に力が入りっぱなしだった。

あとで調べたところによると、衝突事故ではないものの、１９９９年にトラックの燃料漏れによる火災が発生して死者39名という惨事が起きたという。その3年後にようやく再開通して、最高時速はそれまでの１００キロから70キロに制限されたという。

なんとか無事にトンネルを抜けると、アルプスのふもとの雄大ですがすがしい光景が広がった。アントルーヴという小さな集落を抜けると、山腹のくねくね道を下ったすえに、ようやくクールマイヨールのバスターミナルに到着した。

周囲にはホテルが建ち並び、いかにも観光地といった風情だが、ひと気がほとんどない。シャモニーと大違いの静けさである。まだ空は明るかったが、19時を過ぎていたからか、バスターミナルに隣接する観光案内所も閉まっていた。

それはいいのだが、ホテルの場所がまったくわからない。スマホの地図を見ても、宿泊予定のホテルが表示されず、地元の人に聞こうにも付近には人通りがまったくない。

しかたがないので、キャリーバッグを転がしながら、小さくない町のなかをうろうろ歩き、一つひとつホテルの名前をあたっていったところ、15分ほどしてやっと見つけることができた。人当たりのいい夫婦が営む、こぢんまりとした眺めのいいホテルだった。

レストランで「友情の杯」を発見

クールマイヨールの観光シーズンは冬である。スキー客がヨーロッパじゅうから押し寄せて、ロープウェイに乗ってモンブランやその周辺の山に向かっていく。真夏もそこそこ観光客は集まるだろうが、ちょうど行ったのが6月だったこともあって、落ち着いた町の雰囲気を味わうことができた。

雪をかぶった山々に囲まれて、鮮やかな色の花に彩られた山小屋風の建物が並ぶ風景は、イタリアというよりもスイスかオーストリアを思わせる……。そう思ったが、これもまた多様なイタリアの一つの顔だと思い直した。

イタリアに限らず、自然に親しむよりはむしろ町歩きを優先する私なのだが、さすがにここから見える雪山は格別である。飽きることなく写真を撮ってしまった。少し場所や時間を変えるだけで、アルプスの山はいろいろな表情を見せてくれるからだ。

斜面に広がる市街地のほとんどがホテルや土産物屋や飲食店などの観光施設なのだが、巨大なリゾートホテルがあるわけでもなく、どこか素朴な町の様子は好感が持てる。

クールマイヨールで見つけた「友情の盃」

だが、もっと昔の町並みはないのかと思い、翌日になってホテルの窓から周囲を見わたしてみると、細長い市街地に沿って流れる川の対岸に、何やら渋い家並みが見えた。ホテルの主人に聞いてみると、それがクールマイヨールの旧市街であるドロンヌ地区なのだそうだ。

旧市街の家並みは、まさにアルプスの田舎町といった味わいで、木造の大きな家が建ち並び、狭い道には犬とネコと、そしてときおり人が通り過ぎていった。

クールマイヨールには2泊したので、夕食はホテルの人にすすめられた2軒ともに行くことができた。山がちの地域だけあって、ハムやチーズが絶品である。東洋人の男がシーズンオフに一人でここを旅行しているのは珍しかったのか、おいしい地元のワインをしこたま飲むうちに、周囲の金髪碧眼の若い男女と盛り上がってしまった。

そして、トイレに向かう途中、レジ横で目に入ったのが直径30センチほどの素焼きの陶器である。まるで縄文土器のような装飾が付いた円形の器で、周囲に突起が6か所付いている。以前、どこかの本で見たことのあった「コッパ・デッラミチーツィア」だ。日本語にすると「友情の杯」。器にワインを入れて、みんなで回し飲みするというもの。日本だったら、一つの杯をそのまま回し飲みするところだが、ここでは突起になっている吸い口にそれぞれが口を付ける。衛生上の観点から、口を付けるところを別々にしたのだろう。すでに現地でも過去の遺物となっているようだが、たまたま目にすることができて感激した。

6-6 国道から一歩入ったところに中世の町並み ルヴローニュ

おちおち居眠りもできないバス旅

アオスタとクールマイヨールを結ぶ路線バスは、鉄道に並行した国道を約30分おきに走っている。時刻に正確で速いこともあって、いつも地元の人と観光客とで混雑していた。

この沿道には、目立った観光資源はないものの、味わいのある小さな町や村が点在しているために、列車とバスに乗ったり降りたりしながら、そのいくつかを訪れることができた。なかでも一番印象に残ったのが、ルヴローニュという村だ。

クールマイヨールからアオスタへ向けて路線バスで走っていたときのこと、行程のほぼ真ん中に位置するアルヴィエから、突然バスは右折して狭い道に入っていった。

それまでの快適な直線の道路とは打って変わって、くねくねした道を大型バスがすり抜けていくのである。そして、車窓に不思議な風景が飛び込んできた。バスが走る道路から一段低くなった窪地に、古めかしい家々や教会の尖塔が見える。

行きは時間がなくて下車できなかったが、これを見逃す手はないと思い、帰路に立ち寄ることにした。地名の綴りはLeverogneで、フランス語読みをするなら「ルヴローニュ」、イタリア語読みをするなら「レヴェローニェ」になる。

バス停から坂を下って村に足を踏み入れて驚いたのは、車が通れないような細い道が村のなかを縦横に走っており、いかにもアルプスのふもとを思わせる家々が軒を連ねていることだった。しかも、バックには高い山々が借景となっている。真っ昼間なのだが、誰一人外を歩いていない。よそものにとっては、ちょっとどきどきするような村歩きだった。

村のなかにはバール一軒ない。イタリアのガイドブックにも載っていない小さな村である。

だが、こんな静かな村にも、悲しい歴史があったことを知った。村の一角には、「第二次世界大戦中の1944年9月13日に起きた惨劇を後世に伝える」として、写真入りの大きな看板が立てられていた。ネット情報と合わせて読み解くと、その前日のパルチザンによる攻撃の報復として、ナチスドイツ軍とイタリアファシスト軍が、ルヴローニュを中心とした集落をいくつも焼き払い、さら

過去の惨劇を伝える看板、看板の写真は慰霊祭の様子

にルヴローニュでは事件と関係ない12人が虐殺されたのだという。現在も、毎年その悲劇を悼んで行事が催されていることを知った。こんな静かな村でも、そうしたことがあったのだ。

盛んに車が行き交う国道のすぐそばで、こんな村がひっそりとたたずんでいて、さまざまな歴史が刻まれている。こうした発見があるから、いつまでたっても町めぐりはやめられない。そして、列車やバスのなかでは見落としのないよう、きょろきょろと左右を眺めていなくてはならないので、おちおち居眠りもできないのだ。

ただちょっと気がかりだったのは、２０１２年と２０１４年の旅でこのバス路線を計３往復したものの、ルヴローニュで乗り降りしたのが私だけだったことである。いつもほぼ満員だったバスなのに、観光客はもちろん、地元の人も、この旧道に設置されたバス停で乗降した人は、ほかに一人もいなかったのだ。採算が合わないということで路線が国道経由になったら、私のように車窓に魅せられていきなり訪問する人間もいなくなることだろう。

7.

伝統と神秘の不思議な島、鉄道＆バス乗り歩きの旅

サルデーニャ州

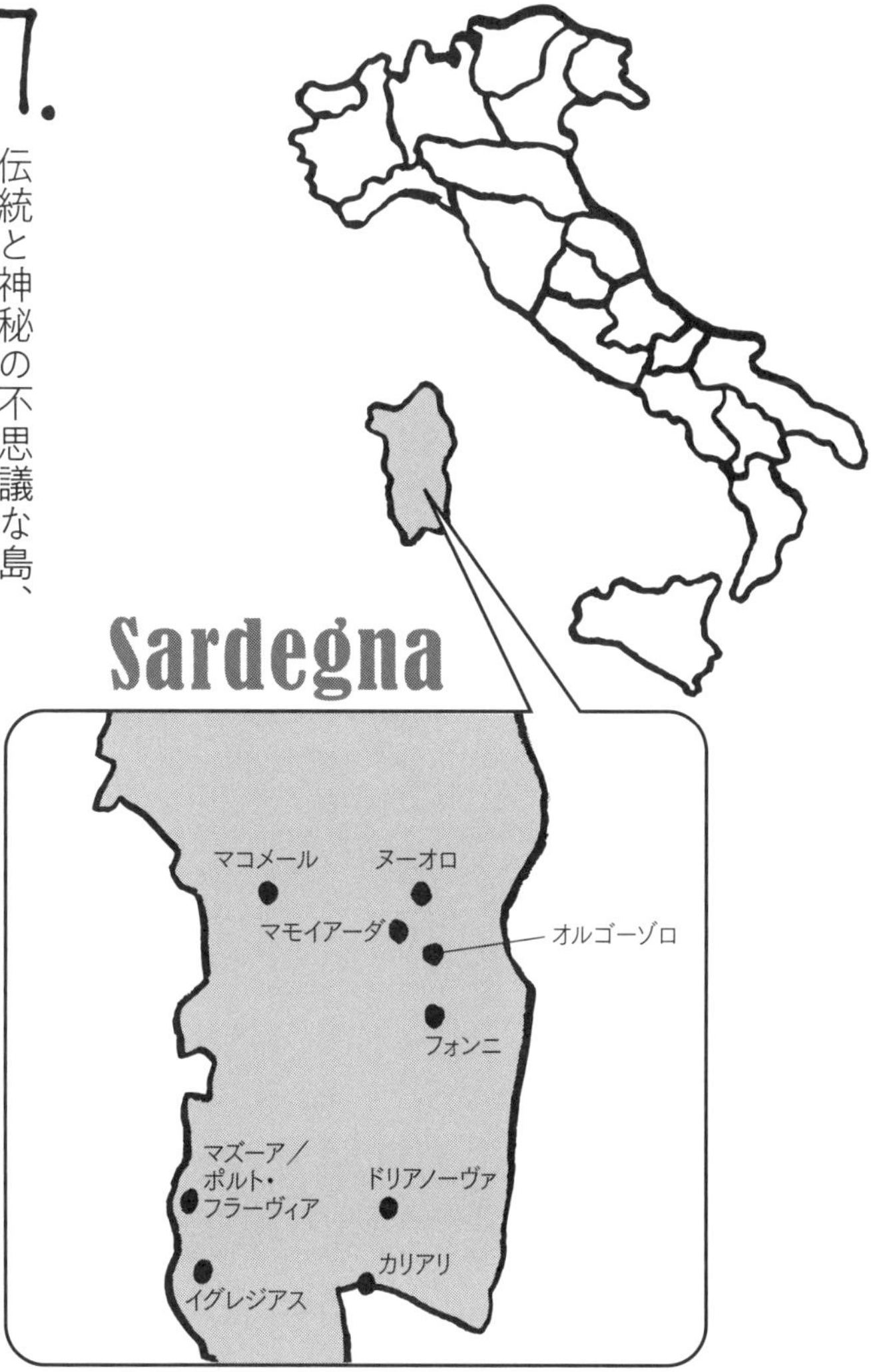

イタリア本土の西に浮かぶサルデーニャ島は、面積は九州よりも一回り小さく、島全体が一つの州となっている。世界のセレブが集まる北東部のエメラルド海岸をはじめとする海岸のリゾート地が知られているが、それはこの島のごく一面でしかない。有史以来、さまざまな民族が行き交い、独自の文化・伝統を誇る島でもある。

7-1 出発地カリアリ：歴史が積み重なる州都

真夜中の広場の賑わい

国際空港がある州都カリアリは、島の南端に位置している。新型コロナが世界に感染拡大する直前の2019年秋、ローマ空港での乗り換え時間を含めて、日本から17時間かけてカリアリ空港に到着した。カリアリを訪れるのは2度目だが、前回は1990年だから29年も前のことである。

空腹のまま出迎えの車に乗ってホテルにたどりついたのは、夜中の0時過ぎ。家族経営のこぢんまりとしたホテルは、駅と港に近い町の繁華街の一角にある。通りにはアーケードがあって商店や飲食店が並んでいるはずだが、車から見た限りではすでに真っ暗になっていた。

チェックインの手続きを終えたところで、フロントにいた30代くらいの愛想のいい男性に、どこか食事ができる店がないか聞いた。時間が時間だけに心配だったが、かろうじて食事ができそうな店があると言う。だいたいの道順を聞いて真夜中の町を4、5分ほど歩いたのだが、周囲はオレンジ色の暗い街灯が光るだけで静まり返っている。

本当にこの先に開いている店があるのだろうかと心細く思えてきた直後、まさかの光景が目の前に広がった。深夜だというのに、広場は何百人という人であふれていたのだ。幅20メートル、長さ

100メートルほどの広場の周囲にはビアバーや軽食屋が並び、それぞれの店の前に設けられたテラス席は満員に近い盛況だった。ビールを立ち飲みしながら大声で語り合っているグループもいる。私は喉が渇いていたので、生ビールの種類が多そうな店を選んでテラス席に陣取り、イタリアのクラフトビールを注文した。軽食も頼んで1時間近く滞在したのだが、その間も人は増える一方だった。

それにしてもイタリア人は話し声が大きい。日本だったら真夜中にこんなに騒がれたら住人から文句が出そうだが、たぶんここでは何十年も、もしかしたら何百年も前から同じことが繰り返されているのかもしれない。ほろ酔いでホテルに戻ったのだが、広場を出たとたんに人影がほとんど見えなくなり、その落差には驚くばかりだった。

週末の繁華街で晩飯難民に

カリアリの観光名所は、狭い坂道が連続する旧市街に集中している。旧市街の南東端には、19世紀に建築がはじまったサン・レミ要塞がそびえており、その階段を登って入っていくのがおすすめのコースである。

29年前に訪れたときは薄汚れていた要塞の壁も、汚れを落とされてすっかりきれいになっている。いや、サン・レミ要塞だけでなく、町じゅうが清潔になっていた。

久しぶりにイタリアに行った人は誰もが口を揃えることだが、昔は立派な教会も宮殿も、イタリ

カリアリの観光スポット、サン・レミの要塞（バスティオーネ・ディ・セイントレミー）

アのどこに行っても車の排気ガスで建物が黒っぽく汚れていたものだった。

ところが、高圧洗浄器によって建物に傷を付けることなく汚れを洗い流す技術が開発されたことで、1990年代後半あたりからイタリア各地の建造物が次々に輝きを取り戻したのである。旧市街への車の進入を制限したことと合わせて、今やすっかりイタリア旧市街の雰囲気は様変わりした。まあ、そうなったらなったで、昔の薄汚れていた町並みが懐かしく思えてくるのは、ひねくれ者の感想である。

カリアリでは、旧市街の狭い通りに点在する歴史的な建物や、丘の上から見る港町の眺めも楽しかったのだが、記憶に残っているのは毎日の晩飯であった。初日の夜のビアバーもさることながら、2日目、3日目の食事も印象的だった。

2日目の夜はカリアリを甘く見て、晩飯難民になってしまった。確かに日本ではあまり知られていない町ではあるが、土曜日夜の中心部は観光客と地元の人で埋め尽くされていたのだ。

飲食店の数は山ほどあるのだが、どの店も路地のテラス席までいっぱいである。何軒もの店に断られ、路地から路地へと30分ほどさまよったのちに目に入ったのが、ムール貝のイラストを描いた店。「ラ・コッツェリーア・デッラ・マリーナ」と記されていた。「コッツェ」とはイタリア語でムール貝のことなので、「海辺のムール貝専門店」といったところだろう。明るくこざっぱりとして入りやすそうな店だった。

ここもダメでもともとと聞いてみると、ちょうどテラス席が空いたところだから、すぐに片づけるという。こうしてようやく晩飯にありつくことができた。

ムール貝は好物なのだが、隣のテーブルを見て驚いた。大きなフライパンのような容器に、ムール貝が山のように盛られている。しかも、その下に恐るべき量のスパゲッティが顔を覗かせている。メニューを見ると500グラムと書かれているではないか。

バケツに入った山盛りのムール貝はベルギーで食べたことがあるが、それにパスタが加わる恐怖の一皿である。大食いの私もさすがにそれは遠慮して、パスタ抜きのムール貝だけを注文した。それだけでは寂しいような気がしたので、タコのフリットも注文したのだが、これがまた驚くほど大きな足で唖然とするしかなかった。

隣席の客は引き続きスパゲッティ入りムール貝と格闘していたが、さすがのイタリア人も難儀しているようで最後にはスパゲッティを残していた。私はというと、ムール貝をしこたま食べて満足はしたのだが、しばらくはムール貝の殻も見たくないとも思ったのが正直な感想である。

絶品のマグロとほろ苦い焼き魚の思い出

3日目の夜は、前夜の晩飯難民状態を反省して、早めに店の予約を入れることにした。魚料理がうまい店として、日本人の知人が推薦してくれた「ス・クンビドゥ・マーレ」という店である。店名は、サルデーニャ語で「海のおもてなし」という意味のようである。最初のス（Su）はサルデーニャ語で男性名詞に付く定冠詞で、英語のザ（the）、標準イタリア語のイル（il）に相当する。

翌日からは内陸に向かうので、2日連続だが海の幸を満喫した。前菜は6品が別々の皿に盛られて出てきたが、そのうち1品がたっぷりのムール貝だった。前日はムール貝の殻も見たくないと思ったが、やはり食べた。

パスタは、サルデーニャ特産という米粒のようなパスタ「フレーゴラ」のボンゴレ。先が思いやられたので「少なめに」とお願いすると、店主の中年男性は「大丈夫。味見程度で少しだから」とにっこり微笑む。だが、出てきた一皿は、日本基準でいえば十分に大盛りであった。

かなり満腹になってから供されたメインは、大皿に載せられた海の幸のグリルの盛り合わせである。皿の上のほうにはスズキのグリル。中央にはマグロのステーキが置かれており、そのレアな焼き具合といい、さっぱりとした塩味といい絶品。こんなうまいマグロのステーキは日本でも食べたことがない。イタリアの魚料理は、訪れるたびに大きくレベルが上がっている印象である。

絶品のマグロを頬張ったところで思い出したのが、29年前のカリアリでの夕食だ。イタリアで権威あるガイドブックで推薦されていた駅近くのレストランに行ったのだが、店内は田舎町の食堂といった様子。メインに「魚のグリル」を注文したところ、ほぼ和食の「イワシの焼き魚」そのものが出てきて驚いた。

大きめのイワシが4、5匹並んでいただろうか。オリーブオイルをたらしてフライパンで焼いたようなのだが、かなりコゲていて、日本の安居酒屋で食べる炭火焼きのほうがずっとおいしい。だがメイン料理だから、値段がそこそこ高くてがっかりしたものだ。今ほど洗練された魚料理が食べられなかった時代の話である。

ちなみに、イワシの英語名である「サーディン」(sardine) は、サルデーニャ (Sardegna) に由来しているのだそうだ。名物だから「魚のグリル」にイワシを使っていたのだろう。

そんな昔を懐かしみつつ、満腹状態でホテルに戻ったのは夜11時過ぎ。フロントには、前夜と同じ若い男性が待っていた。どうやら、彼がホテルの若旦那らしい。ときには、彼のお母さんもフロントに立つ。一度だけ会ったおばあちゃんには、前回カリアリで撮った町なかの写真を見せたところ、大いに喜んでもらえた。3泊もすると、家族経営のホテルの事情がわかってくるものだ。

「夕食は満足したかい。ここにおばあちゃんのつくったリモンチェッロがあるから、1杯どう?」

「喜んで!」

リモンチェッロは南イタリア名産のレモンの香りがするリキュールである。普通なら透明なレモン色をしているのだが、この家のは白く濁っていた。

「ヤギのミルクを混ぜてつくるんだよ」と彼。

飲んでみると、ヤギの乳臭さはまったくなく、口当たりもよくて極めて美味だった。アルコール感もなくて何杯も飲めそうな危険な酒である。すでにレストランでワインをしこたま飲んでいたので、2杯だけごちそうになり、丁重に礼を述べて部屋に向かったのであった。

7-2 ローカル私鉄サルデーニャ鉄道に乗って

近代化されてがらりと姿を変えた近郊路線

私にとってサルデーニャの楽しみの一つが鉄道の乗り歩きである。とくに私鉄サルデーニャ鉄道は趣深い。

レール幅が950ミリという狭軌の路線なので、標準軌のイタリア鉄道とは乗り入れができない。かつては島内でイタリア国鉄(現在のイタリア鉄道)以上の路線網を誇っていたが、道路の整備が進んだことによって20世紀後半に廃止が相次ぎ、現在は島の南部と中部を結ぶカリアリ－イージリ線、北西部のアルゲーロ－サッサリ－ソルソ線、中部のマコメール－ヌーオロ線という、孤立した

3つの路線を残すのみとなってしまった。

1990年にサルデーニャ島を訪れたときは、現存するこの3路線のほぼすべてに乗車したのだが、古めかしい車両、茫漠とした沿線風景、飾り気のない素朴な雰囲気の乗客や乗務員など、日本でいえば昭和30年代の地方私鉄そのものだった。大荷物を持って乗り込んでくる人がいたり、伝統的な衣装を着た老人がいたりと、ローカル色豊かなのどかな旅だった。どの路線も1時間に1本ほどしか運行されておらず、区間によっては2、3時間に1本程度の運転になる。

このままでは廃止も時間の問題かと思っていたが、その後、イタリアでの鉄道見直し気運に乗って、サルデーニャ州が株主となったアルスト（ARST）社という公共企業体に統合されて、現在に至っている。この島のどの町に行っても、公共交通はイタリア鉄道を除くと、列車もバスもみな「arst」というロゴが車体に記されている。

しかも画期的なことに、2008年にはカリアリーイージリ線のうち、カリアリ近郊の一部路線が電化・ライトレール化され、新型路面電車風の車両が10分おきに発着しているという。これはぜひ体験しておかなくてはならないと思い、カリアリ滞在中に乗ってみることにしたのである。

始発駅であるカリアリ・レプッブリカ駅は、中心部から500メートル以上離れたレプッブリカ（共和国）広場に面したビルの1階にある。

29年前に訪れたときは薄暗くて寒々しい駅だったと記憶しているが、なんとびっくり、明るく近代的な始発駅となっていた。車両も3両が一体となった近代的な超低床車である。昼下がりだった

サルデーニャ鉄道の起点カリアリ・レプッブリカ駅

からか、数えるほどの乗客を乗せてするすると発車した。

沿線にはいかにも大都市郊外という平凡な町並みが広がり、大型ショッピングモールに隣接した途中駅では大きな荷物を持った乗客が乗ってきた。そうして、約20分走ってサン・ゴッタルド駅に到着。この駅は、新しいライトレールの路線と昔ながらの非電化ローカル線の乗り換え駅である。

新型電車はそのまま、支線となる2駅先の終点ポリクリニコ（大学病院）駅に向かうが、客の多くはここでローカル線に乗り換える。

実は、サン・ゴッタルド駅近くには、かつての車両基地を転用したサルデーニャ島鉄道博物館があって、蒸気機関車をはじめとする興味深い歴史的車両が保存されている。以前から訪問を楽しみにしていたのだが、ネットを見ると何年も前からずっと「改装中」とある。

念のため、広々とした待合室にいた中年の駅員に尋ねてみたが、やはり閉館中とのことである。

「いつになったら再オープンするの？」

「うーん、来年かな」

もとよりあてにしているわけではないが、案の定、それから5年たった今も博物館は再開していない。博物館に行けなかったのは残念だが、その代わりに、ローカル線を途中まで乗ってみることにした。終点のイージリまで往復するには時間が足りないが、次の列車は途中のドリアノーヴァ止まりなので、それで行って帰ってくれば、カリアリの夕食に十分間に合いそうだ。

さっきの駅員に切符を売ってもらおうとしたら、「そっちの線に行く切符は車内で買ってくれ」と言う。20分ほど待ってやってきたのは、近代的な駅には似つかわしくない落書きだらけの旧型ディーゼルカー1両だった。すでに16時をまわっていたので、学校帰りの中高生で車内はかなりの混雑となり、座席に座りそこねてしまった。

誰も切符を売ってくれないローカル線

サルデーニャ鉄道の旧型ディーゼルカーは、車体が全体的に丸みを帯びた独特のスタイルだ。1990年の訪問時、終点のイージリまで乗って戻ってきたときも同じ形式の車両だった。戦前のファシスト政権時代に開発されてイタリアじゅうに普及した「リットリーナ」という愛称の軽量ディーゼルカーの流れを汲む車両で、現役で走っているのはもうここくらいになってしまった。

すべるように走っていたライトレールの車両とは対照的に、エンジン音を響かせて豪快に進んでいく。満員だった乗客も駅に止まるたびに減っていき、家並みが途切れて牧草地とオリーブ畑が車窓に広がるようになると、乗客は数えるほどになった。

車掌がまわってきたので、「ドリアノーヴァまで1枚」と言ってお金を見せた。すると車掌は、「切符は終点の駅で買ってくれ」と言う。ほとんどの乗客は地元の人なので、定期券や回数券を持っているらしく、私のような飛び入り客用には切符を用意していないのか。

隣のボックスには、スケートボードを抱えた長身の若い男性が乗り込んでいた。いかにもアメリカ英語なまりのイタリア語なのだが、地元の人とも顔見知りらしく、途中の小さな駅で降りていった。こんな片田舎で何をしているのだろうか、スケートボードの合宿をしているのか、それとも英語の先生でもしているのか。勝手な想像をめぐらす私であった。

ドリアノーヴァまでの所要時間は30分ほど。典型的な田舎の小さな駅で、列車を降りてすぐに駅員に聞いてみた。

「切符を買いたいんだけど」

すると、彼は古くさい自動販売機に私のお金を入れて何か所かボタンを押し、出てきた切符を手渡してくれた。

「この切符でカリアリまで行けるよ。次の上り列車は10分後に来る」

いや、ここまでの切符を買っていなかったんだけど……と言おうと思ったが、もう説明するのも

上｜緑豊かなドリアノーヴァ駅で列車の行き違い　下｜「リットリーナ」の流れを汲む旧型車両の運転台

面倒になったので、「ありがとう」とだけ言って切符を受け取ることにした。

「せっかくだから町を一周して、その次の列車で戻るよ」

すると、彼はそばに立てかけられていた時刻表を確かめて、「じゃあ、1時間後だね」と親切に教えてくれた。

何の変哲もない町ドリアノーヴァで出会ったもの

駅前を見わたしても、ごく普通の住宅が広がるだけ。さあ、次の列車までの1時間をどうしようかと思って地図をチェックすると、歩いて10分ほどのところに聖パンタレオ教会という立派な教会があることがわかった。どうやら、この町の見どころはそこくらいのようである。

駅から続くだらだらとした坂道を登っていくと、やがて立派な教会が目の前に現れた。教会の正面にまわると、着飾った人たちが30人ほど集まっており、何やら高級そうなスポーツカーも停まっている。どうやら結婚式があるようだ。

教会前の階段下では花婿らしい若い男性が、小さな白い花束を持って直立している。髪はソフトモヒカン、黒々とあごひげをたくわえ、黒いシャツに黒いパンツ、艶のある黒いスーツをまとった姿が、彫りの深い顔に似合っている。

しばらくすると、別の高級そうな車がやってきた。見ていると、ウェディングドレスに身を包んだ花嫁が父親らしき男性と降りてきて、花婿と向き合った。

私は思い出した。欧米では一般的に、結婚式の場になって初めて、花婿が花嫁のウェディング姿を見るものなのだと教えてもらったことがある。私にとっては旅先の1コマにしか過ぎないシーンだが、彼らにとっては一生忘れることのできない重要な瞬間である。そんな場に私が居合わせたのは、たまたまではあるが不思議な縁である。

駅に戻ると、1時間ほど前に乗ってきた車両がずっとそのまま停車していた。これが折り返して上り列車になるという。しばらくすると、やはり落書きだらけの下り列車が到着。これは、以前カラブリア鉄道で見たフィアット社製のM4型と同系統のブレダ社製ディーゼルカーで、リットリーナとは対照的に直線的なデザインである。この列車とのすれ違いを待って発車となった。

実は、ドリアノーヴァから先が伝統的なサルデーニャ文化が色濃く残る地域なのだが、残念ながら時間がないのでここで引き返すしかなかった。ドリアノーヴァまではほぼ1時間おきに走っているが、その先は2～3時間に1本ほどと急に不便になってしまうのだ。

前回の訪問では終点イージリまで乗り通したものの、返す返すも心残りなのは、途中のマンダスから分岐し、山脈を越えて島の東岸の港町アルバタックスまで延びる支線に乗らなかったことだ。山あり谷ありの地形をくねくねと走り、大変な時間がかかる路線である。あとで知ったのだが、「世界でもっとも美しい車窓」とも呼ばれていたのだそうだ。

乗ってみることも考えたが、時刻表を見るとカリアリから日帰りで往復するのは不可能で、どこかで宿泊するしかない。だが、当時は沿線の町の情報も路線バスの情報も、簡単には調べるすべがなく、あきらめざるをえなかった。

その後、廃止になったその路線は、夏のシーズンを中心に観光用の特別列車が運転されるようになった。今度こそ乗りにいきたいと思ったのだが、残念ながら一番風光明媚な区間が２０１０年代なかばの自然災害で不通となってしまい、現在はそれ以外の区間で折り返し運転されている。

7－3　島の南西部に残る廃鉱山の見学ツアーに参加

廃鉱山にたどりつくまでの艱難辛苦

サルデーニャ島は、リゾート地として有名であると同時に、伝統文化が色濃く残る島であると書いた。実は、サルデーニャの顔はそれだけではない。イタリアの近代工業の発展を支えた資源の産地でもあった。とくに、島の南西部にはいくつもの大きな鉱山が点在していた。そのうちの１つの廃鉱山跡をめぐる現地ツアーがあると知って、参加することに決めていた。ツアーは朝10時から１時間おきに設定されていて、10時の回を日本からネットで予約していたのだ。11時の回はすでに30名の定員に達していた。

廃鉱山のあるポルト・フラーヴィアは、宿泊地のカリアリから西へ50キロほどのところに位置している。現地へは、まずイタリア鉄道でイグレジアスという町に向かい、そこから海水浴場のある

イグレジアス駅で発車を待つATR365。サルデーニャ島でしか見られない車両だ

マズーアという町にバスで行き、終点のバス停からさらに40分以上歩かなければならない。

だが、よくよく調べてみると、イグレジアスからマズーアまでの路線バスは本数が少なくて、どんなに努力しても10時開始のツアーには間に合わないことがわかった。背に腹は替えられない。公共交通機関の利用を旨とする旅であるが、大枚をはたいてイグレジアス駅前からタクシーを利用する決心をした。

だが、話はそうスムーズには運ばなかったのである。

廃鉱山ツアーの当日、早起きして向かったイタリア鉄道のカリアリ駅は、日曜日の朝とあってがらんとしていた。駅のコンコースに大きな蒸気機関車が保存されているのは、昔のまま。歩を進めると、行き止まり式のホームの端で発車を待っていたのはカルボニア行きのディーゼルカー

ＡＴＲ３６５。サルデーニャ島のみで運行されているスペインＣＡＦ社製の車両である。

サルデーニャ島の南西部には、カルボニアとイグレジアスという2つの大きな都市があって、どちらにもイタリア鉄道線が通じている。カリアリから直通列車が交互に1時間おきに運転されていて、分岐駅では別方向の折り返し列車が待っているというダイヤだ。

イグレジアス駅に着いたのは8時40分。駅前にはタクシーの姿がなくて嫌な予感がしたが、5分ほど待ったところでタクシーがやってきて客を降ろした。

「ポルト・フラーヴィア？　いいよ。でも予約の人がいるから、その人を先に運んでから戻ってくる。15分くらいかかるけど待っていてくれる？」

50歳くらいの運転手はそう言って去っていった。

9時に駅前を出れば、現地に9時半には着くだろう。ほっとして待っていると、しばらくしてタクシーが戻ってきた。よく見ると、助手席に女性が座っているではないか。

「同じ方向だから、親戚の人もついでに乗せていくね」

こんなところがいかにも田舎町らしい。

市街地を出ると、道沿いに壮大な廃鉱の跡が見えてきた。

「イグレジアスは鉱山で栄えたんだ。町には鉱山博物館があるから、帰りに見ていくといいよ」

運転手といろいろと会話を交わしているうちに、マズーアの市街地を過ぎて海が見えてきた。海岸には連続していくつもの海水浴場があり、どこも人で埋めつくされている。

やがて、車は駐車場に停まった。時刻は想定通り9時半である。これで一安心と安堵していた私に向かって、運転手はこんなことを言う。

「タクシーはここまでしか入れないんだ。鉱山ツアーの入口は海岸沿いにまっすぐ行けばいいよ」

はあ、そうですかと降りたのだが、崖沿いの道が入り組んでいて、どの道を行くとどこに通じるのかもわからない。海水浴客を眼下に見ながら早足で歩くのだが、道に迷ってしまって時間は刻々と過ぎていく。さんざん迷いに迷ったすえ、ようやく正しい道がわかったころには、もう小走りになっていた。狭い1本道のカーブのはるかかなたに、それらしい建物を見つけたのだが、そのときすでに9時50分になっていた。集合時間とされる15分前を過ぎており、目的地までまだ10分はかかりそうである。

「こりゃ、もうダメだ！　11時の回は満員だから、12時の回に空きがあることを祈るしかない」

あきらめかけた直後、背後から1台の乗用車が迫ってきた。恥をしのんで振り返って大きく手を振ると、10メートルほど先で車が止まった。

「ありがとう！　この先で鉱山ツアーが10時からはじまるんです」

私が感謝を述べると、車を運転していた30歳くらいの女性は言った。

「わかってるわ、私がそのツアーガイドだから」

これには絶句すると同時に安堵した。運がよかったのは確かだが、15分前に集合するはずのツアーのガイドが、10分前にまだこんなところにいるとは……。

そわそわしている私を見て、「大丈夫、私が行かないとツアーははじまらないから」とやけに落ち着いている。確かにそうだ。

集合場所に着くと、彼女は係の人に遅刻を冷やかされ、私はといえば、同じツアーの参加者からは「おお、間に合ったか」と笑われる。どうやら、自家用車で私を追い抜いていった人たちらしい。それならば、必死の形相で急ぐ私を乗せてくれてもよかったのに……。

廃鉱山の坑道で元素記号のからくりを知る

こうして、なんとなく和気あいあいとした雰囲気のうちに、ツアーが10時5分過ぎにはじまった。総員20名のほとんどはイタリア人。外国人はほかにスペイン人が2人いるだけだった。

支給された黄色いヘルメットをかぶり、山肌に開いた坑口の前に集合して簡単な説明を受ける。坑口のそばには、昔使われていたトロッコが保存されていて、いやがうえにも期待が高まっていく。

ツアーの基本は、暗い坑道を歩きながら、ところどころで立ち止まって説明を受けるというやり方である。ツアーガイドが、わかりやすい標準イタリア語でゆっくりと説明してくれるのがありがたい。ついさっき、車に乗せてくれた女性である。坑道のあちこちに写真入りの看板を配置したり、掘削している様子を機械や人形で再現しているのは、日本の廃鉱ツアーと同じである。

10分ほど歩いたところで、鉱石運搬用のレールが現れた。学生時代に森林鉄道や鉱山鉄道を求めて日本じゅうを旅してきた身とすれば、トロッコに乗れなくてもレールが見えるだけでわくわくし

ポルト・フラーヴィアの鉱山跡ツアーのはじまり

てくる。

ここでふと疑問に思ったのは、この鉱山でどんな鉱物が採れたのかだ。だが、多数のイタリア人をさしおいて、下手くそなイタリア語で質問するのは気が引ける。しばらくは彼女の説明に聞き耳を立てて、鉱物を表す単語が出てくるのを待っていた。

すると、ようやくそれらしき話題が出てきたようであった。

「ここでは、近代工業の発達に欠かせないピオンボとズィンコ、そして少々のアルジェントが採れました」と彼女は説明する。

アルジェントは知っていた。銀である。だが、ピオンボとズィンコがわからない。だが、近代工業の発展に必要だというからには、誰でも知っている金属のはずである。

10秒ほど脳を最大限にフル回転させたところで

ひらめいた。

「元素記号の Pb と Zn だ！」

つまり、鉛と亜鉛である。イタリア語では鉛をピオンボ、亜鉛をズィンコと呼ぶことを初めて知った。あとで知ったのだが、英語でも亜鉛はズィンクなんだそうだ。

このときの私は、ガイドのイタリア語がまあまあ聞き取れて、しかも新しい単語を知った喜びにひたったのは確かだが、その一方で深く考えさせられもした。

というのも、日本人が元素記号を覚えるとき、鉛は Pb、亜鉛は Zn、銀は Ag、鉄は Feと、苦労して丸覚えしなくてはならない。これで化学を嫌いになった人も少なくないだろう。だが、イタリア人にしたら、ピオンボは Pb、ズィンコは Zn、アルジェントは Ag、フェッロは Fe と、何の苦もなく日常用語のままで元素記号がわかるのだ。

科学用語はラテン語に由来するものが多いので、ラテン語にルーツを持つイタリア語のネイティブは、元素記号にかぎらず、科学の専門用語の習得は楽々だろう。近代科学が西欧で発展したのだからしかたないものの、学びはじめの時点から日本人はハンディを負っているのだと思い当たり、なんだか割り切れない気持ちになったのである。

普段着で海水浴場から洞窟めぐりツアーに参加したわけ

ガイドの話はその後も続いた。日本で起きた鉱毒事件と同様に、この鉱山でも大変な環境で長時間働く鉱山労働者に健康被害が続出して、大きな問題になったという。未成年の労働者も多数いて、かなり悲惨な環境だったそうだ。

しばらくすると、行く手からまばゆい光が射し込み、海を見下ろす絶景が突然目の前に開けた。沖合にはパン・ディ・ズッケロという奇妙な島が浮かんでいる。島の頂上を、すっぱりと日本刀で切り落としたような斜めの台地になっている小さな島である。

まさに、ここがこのツアーのハイライトといってよいだろう。レールはヘアピンカーブを描いて別のトンネルを通って戻っていくが、そのカーブの手前で下の階に鉱石を落とし、そこから鉱石が船で積み出されたのだという。当初は、サルデーニャ島内に精錬施設がなかったために、船を使って別の島やフランスなどに鉱石のまま運んだだとも聞いた。

あとは、行きと同じような坑道を通って戻って行くだけである。所要1時間はあっというまだった。入口付近では、11時にはじまるツアーの30人が集合していた。

日本の足尾銅山で体験したツアーにくらべたらずっとシンプルな内容だったが、十分に楽しむことはできた。だが、これで満足して帰るわけにはいかない。もう一つ、必見の風景があるのだ。それが、沖合から見た鉱石の積み出し口である。先ほどは内側からたどりついたが、それを外から見ようというわけである。

この旅の3年ほど前、ネットで目にしたその風景にいたく興味をそそられたのがきっかけである。海岸にそそり立つ岩壁に、積み出し口がまるで古代遺跡のように彫られており、それは世界遺産になっているヨルダンのペトラ遺跡を思わせた。ぜひとも現地で目にしたいと思ったのである。ネット情報によると、洞窟めぐりのボートツアーに参加すれば積み出し口を見ることができるらしい。

1時間ほど前に大急ぎで駆け抜けた崖沿いの道を戻り、海水浴場の一角にあった小さなボートツアーの案内所らしきところにたどりついた。

「次のが満員でね。2時間後になるんだけど……」

案内所のお姉さんに言われたが、ここまで来たら乗らないわけにはいかない。海水浴に興じる人たちを横目に、あちこちをうろうろして写真を撮ったり、ビールを飲んだりして時間をつぶすことにした。

ところで、サルデーニャの海水浴場といっても、北東部のエメラルド海岸のようなセレブな雰囲気は、ここには一切ない。イタリア人の家族連れが多いようで、たぶん大半はサルデーニャに住んでいる人ではないだろうか。日本の地方の海水浴場を思わせる、のどかで家庭的な様子であった。

ようやく時間が近づいて案内所に戻ると、さっきのお姉さんが「あれに乗って」と沖を指さす。ツアーボートというから、近くの小さな桟橋から漁船のような船に乗り込むのかと思っていたが、なんと10人乗りのゴムボートが砂浜に近づいてきたのが見えた。

しかも、ボートは岸から10メートルほどのところで止まっているので、そこまで水のなかを歩かなくてはならない。長ズボンはひざまでびしょ濡れになってしまった。

「普段着でも問題ないけど、荷物は置いて靴は脱いでいくといいよ」と直前に言われた理由がわ

上｜ポルト・フラーヴィアの鉱石積み出し口跡　下｜洞窟めぐりのゴムボートの船長

かった。私以外の参加者は、みなイタリア人で、みな水着だったのは言うまでもない。

ズボンが濡れて気持ち悪いうえに、醜いあひるの子のような居心地の悪さを感じたが、そんな代償を払ってでも見てよかったと思える光景を目にすることができた。垂直の岩壁に、まるで教会のファサードのような芸術的な積み出し口が彫りあげられている。もっとシンプルに仕上げてもいいだろうに、ここまで凝るのがやはりイタリア流なのか。

積み出し口の上部には鉱山の名称である「FLAVIA」（フラーヴィア）という文字が掲げられている。先ほどの廃鉱ツアーで聞いたところでは、これは設計者の一人の娘の名前なんだとか。ポルト・フラーヴィア（フラーヴィア港）という地名の由来はそこにあったのだ。

私としては、ここですぐに戻ってもいいのだが、洞窟めぐりツアーはここからが本番だった。いくつもの洞窟をめぐり、参加者は潜ったり泳いだり写真を撮ったり。普段着の私は手持ち無沙汰で見ているだけであった。

それにしても、50歳前後と見えるゴムボートの船長はイタリア語のなまりがひどい。鉱山跡ツアーのお姉さんとは対照的だった。口を開けば冗談を言っているらしく、イタリア人を爆笑の渦に巻き込んでいたが、私はまったく理解できずに海を見ているしかなかった。

7-4　マコメールからサルデーニャ鉄道でヌーオロへ

近年まで山賊がいた島の中央部へ

サルデーニャには、「泥棒は海からやってくる」ということわざがあるという。有史以来、あまたの民族がやってきたこの島では、海岸沿いは異民族が襲ってくる危険な場所という認識だったそうだ。だから、太古からこの島に住む人たちは、海岸から離れた山岳地帯に逃れて暮らしてきた。そして、海の外との交流が少なかったために、内陸の村々には古い慣習や不思議な祭りが多い。以前、イタリアの都会に住むサルデーニャ出身者から、「本当のサルデーニャ文化は内陸にあるんだ」と聞いたことがある。

とくに、中央部の山がちな地域であるバルバジア地方には、独特の伝統的な風習や言語が残っている。驚いたことに、内陸の不便な土地には1980年代まで山賊がいたという。実際には、反政府分子や犯罪者たちが、当局の目が届きにくい山中に隠れていたようだ。

だからなのか、私がバルバジア地方の中心都市であるヌーオロに行くというと、カリアリのホテルの若旦那は、「あのあたりの人たちは閉鎖的だからねえ」と含みのある言い方をしたのが気にかかった。

ヌーオロの町は内陸のやや北寄りに位置し、カリアリからの直線距離は約150キロ。直通バスの便もあるが、あえてイタリア鉄道と私鉄のサルデーニャ鉄道の乗り継ぎを選択した。

カリアリから乗り換え駅のマコメールまでは、島を縦断するイタリア鉄道の軽快なディーゼルカー「ミヌエット」で約2時間。カリアリ出発直後はほぼ満員だったものの、なんとか途中で座席にありつけた。不安だったのは、2時間に1本ほどしかないサルデーニャ鉄道の列車に乗り遅れないかということだった。乗り換え時間は15分しかない。1990年に来たときは、当時のイタリア国鉄の列車が当たり前のように30分以上も遅れて、ヌーオロ行きの列車は影も形もなかった。

だが、近代化されたイタリア鉄道ではそれは杞憂に終わった。ほぼ定刻にマコメール駅に到着したのである。

イタリア鉄道のマコメール駅は、大きな駅舎と2本のホーム、3つの乗り場を持つ拠点駅だった。サルデーニャ鉄道のマコメール駅は、駅前広場をはさんだ反対側に位置している。

サルデーニャ鉄道の駅で待っていたのは、先日カリアリ－イージリ線で乗ったのと同じ、丸みを帯びた旧型ディーゼルカー1両で、ここでも車体のほとんどが落書きだらけだった。

広い構内には、往年の賑わいを偲ばせるように何本もの線路があり、何両かの客車や貨車が留置されているが、これまた落書きだらけである。

駅のホームには、年代物の転轍機《てんてつ》があった。これを倒したり戻したりすることで、信号と連動して線路のポイント（分岐器）を切り換えるものだ。日本ではすでに姿を消しているので懐かしい。

発車時刻が近づくと、ホームには乗務員や駅員が5、6人集まって作業やおしゃべりに余念がない。乗客はといえば、29年前は2両編成がほぼ満席で出発したのだが、今回は乗務員や駅員と同じくらいの人数だった。

発車の鐘が鳴り、いよいよヌーオロまでの約58キロ、1時間20分の小旅行のはじまりである。私は運転席かぶりつきのボックス席に座り、さらにエアコンがないので側面の窓を開け放ち、車窓を楽しむとともにいつでも写真が撮れるようにスタンバイした。

マコメールの駅を出て5分もしないうちに、乾いた大地が車窓に広がり、オリーブ畑や牧草地が現れる。人家というと、たまに農家らしきものが見えるくらい。人の姿はほとんどないが、羊の群れはときどき車窓に出現する。

原野のなかに、ときたま高さ10メートルほどの円筒形の石積み建造物が出現するのは、先史時代の遺跡ヌラーゲだ。サルデーニャ島各地に大小7000もが現存しており、つくられた時代や規模によって墳墓だったり要塞だったり住居だったりしたらしいというが、まだはっきりとしたことがわかっていない謎の建造物である。

途中駅は8つあるのだが、周辺に人家がほとんど見えない駅もある。そんな駅前には、がらんとした広場にバスが停まっていて、遠くの丘上に見える町に向かう乗客を待っていた。

全線単線で1日わずか8往復。客も少ないので今後の存続は難しいかもしれないと思ったのだが、前方を見ていると、かなりしっかりとしたレールとコンクリート枕木とが続き、きちんと整備されている様子がわかる。

調べてみると、公共企業体のアルスト社に移管された直後に運行を2年間も停止して、線路強化と曲線改良をしたとのことだ。

イタリアでは、こうしたローカル線に限らず、準幹線級の路線でもかなりの期間バス代行にして線路の強化を図ることがある。さらに近年では、長年運転休止していたローカル線の復活もあり、イタリアの鉄道は積極的な投資を続けている。しょっちゅう遅れる、サービスが悪いという欠点も改善され、むしろ日本の鉄道より明るい話題が多い。

途中駅で対向列車と2回すれ違ったのだが、どちらも新型車両がやってきた。スイスのシュタッドラー・レール社製の電気式ディーゼルカーで、２０１６年に運行を開始したとのこと。エアコンもあって乗り心地はよさそうだが、私の乗った旧型車と違って窓は開かない。その後も増備が続いたというニュースがあったので、現在は旧型車が一掃されてしまったことだろう。

終点のヌーオロに近づくと列車のエンジン音が大きくなり、急勾配を登って山腹のすさまじい崖上を走る。大雨で土砂崩れでもあったら、谷底にまっさかさまだなと思っているうちに、眼前が開けて大きな町が見えてきた。そして、定刻の16時5分に無事ヌーオロ駅に到着。途中駅での多少の乗り降りはあったが、結局ヌーオロで降りたのは数人だった。

上｜マコメール–ヌーオロ線の運転台かぶりつき席から見た風景　下｜車窓に広がる乾いた大地

7-5 伝統地域の中心都市 ヌーオロ

酔っぱらいにからまれた29年前の思い出

ヌーオロには旅行者用のアパートに3泊する。がらんとしたコンコースを抜けた先で、アパートの主人の男性が待っていた。旧市街の中央にあるアパートは駅から1キロほど離れているので、自家用車で迎えにきてくれたのだ。私が駅で写真撮影に時間を食っていたからか、彼はやや心配顔だった。

宿のすぐそばには、1926年にノーベル文学賞を受賞したグラツィア・デレッダの生家があり、現在は博物館になっている。彼女は、この町が生んだ自慢の作家である。宿の主人は、私がデレッダの名前を知っていることに感激したようだが、実をいうと前回の訪問でたまたま名前を知っただけなのである。文学部出身でイタリア好きでありながら、残念ながら彼女の作品をイタリア語ではもちろん日本語でも読んだことはない。

50代の主人は、部屋の案内もそこそこに、近所に住む母親の家まで連れていってくれた。予約のやりとりで、「サルデーニャの文化に興味を持っている」と書いたので、サービスなのかもしれない。

80過ぎと見えるその母親は、同じく夫を亡くした妹と2人で生活していた。

「カリアリからは車？　バス？　え、あのオンボロ列車に乗ってきたの⁉」と驚かれてしまった。

建物の外観は、旧市街にありそうな古めかしい家だったが、内部はきれいにリフォームされている。台所の壁には昔ながらの調理器具が所狭しとぶら下がっていて、まるで博物館のようだった。次に彼に連れて行かれたのは、町の中心の繁華街である。多少やぼったい雰囲気ではあるが、それでも昔にくらべたら、はるかに垢抜けていてびっくりした。さして広くない通りの両側には何軒かのバールが並び、テラス席は老若男女で賑わっていたのである。

1990年にヌーオロを訪れたときは、なんとなく町全体が沈んで活気がなく、昼間から若者がバールで酒を飲んでいたのを覚えている。イタリア本土とくらべて経済が立ち遅れていて失業率も高いという話が、一見してわかったものだった。

印象に残っているのは、昼下がりに町を歩いていたときに、バールの入口から私に声をかけてきた青年だ。ビールの小瓶を手に持って「どこから来たんだ」と尋ねる。「日本からだ」と言うと、うれしそうな顔をして「こっちに来い。いっしょにビールを飲まないか」と言う。

店の周囲は開けて明るく、バール自体もごく普通の店のように見えたので、おことばに甘えて店に入ることにした。もちろん、いざというときにすぐに逃げ出せるよう、入口近くのカウンターに陣取った。よく見ると、店内にはほかにも5、6人の青年がいて、テーブルサッカーゲームに興じていた。

彼は私の分のビールを注文すると、私にいろいろ質問してくるのだが、何しろかなり酔っぱらっているので、同じようなことを何回もやりとりしたような覚えがある。

店には10分ほど滞在しただろうか。そろそろおいとましようと思い、ビール代を店主に払おうとすると、彼は「オレのおごりだ」と言って払わせようとしない。「もう1本どうだ」と言われたが、「これから博物館にも行きたいから」と丁重に断ると、素直に「じゃあ、よい旅を」と極めて紳士的に送り出してくれた。

なんのことはない。酔っぱらいにからまれるどころか、ビールを1本おごってもらったわけだ。

外に出ると、道の真ん中で、買い物帰りと見える60歳ほどのおばさんが、じっと立ったまま恐い顔をして私たちをにらんでいることに気がついた。東洋人の若い旅行者が地元の酔っぱらいに悪さをされないか、ずっと監視していてくれたのかもしれない。私が店から離れて歩いていくと、彼女も歩き出した。

旧市街をぶらぶら歩いていると、あちこちの家の壁に粗雑な絵が描かれていた。そこには、警察に立ち向かう大衆、金持ちと貧乏人の対比などが描かれていて、事情がわからない旅行者にも政治的なメッセージが込められていることはすぐに理解できた。

そして驚いたことに、博物館に行くと、窓口にいたのが制服を着た国家治安警察隊（カラビニエーリ）の中年男性だったのだ。尋常じゃない雰囲気に一瞬たじろいだが、彼はにこやかに迎えてくれた。ほかに客はなく、終始貸切の状態で、サルデーニャの文化や風俗をおおざっぱに学ぶことができたのである。

ヒゲダルマの親父さんの口から出た意外な人物の名

そんな体験があったものだから、カリアリのホテルで「ヌーオロは閉鎖的だから」と言われたこと合わせて、やや身構えていたのだが、ヌーオロの中心部はすっかり変わっていた。旧市街のメインストリートは片側一車線の狭い道だが、両側にはおしゃれなブティックをはじめ、さまざまな商店が並んでいる。何軒もあるバールのテラス席はどこも人で埋まっており、その活気に満ちた様子は29年前とはまったく違っていた。

おもしろいことに、若者ばかりが集まっている店もあれば、中高年のおじさん、おばさんばかりが座っている店もある。アパートの主人は、中高年客が多数を占めるバールのテラス席に私を案内した。

ちょうどそこにやってきたのが、小さな馬に乗った小柄な中年男性である。彼は隣のバールの前で馬を降り、馬をつないでから店に入っていった。田舎町とはいえ、目抜き通りに馬で乗り付ける光景に目を疑ったが、周囲の誰も気にとめる様子はない。映画のロケでもあるのかと思ったのが、そうでもないらしい。

「あれは、サルデーニャの地元の馬なんだよ。小さいだろう」

一部始終を呆然と見ていた私に、隣のテーブルにいた中年男性が教えてくれた。さっきから気になっていたのだが、ごつい顔がひげもじゃで、まさにヒゲダルマといった形容がぴったり。でも、目がくりくりとしてかわいげのある人だった。

「ほほう、日本人か。オレはスゲータを知ってるぞ」

二言三言会話を交わしたあとで、彼はそう言った。だが、「スゲータ」という単語の意味がわからない。そんなイタリア語は聞いたことがなかったので、もしかしたらサルデーニャのことばなのか。首をひねっていると、彼は「日本語とサルデーニャ語の辞書」がどうのこうのと言う。10秒ほどして、やっとわかった。スゲータとは、サルデーニャ語研究の第一人者である菅田（すげた）茂昭早稲田大学名誉教授のことだったのだ。その人は、私のイタリア語の手ほどきをしてくれた恩師でもある。大学時代にイタリア語を勉強しようと思い立ったとき、たまたま講師としてイタリア語入門の授業を受け持ったのが菅田先生だった。

若かりしころの先生も、公共交通機関を使ってイタリア各地を歩いたとのことで、旅で遭遇したさまざまな楽しい話を交えて、当時としては珍しく実用的な会話を中心に教えてくれた。

友人からは、菅田先生の伝説的なエピソードを聞いたことがある。

「先生がサルデーニャの田舎に滞在していたときにね、暗がりでサルデーニャ語で会話していた相手の人が、てっきり地元の人だと思い込んでいたらしいんだ。で、明るい場所に出て顔を見てびっくり仰天したんだってさ」

サルデーニャ語は、もとをたどるとイタリア語やスペイン語、フランス語と同じくラテン語にルーツを持つ言語だが、かなり昔にイタリア語と分かれたために、語彙も発音も標準イタリア語とは大きく異なっている。

カメラを向けると自家用馬の上でピースサイン

だから、サルデーニャを舞台にしたイタリア映画を見ると、地元の人の会話には必ず字幕が付く。そうしないと、本土のイタリア人はまったく理解できないからだ。言語学の視点からは、イタリア語の方言ではなく、独立した言語として扱われている。

そんなマイナーな言語を日本人が流暢に話していたら、そりゃあ地元の人も驚くだろう。

「そのスゲータは、私にイタリア語を教えてくれた先生なんだよ！」

私は、ヒゲダルマの親父さんに向かって思わず叫んだ。彼が「日本語とサルデーニャ語の辞書」と言ったのは、日本で刊行された語彙集のことを指しているのだろう。私も1冊持っているのだが、旅に持参しなかったのが悔やまれた。

ちなみに、サルデーニャ島ではそのほかに、北西部のアルゲーロという町では、スペインのアラゴン家支配の名残で、スペイン東部のバルセロナを中心に使われているカタルーニャ語が今でも話されている。また、ジェノヴァからの移民の子孫が多い南西部のサン・ピエトロ島では、イタリア北西部で使われているリグリア語が話されている。

それに加えて、サルデーニャ語自体も、島の地域によっていくつかの方言があって、なかなか興味深い土地なのである。

そうそう、サルデーニャ産の馬で乗り付けた中年男性だが、翌日も別の道で見かけた。どうやら、自家用車代わりにサルデーニャ馬を乗り回しているようだ。

7-6　ヌーオロ近郊の伝統ある町々をバスでめぐる

やはり一筋縄ではいかないイタリアの市内バス

1990年にヌーオロを訪れたときは、予備知識も情報もほとんどなかったので、町に1泊してぶらぶら散歩をしただけで終わってしまった。ただ、町の博物館で見た等身大のマネキンが強く印象に残っていた。

それは、黒い異様な仮面をかぶり、無数の大きな鈴がついた黒いぼろの服をまとい、前かがみの姿勢でまさに歩き出そうとする姿を模していた。あえていえば、男鹿半島のなまはげや宮古島のパーントゥを思わせる異形だった。添えられた説明はよく読み取れなかったが、どうやらサルデーニャの内陸で行われている祭りのようで、同じような恰好をした人たちが何人も、隊列をなして大通りをのし歩いている写真が飾られていた。

その後、インターネットの普及によって、日本に居ながらにしてイタリアの情報がキャッチできるようになったことで、それがヌーオロ近郊の町々で冬に行われるカーニバルの扮装だとわかった。なかでも有名なのは、ヌーオロからバスで20分ほどのところにあるマモイアーダのカーニバルである。以来、その祭りをナマで見たいと思っていたのだが、いつしかイタリアのみならず世界中にこの祭りのことが知れ渡ってしまい、期間中は宿をとるのも大変になってしまったという。

もちろん、2019年の訪問は秋だったので祭りを見ることはできないが、マモイアーダに行けば「地中海の仮面博物館」があると知り、町めぐりをかねて路線バスで訪れることにした。

だが、イタリアのバスは、やはり一筋縄ではいかなかった。

マモイアーダに向かう都市間バスは、中長距離バスターミナルから平日6往復運行されているのだが、このバスターミナルが中心部から2キロも離れている。市内バスを利用すればたどりつけそうだが、そんな観光客はめったにいないようで、どこにも案内がない。

そこで前日のうちにネットを調べた結果、宿の近くを通る1系統左回りという路線を使うと、10分ほどでバスターミナル近くまで行けることがわかった。30分おきに運行というのが気になったが、早めに行けばなんとかなるだろう。これで問題解決かと思ったが、宿の最寄りにあるはずのバス停

登下校時には賑わうヌーオロの中長距離バスターミナル

が見当たらない。グーグルマップを見ると、高級ブティックや専門店が並ぶ一方通行の道にバス停のマークがあるのだが、実際にそこに行ってみても何も立っていないのだ。

困り果てて、地図のバス停マークそばにある婦人服店のドアを開けて、店員に「1系統のバス停はどこですか?」と聞いたのだが、わからないという。結局、何百メートルか歩いて、標識のある次のバス停から乗ることにした。

どうも納得がいかないので翌日聞き込みをしてみると、地図よりも50メートルほど離れたところにある小さな緑地前がバス停だったのだそうだ。改めて見ても標識はなかったが、しばらく眺めているとバスがやってきてその緑地の前に停車。バスからは学校帰りと思える小学生や中年の女性がぞろぞろ降りてきたのだった。

マモイアーダの「なまはげ」に心を奪われる

シックな濃紺に身を包んだマモイアーダ行きのバスは、ヌーオロの市街地を抜けると、なだらかな丘の道をゆるやかにカーブしながら走る。20分ほどしたところで沿道に家が建て込んでくると、まもなくマモイアーダの中心部である。人口は約2500人というが、ここもまたイタリアによくあるように家々がコンパクトな市街地に集中しているので、中心部に入るとそれなりに大きな町に見える。

バス停の真ん前が、お目当ての「地中海の仮面博物館」であることは調べていた。だが、建物の前に何台もの観光バスが停まっている。嫌な予感を抱きつつ中に入ると、受付の周辺がドイツ人の団体であふれ返っていた。

しばらくして、団体の人たちが奥のほうに入っていったのを見定めて、受付の女性に尋ねた。

「私も見学をしたいのですが……」

「うーん、しばらくは混雑していそうね。時間があるなら、もう少ししてから来たほうがいいわ」

「ははっ、では町をぶらぶら散歩してきます」

「それはグッドアイデア！」

心からほめてくれたのか、うまく乗せられたのかわからないが、もとより町の散歩はするつもりでいた。近くのバールでコーヒーを飲んでから、通りの反対側に広がるマモイアーダの旧市街に分け入っていった。

伝統の祭りが残る内陸の古い町というので、ヌーオロで見たグラツィア・デレッダの生家のように、年季の入った建物が数多く残っているのかと期待したが、意外と近代的な町並みだった。おそらく、30〜40年前くらいまではそうした古い家も多かったのだろうが、イタリア政府の南部・島部振興策によって町並みが一新されたのではないかと想像する。

そんな普通の住宅が続くのだが、ところどころの家の外壁に、見事な壁画が描かれている。前述したように、1990年のヌーオロでは反体制的なイメージが強い壁画ばかりだったが、ここではむしろ昔のサルデーニャの生活や習慣を懐かしむような壁画や芸術性の高い壁画、そしてユーモアを感じさせる壁画がほとんどだった。

ひと気のない昼下がりの狭い道を歩いていると、小さな四つ角に4人の男性の彫像が立っていた。レンガ色をした像は高さ1メートル50センチほど。4人は伝統的なサルデーニャの衣装を着て、至近距離で顔を突き合わせている。知らない人が見たら、けんかでもはじまる場面なのかと勘違いしそうだが、これが知る人ぞ知るサルデーニャの男声合唱「カント・ア・テノーレ」だ。喉に力を入れて声を出す喉声という独特の発声法は、ダミ声をさらに強烈にした印象で、一度聞いたら忘れられない。サルデーニャを舞台にした映画では、必ずBGMに流れてくる音楽である。

一般に、喉声は聞きづらく声帯に負担がかかるために、ボイストレーニングでは必ず矯正させられる。だが、ここサルデーニャでは、それが伝統的なコーラスの発声法として使われているのだ。牧畜が盛んなこの地では、牧童たちが羊や山羊の声を真似たのが起源ではないかという説があるが、よくわかっていないらしい。

あまり特徴がないように見えた家並みの一角で、サルデーニャの伝統に出会えたことに満足感を覚えながら、町の中心部に戻ってきた。

博物館の前には観光バスの姿はなく、今度はスムーズに入館できた。

最初の部屋で20分ほどのビデオ鑑賞をしたら、あとは自由に展示物を見てくれという。ビデオは撮影禁止だが、展示物は自由に撮影してもよいとのこと。

20分ほどのビデオは、祭りの舞台裏も含めてドキュメンタリータッチで紹介したもので、なかなかよい出来である。祭りに対する理解も深まった。

以前ヌーオロの博物館で見て驚いた黒ずくめのキャラクターはマムトーネスと呼ばれ、上半身に重そうな鈴（カウベル）をいくつもぶら下げ、飛び跳ねるようにして鈴を鳴らしながら歩いていく。その衣装の全重量は30キロにもなるという。

マムトーネスが衣装を付けて仮面をかぶったとたん、一種の神のような存在になるというのは、まさに男鹿半島で聞いたなまはげと同じである。数千年の歴史があるともいわれ、それならばキリスト教伝来以前の土着的な要素が感じられるのも当然だ。

それとは対照的なのが、白い仮面をかぶり、黒い帽子とオレンジ色の服に身を包んだイッソアドレスだ。イッソアドレスはマムトーネスを取り巻くようにして歩き、ときおり縄を投げる。その投げ縄に捕らえられた観客には幸運が訪れるという。祭りの起源もこの両者の関係についても諸説あ

マモイアーダの博物館、中央がイッソアドレスで左右がマムトーネス

るようだが、想像力をかきたててくれる祭りである。

続く展示室には、そのマムトーネスとイッソアドレスの実物大のマネキンが迎えてくれる。そのほかにも、「地中海の仮面博物館」というだけあって、サルデーニャ各地のカーニバルの仮面や衣装をはじめとして、スペイン、ギリシャ、トルコなどのユニークな仮面が数多く飾られていた。ここまで集めるのなら、地中海の範疇からは外れるかもしれないが、ぜひとも秋田のなまはげも展示してほしいものである。

壁画とリキュールの思い出オルゴーゾロ

マモイアーダからいったんヌーオロに戻り、改めてバスで向かったのがオルゴーゾロである。ヌーオロからの所要は35分。平日は1日に10往復近くが運行されている。

オルゴーゾロ、どこかで見たような壁画が!

オルゴーゾロの町は、なだらかな丘の中腹に広がっている。人口は約４２００人というから、マモイアーダよりもかなり大きい。バスの終点から２、３分ほど歩くと旧市街の中心部に出たのだが、この町はとくに壁画が有名なようで、幅６メートルほどの狭い道に面した建物の壁には、びっしりと絵が描かれている。

とはいえ地味な田舎町かと予想していたのだが、ここにもドイツ人観光客が団体で訪れており、沿道の飲食店や土産物屋もそれなりに賑わっていた。

昔のヌーオロで見たような政治的なメッセージを込めた壁画もあったが、カラフルな抽象画やユーモラスな絵、昔の町の生活を描いた写実的な絵が大半で、芸術性の高い壁画もあちこちに見られた。写実的な絵は本当にリアルで、実物と見紛うほどである。裏通りに通じる坂道を歩いていると、年配の女性３人が階段の途中でたたずんでいる絵があってビクッとした。思わずあいさつをするところだった。

知らないとびっくりするのが、左右から手を突き出している絵だろう。左側の手は親指と人指し指を立て、右側の手は親指、人指し指、中指を立てている。これは、サルデーニャのじゃんけんの一種「ムッラ」を描いたものだ。自分と相手が出した指の数を足して、その数を言い当てるのだそうだが、細かいルールは何度聞いてもわからない。

もちろん1対1でもできるが、ネットの動画では2対2の対抗戦を見ることができる。ムッラ名人たちの公式の対戦なのだろうか、すさまじい勢いで指を繰り返し突き出し、そのたびに大声で数を叫んでいる様子は鬼気迫るものがある。しかも、やっている当人たちだけでなく、周囲で見ている人たちの盛り上がりが異様である。ぜひ、実際のムッラの対戦を見たいものだ。

オルゴーゾロをぶらぶら歩いているうちに、体がだるくなってきた。旅の疲れから風邪を引いたようだ。バールで椅子に座って休憩しても、ビールを飲みたくならないのだから、かなりの重症であると自己診断した。新型コロナが世界的に流行しはじめる半年ほど前の話である。

それでも、最後の力を振り絞って訪れたのが、町外れにあるリキュールの製造所である。前夜、ヌーオロにあるクラフトビールのビアバーで最後に飲んだエリクリーゾ（キク科の植物）のリキュールのほろ苦さと甘みがたまらず、ビアバーのお姉さんに醸造所を教えてもらってやってきたのだ。

ここでは、オルゴーゾロでとれた原材料を使い、サルデーニャの伝統的なクラフトリキュールを女性一人でつくっているという。地下にある小さな醸造所を見せてもらうと、瓶詰めされたサフランのリキュールやサルデーニャ特産のミルトのリキュールなど、美しい色の瓶がたくさん並んでいた。

帰りのバスの時間も迫っていたので、何本か購入してあわただしく店を出ることにした。

リアルな壁画にびっくりしたフォンニ

宿に戻ると、もう立っているだけでつらくなった。持参した風邪薬を飲み、たっぷり水分をとって、ふとんをかぶってひたすら寝ることにした。熱っぽくて熟睡はできなかったが、何度か目が覚めるたびにびっしょりと汗をかいて、翌朝にはかなりすっきりした。以前から感じていたのだが、旅先のほうが回復力が強いような気がする。とはいえ、さすがに翌日は大事をとって昼前くらいから動き出すことにした。こんなとき、毎日掃除が入るホテルやB&Bではなく、自宅のように過ごせる旅行者用アパートは気兼ねがなくていい。

午後からはヌーオロにとどまってぶらぶらと散歩しようとも考えた。だが、「せっかくここまでやってきたのだから」と貧乏性が出て、この日も近郊の町に出かけることにした。

いくつかの候補のなかから選んだのは、フォンニという町である。前日に訪れたマモイアーダの先にあり、ヌーオロから路線バスで約40分。1日に8往復が走っている。

人口は4000人弱とのことで、マモイアーダよりは多いがオルゴーゾロよりは少ない。県都の

フォンニのだまし絵、絵を見ている人たちも絵

ヌーオロから遠いからか、観光客の姿もほとんどなく静かな町である。そして、やはりこの町にもあちこちの住宅に壁画が描かれている。

バスの終点から2分ほど歩いたところにあった広場では、昔のサルデーニャの生活を描いた壁画があり、それをじっと見入っている子どもたちがいた。

へえ、地元の子どもたちもこんな壁画が好きなんだ……と思って近づいていくと、なんだか距離感がおかしい。よくよく見ると、壁画を眺めている子どもたちも壁画だった。なかなかよくできただまし絵である。すっかりだまされた。

昼下がりの静かな町を散歩しているうちに、ようやく空腹感を覚えてきたので、地図を見ながら旧市街の中心であるヨーロッパ広場にやってきた。広場に面した建物のベランダからは、年配の人が広場を見下ろしている……と思ったらそれも壁画だった。

翌日は、午前中のバスで北東海岸にあるオルビア空港へ。ヌーオロのバスターミナルの窓口で切符を買うのは3日間で4回目である。すでに顔なじみになっていたので、「空港か。もう帰るんだね」と名残を惜しまれてしまった。

オルビア空港までのバスの所要時間は約2時間半。ふかふかの椅子に座って一安心、あとは空港で降りるだけ……と思っていたら、1時間ほどしたところで「ここで乗り換えてくれ」と運転手が言うではないか。

時刻表にはオルビア行きと書かれていたのだが、いろいろと事情があるのだろう。どこまでも複雑なイタリア路線バス事情である。3分で来ると言われたので直射日光の当たるバス停で待っていたのだが、なかなかバスは現れない。そろそろ心配になったころ、15分たってようやくやってきた。

内陸の茫漠とした車窓とは打って変わって、海岸近くには小さくとも近代的な町並みやホテルが目立つ。国道からしばしば外れて小さな町に立ち寄りながら、オルビア空港にたどりついた。

オルビア空港は、世界の金持ちが集まるエメラルド海岸の最寄りの空港である。規模は大きくはないが明るく洗練されていて、島の内陸に慣れた目には、まぶしく感じられた。ここからローマまでは空路でわずか1時間である。

コラム④　イタリアを構成する自治体

日本にくらべるとイタリアは地方分権の度合いが大きく、アメリカほどではないが、「州」の権限がかなり強い。イタリア全土では20の州があって、そのうちのいくつかは自治州として、とくに大きな自治権が与えられている。

気ままな個人旅行をしていると、州の境を意識する場面がよくある。というのも、距離が近いのでバスの便があるかと思うと、間に州境をはさんでいるとバスの便がなかったり、あっても極端に少なくなることが多いからだ。逆に、同じ州に属していると、中核都市からかなり遠いところにある町にもバスの路線があったりするのであなどれない。

州の下の単位が「県」である。イタリア全土で１００あまりの県があり、そのうちローマ、ミラノ、ナポリをはじめ、日本の政令指定都市にあたる「大都市圏」が、２０２４年末現在、全土に14存在する。

そして、県の下にあたる自治体の単位が「コムーネ」だ。共同体を意味する英語のコミュニティと語源が同じで、日本語では基礎自治体とも訳されている。

イタリアは日本と違って「市・町・村」の区別がない。面積や人口の規模にかかわらず、独立したコムーネとして扱われる。人口１００万人以上の都会も、人口５００人以下の小さな集落も、同じようにコムーネと呼ばれる。

とはいえ、日本人には「○○コムーネ」「○○自治体」といってもしっくりこない。そのため、日本で紹介するときは、その規模によって大まかに「市・町・村」と呼び分けているのが一般的であり、本書でもそれを踏襲している。本や記事によって、同じ場所が「村」だったり「町」だったりするが、あまり気にしないで読んでいただければ幸いである。

8.

イタリアの中にあるドイツ
「南チロル」を再発見する旅
……トレンティーノ-アルト・アディジェ州ボルツァーノ自治県

世の中の人が抱くイタリアのイメージというと、青い空に輝く太陽、陽気な人びとがおいしい料理を食べ、抑揚のある大きな声でおしゃべりをしている情景かもしれない。しかし、イタリア北東部に位置するトレンティーノ-アルト・アディジェ州のボルツァーノ自治県には、住民の7割がドイツ語を母語とするドイツ系の人びとが住んでいる。アルプスの雄大な景色が楽しめて、ワインもビールも食べ物もおいしい地域である。

8－1 出発地ミュンヘン：国際列車でドイツからオーストリア経由でイタリアへ

ゲーテも越えたブレンネーロ峠

世界をゆるがせたコロナ禍がなんとか収まり、久しぶりにイタリアに行こうと思い立ったのは2023年秋のこと。2019年に訪れたサルデーニャ以来なので、4年ぶりの訪問である。21世紀になってからは、ほぼ毎年イタリアを訪れていたので、これだけ間隔が空いたのは今世紀初のことだ。

アフターコロナの旅行ブームで航空券が高騰している9月初旬、手の届く値段で所要時間が比較的短い航空会社を探して選んだのがポーランド航空である。ワルシャワ経由でドイツのミュンヘンに着いて1泊し、オクトーバーフェスト直前の町でしこたまビールを飲んでから、国際列車でイタリアに入ろうという計画だ。

ところで、ミュンヘンのことをイタリア語ではモナコという。だが、モナコというと、地中海沿岸にあってカジノや自動車レースで有名なモナコ公国と区別がつかないので、ミュンヘンのほうはモナコ・ディ・バヴィエーラと呼んで区別する。英語風にいえば、「バヴァリアのモナコ」。バヴァリアはミュンヘンのあるバイエルン州のことだ

さらにいうと、モナコとはイタリア語で「修道士」を意味する。変な地名だなと思っていたら、

ドイツ語のミュンヘンにも修道士という意味があることを、この旅で初めて知った。10世紀に修道院を中心にしてできた集落を起源にしているために、このような名前が付いたらしい。いくつになっても新しいことを知るのは楽しいことである。

翌朝、ミュンヘン中央駅11時19分発の列車でイタリアに向かった。オーストリアのインスブルックを経由してヴェネツィアまで、3か国を走破する国際列車である。世界中でオーバーツーリズムが問題になっている時期でもあり、この列車もドイツ人観光客で満員だった。

機関車が牽引する十数両の客車列車で、客車の側面にÖBBというロゴが記されているので、オーストリア連邦鉄道の車両であることがわかる。大混雑のホームで人をかきわけ、予約した2等客車を探しあてると、ほかの客車はみな明るいグレーと赤の車体色なのに、私の乗る車両だけが、なぜか濃い青色をしている。側面に大きく「Nightjet」と書かれていることから、本来は夜行列車に使用している車両なのだろう。

夜行列車用といっても寝台車ではなく、ヨーロッパでよくある6人用コンパートメント（個室）の座席車だ。うれしいことに、昔からコンパートメントの座席は2等車でもふかふかなので、長時間の乗車でもそれほど疲れない。

私のコンパートメントには、ロミオとジュリエットで有名なヴェローナに向かうドイツの老夫婦、自転車を持ち込んで北イタリアをめぐるというドイツの中年夫婦が乗り込んできた。彼らはドイツ語でずっと会話し続けているので、私は話しかけられる心配もなく、昨夜のビールの酔いをさましながら、うたた寝することができた。

目的地のボルツァーノへは4時間弱の旅である。オーストリアに入ると、青々とした牧草地の斜面、点在する集落、教会の尖塔が見え隠れして、いかにもアルプスのふもとを走っているという気分が満喫できる。

出発から2時間ほどたったところで、楽しみだったブレンネーロ峠（ドイツ語名：ブレンナー峠）にさしかかった。ここは、アルプスの南北を結ぶ峠の一つである。南北ヨーロッパを結ぶ街道は何本かあるが、そのなかでも古代から重要な位置を占めていたのが、インスブルックからブレンネーロ峠を通り、ボルツァーノを経由してヴェローナへ至るこの街道である。

古くはモーツァルトやゲーテ、ハイネも通った道だ。もちろん、彼らは馬車や徒歩で越えたのだが、同じような景色を見ていると思うと感慨深い。徐々に両側の山々が車窓に迫り、川の対岸に並行する道路が、とんでもない高さの崖の上を走っているのが見える。

そして、再び視界が開けて穏やかな景色が現れてきたところで、まもなくブレンネーロ駅に到着した。地図を見ると、国境はブレンネーロ駅のすぐ手前にあったようだが、車窓からはそれを示すようなものは見えなかった。

ブレンネーロ駅構内には長大な貨物列車が何本も出発を待ち、並行する道路には荷物を満載したトラックが行き交っている。ここはまさにアルプスの南北をつなぐ要衝であると実感させられた。

この国境の駅に20分ほど停車。いよいよ4年ぶりのイタリアとあって気分は高揚してきたが、駅

ようやく4年ぶりのイタリア、ブレンネーロ駅のホーム

のホームは狭苦しく、警察官が巡回してものものしい雰囲気である。EU域内の移動なのでパスポートチェックも何もないのだが、どうやら不法移民や密輸に目を光らせているのだろう。

イタリア領内に入ると車内放送が変わった。それまではドイツ語だけだったが、ここからはイタリア語、ドイツ語の順に2か国語になる。

イタリア国内にドイツ語圏があるわけ

ブレンネーロのホームに立つ駅名標には、イタリア語の「Brennero」とドイツ語の「Brenner」が併記してあった。イタリア領内に入っても車内放送や駅名標が2か国語なのは、単にオーストリアやドイツに近いからではない。ここは、イタリア国内のドイツ語圏なのだ。

なぜ、イタリアにドイツ語圏があるのか。それには歴史的に複雑な経緯がある。

中世ヨーロッパの時代、このあたりを代々治めていたのがチロル伯家であり、そのチロル伯領は現在のオーストリアとイタリアにまたがる地域だった。今でもドイツ語でティロールと呼ばれる地方である。日本語では、「ティ」の音がなかったのでチロルと呼ばれるようになったわけだ。

14世紀になると、支配権がハプスブルク家に移譲され、チロルはオーストリアの一部となる。そして、第一次世界大戦でオーストリアが敗れると、1919年のサン・ジェルマン条約によって、旧チロル伯領のうち、ボルツァーノを中心とする南チロル、トレントを中心とするトレンティーノをイタリアに割譲したのである。インスブルックを中心とする北チロルと東チロルはオーストリアに残された。

当時、南チロルの住民の9割はドイツ語を母語としていたが、公用語がイタリア語とされたために、さまざまな軋轢が生じてくる。一方、南チロルの南側に接するトレンティーノは、オーストリア領だった時代もイタリア文化圏であり、イタリア語が話されていた。

ムッソリーニ率いるファシスト政権下になると、南チロルのイタリア化が推し進められる。ドイツ語が禁止され、「チロル」の地域名さえタブーとなり、ドイツ語の氏名を持つ人はイタリア語風への改称が求められた。1930年代に入ると、イタリア人労働者の大規模入植も行われ、チロルの人びとの不満は高まっていく。

第二次世界大戦後は、南チロルをイタリアにとどめる代わりに、ドイツ語住民とイタリア人住民の同権がうたわれるが、状況はあまり変わらなかった。イタリア政府は、南チロルとトレンティーノを一つの州にまとめて、自治権を持つ「トレンティーノ－アルト・アディジェ州」をつくったが、これはトレンティーノのイタリア人の人口が、南チロル（アルト・アディジェ）のドイツ語住民の人口を上回っていたために、州全体でイタリア人が過半数を占めるようにするためだった。アルト・アディジェとは、上アディジェ（アディジェ川の上流）という意味で、南チロルを指すイタリア語名である。

その後も、イタリア政府の不安定さもあいまって、住民の同権は実現しないばかりか、イタリア人の入植政策も続けられたため、不満を募らせた一部の人間によって爆弾テロ事件も発生するようになる。なんとか新しい法律が施行されたのは1972年のこと。自治権は南チロル（＝ボルツァーノ自治県）とトレンティーノ（＝トレント自治県）にそれぞれ委譲され、「トレンティーノ－アルト・アディジェ州」は形だけのものとなった。その後も紆余曲折を経たのち、ようやく南チロル紛争の解決が国連に報告されたのは、1992年になってからのことである。完全な平和が訪れたのは、ごく最近のことなのだ。

イタリア語の地名はヴィピテーノだけど

ブレンネーロからボルツァーノまでの所要時間は1時間あまりだが、その途中、ブレンネーロから15分ほど走ったところで小さな駅を通過した。ヴィピテーノだ。

実は、この旅の15年前、2008年にこの町を訪問している。当時は南のトレント方面からボル

イタリア語名とドイツ語名がまったく違うヴィピテーノ

ツァーノにやってきて宿泊したのだが、その滞在中に訪れた町の一つがヴィピテーノだった。だから、前回の旅ではこの駅以南は乗ったことがある。

ヴィピテーノはイタリア語の地名だが、ドイツ語名ではシュテルツィンクという。

南チロルでも大きな町は、ボルツァーノとボーツェン、メラーノとメラーンというように、イタリア語名とドイツ語名が似通っているところが多い。だが、小さな町では、このようにまったく違う呼び名をしていることがある。

ヴィピテーノは、「イタリアの最も美しい村」協会に加盟しているかわいらしい自治体の一つである。この協会は厳正な審査によって加盟が認められるもので、21世紀初頭に100の自治体によってはじまり、2024年現在で360以上に拡大している。その多くは山間部や交通が不便な場所にあって、なかには路線バスの便さえないところもあるのだが、このヴィピテーノの中心部は、イタリア鉄道の幹線から徒歩10分のところにある珍しい存在だ。

この町は、ブレンネーロとヴェローナを結ぶ街道沿いという交通の要衝として栄え、イタリアに向かう多くのドイツ文化人がこの町に宿をとったことが記録されている。また、第二次世界大戦直後には、ナチスの高官の何人かが、南米に逃亡する途中、偽造パスポートを入手するまでの間、しばらくこの町に潜伏していたというエピソードもあるらしい。

一方、15世紀ごろからは付近で採れる銀鉱石の選鉱所としても繁栄し、さまざまな会社が本社をこの小さな町に置いたという。

町の中心部は本当に小さく、せいぜい500メートル四方といったところだろうか。その中心にそびえるのが、高さ46メートルの時計塔だ。この町を紹介する写真には必ず登場する素敵な建造物なのだが、逆にいえば唯一のめぼしい観光資源といってもよいだろう。

その時計塔の真下は人が通れるようになっており、この町随一の繁華街が貫く。そして、イタリア語でもドイツ語でも、この塔より南側を「新市街通り」、道幅が狭くなる北側を「旧市街通り」と呼んでいる。

2008年に訪れたときは、休日だったこともあってか、新市街通りは観光客がひしめきあっていた。そのほとんどが体格のよいドイツ系の人たちである。暑くて休憩しようにも、カフェテラスもバールも満員で、ひたすら表通りを行ったり来たりするしかなかった。

ところで、そんな小さなヴィピテーノだが、町の郊外にはライトナーという国際的な大企業の本社がある。この会社は、ケーブルカーやロープウェイ、リフト、小型の新交通システムを製造しており、アルプスのスキー場はもちろん、各地の丘上都市の乗り物に乗ると、よくこのメーカーの銘板を目にする。

8-2 アフターコロナで賑わう **ボルツァーノ**

町なかで聞こえるのはドイツ語ばかり

国境から1時間あまり、いよいよボルツァーノに到着である。列車からかなりの乗客がそれぞれ大きな荷物を持って降りてきた。

ヴェネツィア行きの列車だから、ヴェネツィアやヴェローナに向かう人が多いのかと思ったのだが、半数近い人が下車した印象である。あとで聞いたのだが、ボルツァーノならドイツ語が通じるので、ドイツやオーストリアの旅行者にはとくに人気が高いらしい。もちろん、周辺の高原を周遊するためのベースキャンプとして便利な都会だというのも大きな理由だろう。

駅のホームからは、ごつごつとしたドロミーティ山塊が遠望できるのが気持ちよい。

もっとも、15年前に訪れたときのボルツァーノの印象は、地味でぱっとしない町というものだっ

15年ぶりのボルツァーノ駅

た。イタリア旅行の楽しみである地元の人とのやりとりもあまりなかった。南チロルの歴史を多少でも知ってしまうと、東洋人観光客がのんきにイタリア語で話しかけたら嫌がられるのではないかと危惧したからである。

もちろんそんな心配は杞憂に終わった。ホテルやレストランで、こちらからイタリア語で話しかければ、みな柔和な表情でイタリア語で答えてくれた。バスの運転手ももちろんバイリンガルで、乗ってきた観光客が英語で話しかけると、私より20倍くらいきれいな英語でよどみなく答えていたのには感心した。とはいえ、予習もせずに訪れたこともあって全般的に不完全燃焼だった前回の旅を反省して、今回はきちんと下調べをして訪れたのである。

駅を出て旧市街に入ると、どこかうら寂しく感じられた過去の印象は一変した。9月に入ったとはいえ、まだまだ観光シーズンは続いているようで、どこもかしこも観光客で賑わっているのだ。やはり観光客のほとんどがドイツ系の人たちで、町にはドイツ語があふれていた。

町の中心部にあたるヴァルター広場は、中世ドイツの詩人の名前にちなんだもので、広場の中央にはその彫像が立っている。広場の横にあるロマネスク・ゴシック様式のボルツァーノの大聖堂は、ローマやフィレンツェなどで見る教会とはまったく異なったスタイルだ。

そんな広場や教会を横目に見て、まず訪れたのは県立考古学博物館である。ここには、1991年に標高3200メートルのアルプス山中でミイラ状態で見つかった「アイスマン」が保存展示されている。5300年前にこのあたりに住んでいた人物であり、発見当時は日本でも驚きをもって紹介されたので知っている人も多いだろう。これを目当てにボルツァーノに来る人も少なくないと聞く。

中に入ると、ここはまさにアイスマンのためにつくられた博物館だとわかる。「エッツィ」という愛称が付けられた彼をガラス越しに見られるほか、着ていた服や身に付けていた道具、そして愛嬌のある表情の復元像が展示されている。

エッツィの発見場所は国境のわずかにイタリア側にあったらしい。そのため研究や検証はオーストリアが行ったものの、最終的にボルツァーノの博物館に収められたという。第一次世界大戦前に発見されていればオーストリア領だったのだが、戦後のサン・ジェルマン条約で決められた国境によって、エッツィがイタリアの町おこしに一役買っているのは皮肉なことである。

外観にドイツっぽさが感じられるボルツァーノの大聖堂

クラフトビール屋に入りびたる

夕刻の旧市街は、狭い道にテラス席がびっしりと置かれており、スムーズに通り抜けるのも難しいくらい。聞くところによると、コロナ禍によって、イタリアの飲食店では換気の悪い屋内の席数が制限された一方で、屋外のテラス席の営業許可が緩和されたとのことだ。

それにしても、これだけ飲食店があると夕食の店選びに迷ってしまう。そこで、東京で南チロル料理店を営むご主人にメッセージを送ってみた。ほどなく返信が届き、3軒ほどのおすすめが書かれていたので、その1つのクラフトビール屋に入ることにした。

1階のカウンター席は定員7、8人ほど。ほかにテーブル席が2つしかなくて、あとは地下のフロアとテラス席が10席ほどのこぢんまりとした店である。店の奥と地下には、ビールの醸造タンクが置かれている。

臆することなく、目の前にビールサーバーが置かれているカウンター席に座った。周囲では、地元のおじさんが3人。わいわいとおしゃべりしているのを聞いているだけでも楽しい。もっとも、ドイツ語で話していたので意味はわからなかったが。

ビールをサーブしてくれるのは、若くてイケメンで気が利いて頭の回転も早いマルコという男性だった。彼は、次々に店員から入る注文に応えて、淡々とビールを注いでいく。

地元でつくられたクラフトビールが4種類、生で飲めるので、薄めのビールから濃いビールへ順に飲みくらべてみた。

「ミュンヘンのラガービールもおいしかったけど、ここのクラフトビールは本当にうまいね！」

そう伝えるとマルコは頬をゆるめる。

おつまみにまず注文したのは、この地方特産のスペック。燻製にしてスパイスを利かせた豚のもも肉の生ハムで、近年はイタリアのどこでも見かけるが、やはり地元が一番だ。また、南チロル独特の団子状のパスタはカネーデルリという。東京の南チロル料理店で食べたものの3倍くらいの体積で出てきた。

「やっぱり食べ物はドイツとはくらべものにならないね」と言うと、「そうだろうねえ」とマルコは笑う。いろいろと他愛のないおしゃべりをしていくうちに夜は更けていった。

2日目の夜は土曜日とあって、旧市街は人でいっぱいだった。ヴァルター広場をはじめ、旧市街にはビールや食べ物の露店が並び、町全体が大宴会場と化していた。ソーセージが焼ける香りが漂い、あちこちの街角に小さな即席のステージがつくられてバンドが演奏している。大手ビールの銘柄が描かれた幟が所狭しと立ち並び、広場にはテントがしつらえられていた。

ところが、マルコの店に行くと、前の日と何の変わりもなく、マルコが淡々とサーバーからビールを注いでいる。

「今日は賑やかだけど、ビール祭りなの？」と聞くと、「そうらしいね」と気のない返事。

「あ、そうか。大手のビールメーカーの祭りだから、この店は関係ないんだ」

「そう」と言って、柔和な彼の目が一瞬きらりと光ったような気がした。クラフトビールの店とし

3日通いつめたボルツァーノのビアバー

て、プライドがあるのだろう。

　3日目の夜は、さすがにほかの店に行こうと思ったのだが、やはりマルコの店に足が向いてしまった。

「近いうちに日本に行ってみたいんだ」とマルコが言う。

「おお、ぜひ来て！」と答えると、彼はちょっと不安そうな顔をする。

「でも、タトゥーを入れている人は温泉には入れないの？」

　そんな情報も知っているくらいだから、社交辞令ではなくて本当に日本に来たいのだろう。

「うーん、外国人は大丈夫じゃないかなあ。以前よりもうるさく言わなくなったしね」

　根拠もなく無責任に答える私。驚いたのは、彼のタトゥーを見せてもらったときだ。なんと手首の下に腕輪のように1本入れているのである。

「それは、江戸時代に罪人が入れられたものだよ！」ということばが喉まで出かかったが、やめておいた。その代わりに言った。

「日本に来たら、いっしょに鮨を食べに行こう！」と。

ボルツァーノの本屋にて

ボルツァーノの旧市街の書店で、旅行ガイドブックを買おうとしたときのことである。旅行書が並ぶ棚の前まで行ったのだが、買いたいと思っているイタリア旅行協会の緑色のガイドブックが見当たらない。地方別につくられている有名なガイドブックなので、1冊もないのは不思議である。書棚を何度も隅から隅まで見返すのだが、やはり見つからない。しかたがないのでレジにいた店員に尋ねると、「イタリア語の本は下のフロアなの」という。よくよく見ると、1階の書棚にあったのはすべてドイツ語の本だった。

階段を降りると、ドイツ語の本のフロアとほとんど同じ構成で、雑誌、児童書から文学、旅行ガイドまで、イタリア語の本が並んでいた。たぶん、世界的なベストセラーも、ここではドイツ語訳とイタリア語訳が別々のフロアで売られているのだろう。単純に考えれば、同じ品揃えなのに普通の本屋の2倍の売り場面積が必要になるわけだ。2か国語併用は、日本人が思っている以上に大変に違いない。

第一次世界大戦後に南チロルがイタリア領になって以降、学校ではイタリア語による教育が行われ、公職に就くにはイタリア語が堪能ではなければいけなかったという。当然のことながら、ドイツ語を母語とする人たちは大きな不満を抱いた。

だが、第二次世界大戦後に南チロルの自治権が大幅に認められると、2か国語併用政策によって、公職に就くにはドイツ語とイタリア語のどちらも話せないといけなくなった。そうなると、今度はイタリア系住民がドイツ語を学ぶ必要に迫られて非常に苦労したという。

現在、南チロル全体では7割の人がドイツ語話者で、3割弱がイタリア語話者という調査結果がある。ただし、ボルツァーノの市内に限っていえば、イタリアのほかの地域から移住してきた人が多いため、イタリア語話者が7割を占めているそうだ。

ドイツ語とイタリア語以外に、ラディン語という言語を話す人びとが4%ほどいる。ラディン語は、南西部のドロミーティ山塊周辺に暮らす人びとの母語で、ドイツ語よりはイタリア語に近いロマンス語系の言語だ。山間の村では、90%以上の人がラディン語を話しているところもあり、ラディン語が公用語の一つとなっている自治体もあると聞いた。現地を訪ねて会話を聞いてみたい。

8-3　車窓にアルプスの峰々が広がる高原の軽鉄道

大勢の観光客を横目に鉄道写真の撮影ポイントへ

ボルツァーノ近郊で、ぜひとも行きたかったのが、背後の高原を走るレノン鉄道（リッテン鉄道）である。15年前にはそんな鉄道があることも知らず、帰国してから地団駄を踏んだものだった。レノン鉄道に乗るには、ボルツァーノ駅近くにあるロープウェイに乗ってソプラボルツァーノ（オーバーボーツェン）へ向かう。前回もロープウェイの乗り場があることはわかっていたが、まさか丘上に立派な観光地や鉄道があるとは想像だにしていなかった。

ロープウェイ乗り場で、ロープウェイとレノン鉄道の乗り放題1日券を購入。ロープウェイの所要は15分ほどで、窓からは遠くドロミーティ山塊の絶景を眺めることができる。

レノン鉄道は30分ごとに運行されていた。ホームには大勢の観光客が到着を待っていたが、やはりここでもドイツ語を話す観光客ばかり。

しばらくしてホームに入ってきたのは、近代的な小型車両の2両編成である。深紅の車体色が印象的だ。まずは、これで終点のコッラルボ（クローベンシュタイン）まで乗り通すことにした。

レノン鉄道は、日本でいえば関東の江ノ電や関西の叡山電車のような軽鉄道という位置づけである。軌間1000ミリちょうどの狭軌で、いわゆるメーターゲージである。

ずっと乗りたかったレノン鉄道

スピードはせいぜい時速40キロくらいだろうか。日当たりのよい南斜面を右に左にカーブしながらのんびりと走っていく。乗客の95％以上が観光客だが、途中駅では地元の人らしき乗降客もある。

コッラルボ駅前の小さな広場では、さらに山上を目指す人のために路線バスが待っていた。自転車ツアーに参加する人たちも何十人と集まっている。だが、私は列車の撮影のために、広場から坂を下ってわき目もふらずに線路沿いの道を早足で歩く。撮影場所は、車内から目星を付けておいた。もちろん、光線具合も折り込み済みだ。南向き斜面なので、順光で写真が撮りやすいのはよかった。

撮影が終わり、せっかくだから少し離れた村の中心に行ってみようと思い立った。駅前から、さっきとは別の坂を下ること5分ほど。見えてきたのはドロミーティを望むのどかで美しい村である。地元の人が犬を連れて散歩をしたり、スーパーに買い物に行ったりする様子が見られるのもいい感じ。

村の中央には立派な4つ星ホテルがある。ここに滞在して、時間をかけて周辺をめぐる人もいるのだろう。私のような落ち着きのない旅行者には向かない旅のスタイルだが、いつかはそんな旅をしたくなるかもしれない。

それでも、せめてちょっとリッチな雰囲気を味わいたいと思い、ホテルに併設されたバールで休憩することにした。

店内は広々としていて、カウンターの向こうには創業者らしき年配の男性の写真が飾られていた。

のどかで美しいコッラルボの村

「あれは、私のおじいちゃんなの」
イタリア語で注文したので、中年の女性がにこやかにイタリア語で教えてくれた。出てきたケーキとコーヒーは、駅や町よりずっと安くて美味だった。あとで知ったのだが、このあたりの小さな村ではドイツ語話者が9割を超えているそうだ。
ところで、レノン鉄道の大半の列車はソプラボルツァーノ〜コッラルボ間を走っているが、1日に5便ほどはソプラボルツァーノからさらに西へ1駅先のラッスンタ駅まで走っている。繰り返しになるが、鉄道好きという人種は、路線を端から端まで乗り尽くしたい性質を持ち合わせている。乗り残した区間が1駅分でもあるのは、とてつもなく悔しいのだ。そのために、数少ない列車を待って律儀にラッスンタ駅まで乗車することにした。

教会のほかに数えるほどの家があるだけの小さな集落だが、昔は丘下のボルツァーノからここまで電車が走っていた。ボルツァーノの中心部からしばらく路面を走り、その後はラックレール式で急勾配を登ったのだそうだ。ロープウェイの開通と前後して1966年に廃止されてしまったが、乗れるものなら乗ってみたかった。

ラッスンタ駅で下車したのは私を含めて数人ほど。あとの客はそのまま折り返してソプラボルツァーノに向かっていった。次にここまでやってくる列車は2時間後だ。高原の風を受けながら30分ほど歩いてソプラボルツァーノまで戻ることにした。

8-4 「チロル」の語源の町はイタリアにある　ティローロ

本家「チロル」のチロル城を目指して

レノン鉄道のほかに、15年前の旅で行き損なって後悔したのがティローロである。ドイツ語名はティロール。チロルの中心地があったところだ。チロルと聞くと、日本人はスイスやオーストリアのアルプスの山深い風景を思い浮かべる人が多いだろうが、その名前はボルツァーノの東、メラーノ近郊のティローロ城に由来している。チロルの語源となった町は、イタリアにあるのだ。

すでに書いたように、第一次世界大戦の結果、ハプスブルク家オーストリアの支配下にあった旧チロル伯領は分割された。北チロルと東チロルはオーストリア領にとどまり、南チロルはイタリア領となったが、中世にチロル伯が居城としたチロル城は南チロルにあるので、チロルの本家本元は今ではイタリアにあるというわけだ。

当初、チロル伯領の首都は城のふもとにあるメラーノに置かれていたが、ハプスブルク家の支配下に入った15世紀にはインスブルックに移されている。

ネットで調べてみると、ティローロ城の近くまではメラーノ駅前からバスがあるようなので、まずはボルツァーノから列車でメラーノへ向かうことにした。

待っていた車両は、スイス・シュタッドラー・レール社製の近郊型車両ETR170、愛称「FLIRT」だった。英語で「FLIRT」というと「浮気する」という意味があるが、ドイツ語で「軽快、軽量、革新的、近郊用、動力分散方式（電車）」の頭文字をとったら、こうなったらしい。

自転車をそのまま積み込むことも可能で、車内には自転車を立て掛ける専用のスペースを備えている。日本で自転車を折り畳まずに乗せるのは特別な例に限られるが、イタリアではごくごく一般的であって、とくに南チロルでは自転車で旅をする観光客が多いので重宝されているようだ。

メラーノまで線路はほぼ平坦で、40分ほどで到着。駅前からカステル・トッレ行きのバスを待つ。

英語だと「浮気する」という意味の愛称「FLIRT」

広々とした駅前のバスターミナルには、ボルツァーノと同じく蛍光色のバスがひっきりなしに出入りしている。南チロル地域の公共交通機関は南チロルモビル（アルトアディジェ・モビリタ）という公共企業体に統合されており、路線バスはどの町でもこの鮮やかな蛍光色をしているのだ。

さて、イタリアでバスに乗るときのいつもの問題は、どこで切符を買うかである。近くには切符売場もタバッキ（タバコ屋）も見当たらない。いくら探しても埒があかないので、思い余って近くに停まっていた別系統のバスの運転手に聞いてみることにした。すると、「バスのなかで買えるよ」とのこと。安心してカステル・トッレ行きの乗り場に戻って待つことにした。

しばらくしてやってきたのはマイクロバス、というよりワゴン車に毛が生えた程度のメルセデス・ベンツ社の小型バスだった。それでもやはり、

一般車と並んで終点の駐車場に収まった無料のミニバス

車体は蛍光色である。

運転手に向かって「カステル・トッレまでの切符！」というと、運転手は「ない」という。

私は天を仰いだ。「またイタリアの路線バスの罠にかかったか」と思い、「さっき、車内で買えると聞いたよ！」とイタリア語でどう文句をつければよいか考えているうちに、運転手がひと言付け加えた。

「無料なんだよ。切符はいらない」

どうやら、丘上に住む住民や丘上のホテルに泊まっている旅行者の利便を図るために、無料で運行されている路線のようだとわかった。

メラーノの市街地を抜けると、バスは急勾配の狭いくねくね道を登っていく。そして30分ほどしたところで、終点に到着した。

グーグルマップによると、そこからティローロ城までは徒歩25分とある。終点で降りた10人ほどのドイツ系観光客のうち、高齢夫婦2組が同じルートで城に向かっていった。彼らは高齢の人たちでもよく歩く。

等高線に沿ってつくられた道なので、坂がきつくないのは幸いだった。晴れた秋空のもと、道の両側の斜面にはぶどう畑とりんご畑が広がり、その向こうには山並みを背景にしてメラーノの町が見わたせる。

ティローロ城とティローロの町

山の斜面から乗り出すように建つティローロ城は、とんがり帽子のようないくつもの建物や塔から成っていて、まるでおとぎ話に出てくる城そのものである。

12世紀にその原型ができたというティローロ城だが、チロルの支配権がハプスブルク家に移譲され、さらに首都がメラーノからインスブルックに移転すると顧みられなくなる。火災や崩壊などで荒廃が進み、なんとか現在の姿に復元されたのは20世紀になってからのことだそうだ。

だから城内はやけにさっぱりしているが、城主の礼拝堂だけは往時の姿を残しており必見である。入口にはキリストや空想上の生き物が彫られており、そこをくぐると、キリスト磔刑《たっけい》のリアルな彫像が頭上に迫ってきてドキッとする。木彫りの祭壇や壁のフレスコ画も見事だった。

別棟になっている塔の内部には、最近になってチロル博物館が設けられたとのことだ。とくに19世紀以後に苦難が続いたチロルの歴史を、数多くの写真や資料とともに紹介している。

本家「チロル」のティローロ城

城から外に出て向かったのは、城の横の坂道に1軒だけぽつんと建っている売店である。店のつくりは質素そのもので、地元の絵はがきや杖なんかも売っている。20代前半くらいだろうか、田舎に似合う素朴な雰囲気の女性が店番をしていた。

歩き疲れて喉が渇いていたので、地元産りんごを使ったおすすめの生ジュースを所望した。

これが絶品！　長時間歩いた疲れが一瞬でとれたような気がした。すっかり気分がよくなって、おいしそうだがひどく重い地元産のハチミツ大瓶も買うことにした。

さて、懸案のティローロ城を見ることができたが、来た道を戻ってまた無料バスでメラーノに戻るのはつまらない。かといって、眼下に見えるティローロの市街地（ドルフ・ティロール）まで歩くと、1時間かかるとグーグルマップは教えてくれる。

もう、そんなに歩く元気は残っていない。だが、町はすぐ近くに見えるので、どうも納得がいかない。売店の女性に聞いてみることにした。

「ティローロの町まで歩いてどのくらい？」

「15分くらいですよ」

屈託のない笑顔とともに答えが返ってきた。途中に歩行者用の狭いトンネルがあって、そこが近道なのだそうだ。グーグルマップには、その道がルートに入っていなかったのだ。グーグルマップは役に立つが、ときどきこうした落とし穴がある。

ぶどう畑を眺めながら坂を10分ほど下っていくと、確かに断面の小さなトンネルがあった。ティローロ城から町までは15分では行き着けなかったが、20分あまりで到着した。私とは逆に、町から長いだらだら坂を登ってティローロ城を目指す観光客もずいぶんいた。ご苦労さまである。

ティローロの市街地は、素朴な町並みを期待していたのだが、観光でかなりうるおっているようで、見るからに高級なホテルや飲食店が軒を連ねていた。どうやら、俗化したメラーノを避けた観光客が、丘の上のこの町に滞在しているようだった。

8-5　ワイン街道とケーブルカーの町　カルダーロ

ようやく公共交通のフリーパスがあることを知る

南チロルは良質のワインがとれることでも知られている。紀元前5世紀からワイン製造がはじまり、ドイツ語圏ではもっとも古いワイン生産地なのだそうだ。アルプスの高い峰々が北風をさえぎるために気候が比較的温暖で、夏にはかなり気温が高くなるので、ぶどうの栽培に最適だという。そういえば、２００８年９月に訪れたときは、北イタリアだから涼しいのかと思っていたら、30度以上の気温が続いて驚いた。

なかでも、ボルツァーノの北西から南チロルの南端にかけての丘陵地帯は「ワイン街道」と呼ばれており、沿道には一面のぶどう畑が広がっている。そのワイン街道に点在する町の一つ、比較的大きな町であるカルダーロに向かうことにした。実は、ここにも15年前に訪れたのだが、やはり情報がほとんどなくて、小さな町をぶらぶら歩いただけで帰ってしまっていたのだ。

カルダーロへはかつてボルツァーノから鉄道が通っていたが、現在は路線バスで行くしかない。鉄道駅からすぐのところにあるボルツァーノの近代的なバスターミナルから、蛍光色のバスに乗って行くことにした。

南チロルは路線バスが発達していて、公共交通が非常に便利だ。山の上にある小さな田舎町にも頻繁にバスが通っている。そのあたりは、南イタリアとは大きく違う点である。

乗車前に、「南チロルモバイルカード」を購入した。南チロル内の公共交通はバスもロープウェイもケーブルカーも乗れるフリーパスだ。イタリア鉄道の列車も、普通列車なら乗れる。2日用、3日用、7日用があって、それぞれ20、30、45ユーロだった。

前日まで、ソプラボルツァーノやティローロを訪れたとき、ドイツ系観光客の誰もがバスの運転手に示している紙の小さなカードが気になっていた。ようやくそれがフリーパスに違いないとわかったのは、ボルツァーノ滞在もなかばを過ぎてからである。

最初から買っていれば、料金が安く済んだだけでなく、切符売場を探す手間も省けたはずである。まあ、フリーパスの存在自体を知らなかったのだから後悔してもしかたがないのだが、それにしても不覚だった。

メンドーラ峠の長大ケーブルカーに乗車

ボルツァーノの市街地を抜けると、車窓の両側は一面のぶどう畑だ。そんなワイン街道を30分ほど走ると、「ワイン街道のカルダーロ」の町に入る。

「ワイン街道のカルダーロ」というのは愛称のように見えるが、これが自治体の正式名称なのだそうだ。イタリア語でいうと「カルダーロ・スッラ・ストラーダ・デル・ヴィーノ」、ドイツ語だと「カルターン・アン・デア・ヴァインシュトラッセ」と長ったらしい名前になる。もちろん、地元の人たちはカルダーロやカルターンとしか呼んでいない。

　ボルツァーノからカルダーロ中心部に直接向かう131系統のバスは15分おきに出ているのだが、あえて1時間に1本しかない132系統を選んだのは、カルダーロの町外れにあるケーブルカー乗り場を通るからだ。

　背後にあるメンドーラ峠（メンデル峠）の上まで登るもので、開通は1903年と古く、路線延長は約2・37キロとかなり長い。ふもとから峠までの間に854メートルもの高低差を登り、最大勾配は64％（100メートル走ると64メートル登る）に達する。

　これは、現存する日本のどのケーブルカーよりも歴史が古く、路線が長く、勾配がきついことになる。ヨーロッパでも最大級のケーブルカーで、開業時にはオーストリア皇帝フランツ・ヨーゼフ1世が臨席したそうだ。

　鮮やかな赤い車体のケーブルカーは、立席を含めて定員80人。ちょうど座席が埋まったくらいのところで発車した。もちろん、ここも南チロルのフリーパスで乗れる。

　見晴らしのいい一番前の席に陣取ると、ドイツ系の中高年観光客に交じって、珍しくイタリア語を話す親子4人連れがやってきた。うっそうと繁る森のなかを、すさまじい勾配で登っていくので、みんな大喜びだ。終点までの12分は、かなり乗りでがあった。

　メンドーラ峠の終点から外に出ると、峠道の休憩所によくありそうな雰囲気のカフェや土産物屋が並ぶ、ちょっぴり俗っぽい観光地だった。それでも、展望台から見る景色は素晴らしい。

ケーブルカーと並行して、ヘアピンカーブを描いて登ってくる峠道がある。それが目当てなのだろうか、何軒もあるカフェテラスのあちこちでは、バイクツーリングのグループが休憩をしていた。天気もよくのどかな光景である。

ワイン街道ではビールもうまい

ケーブルカーの往復を楽しんだのちは、ぶどう畑を眺めながら、ゆるやかな坂道をカルダーロの中心部に向かって歩いて下っていった。ぶどう畑を散策する観光客を意識しているのだろう、そこで栽培しているぶどうの品種について、一つひとつ詳しく解説する看板が掲げられていた。初めて聞いたぶどうの品種も数多くあって興味深い。

小さな町を歩いていると、ワイン博物館の案内が目に入った。やや奥まった場所にあり、昔の小さなワイン蔵を改造したようなこぢんまりとした建物である。

入場券を販売していたのは愛想のいい中年女性だった。

「どこからいらっしゃったの？　日本？　まあ、ようこそ。ここをずうっと進んでいってね。最後に……自由に……食べられるから」

最後のフレーズがよく聞き取れなかったが、見学コースの終わりにバールでもあるのだろうと思った。とはいえ、無料で食べ物がもらえるほどの入場料ではない。聞き直すのも面倒だし、行けばわかると思って先を急ぐことにした。

急勾配を登るメンドーラ峠のケーブルカー

博物館のなかは、昔の醸造所で使われた桶や器具が保存してあって、日本にある小さな日本酒博物館と似ている。だが、違う点が一つだけあったことを最後に知る。

一通り展示を見終えたあたりに、展示室から庭らしきところに向かうドアがあった。何も考えずにドアを開けて出たところ、ちょっとしたぶどう棚が何列も並んでいるのが目に入った。そこでは、数人の先客がいて、ぶどうの小さな実をもぎって口に運んでいる。その様子を見て、ようやく理解できた。

「自由に食べられる」というのは、庭に植えられているぶどうの実のことだったのだ。一列の棚に2、3品種10本ほどのぶどうの木が植えられていて、それが全部で10列ほどあっただろうか。全部合わせると30品種ほどになる。

南チロルでは土壌の性質もさまざまなので、バラエティに富んだぶどうが栽培されているとのことだが、まさにここには南チロルじゅうのぶどうが集められていた。

こうなると、1つ2つで満足できるものではない。けっして卑しさからでなく、あくまでも好奇心と探求心から私はすべての品種を残らず口にしてみることにした。その結果、ワインがおいしいからといって、必ずしもその原料のぶどうがうまいとは限らないことが理解できた。身をもって体験することは大切である。

その後、町をもう一周したあとは、中心部の広場のテラス席でひと休み。小さな町にふさわしいかわいらしい広場だが、所狭しとテントとテーブルが設置されている。

「夕方からワイン祭りが開かれるのよね。あちこちからバイヤーが来て味見するの」

注文をとりにきたバールの女性が教えてくれた。

さすがワイン街道の町である。そんなことを聞いたら、やはりワインを飲むのが常道だろう。でも、ずっと陽が照りつけるなかを歩き通しだったので、ビールを注文した。

ワインの町でビールを飲むのは背徳感を覚えるが、渇いた喉にビールがしみた。ラベルを見ると、さっき乗ったメンドーラ峠のケーブルカーが描かれていた。これも地元でつくっているクラフトビールのようだ。

ワインの町でビールを飲む背徳感!

夕暮れのサロルノ城を遠望する

カルダーロからバスに乗ってまっすぐボルツァーノに戻ってもいいのだが、せっかくなのでワイン街道を南の端まで行ってみようと思った。そこは、鉄道駅のあるサロルノ（ザールン）という町だ。サロルノは南チロル（＝ボルツァーノ自治県）の最南端に位置する小さな町で、次の駅はトレンティーノ（＝トレント自治県）になる。つまり、ドイツ語圏の最南端だということだ。駅前でバスを降りると、やはり駅舎には2か国語で駅名が記されていた。

すでに夕暮れが迫っていたが、サロルノではぜひ見たいものがあった。それは、中世に建てられた崖上のサロルノ城である。駅前から目的地までは歩いても行けないことはないのだが、市内バスがやってきたので乗車することにした。これもワゴン車のような小型バスだが、蛍光色をした車体なので手元にある南チロルのフリーパスで乗れるのがうれしい。

その城は、背後の山の中腹から突き出た崖の上に建っており、遠くから見ると危なっかしいことこのうえない。大雨や地震に襲われたら崖ごと崩れ落ちそうだが、日本と違ってこちらの地盤は相当堅固なのだろう。グーグルマップによれば、すぐ下を走る国道からハイキングコースがあり、かなりの坂道のはずだが、15分ほどでたどりつくという。ただ、午後5時までという営業時間をすでに過ぎていたので、ふもとから見上げるだけにとどめた。

実は、この城にはあぶり肉とクラフトビールが名物の小さなレストランがあるという。小さな古城の内部で、町を見下ろす絶景を楽しみながら食事できるのが人気だそうで、ぜひとも次回はチャレンジしたい。

それに加えて、サロルノの町には味わい深い古い町並みもあるということを、帰国してから知った。こうしてまた、イタリアに来る言い訳が増え、果てしなきイタリア旅が続くのである。

ボルツァーノに戻る普通列車は、学校や仕事帰りの人たちで、そこそこの乗車率だった。もちろん、この列車にも南チロルのフリーパスで乗れる。

そして、ボルツァーノの最後の夜もまた、例のクラフトビール屋に足を運んでマルコとの会話を楽しむのだった。

あとがき

イタリアの南から北まで20州をめぐり、名の通った町を一通り訪ねたら、イタリア熱も少しは冷めるかなと思っていたが、そんなことはなかった。

私は、グーグルマップ上で、すでに訪れた町に黄色、これから行きたい町に緑のマークを付けているのだが、緑が黄色に変わるペースよりも、新しく緑が記されるペースのほうがはるかに早いのだ。本文で書いたとおり、移動の途中で好奇心を刺激する町を見かけるのが大きな理由だが、最近ではそれにSNSが加わった。インスタを見ていると、イタリア人が撮った無名の田舎町の写真が投稿されていて、思わずその町に緑のマークを付けてしまう。そんな写真に「いいね」を押すと、別の似たような田舎町の写真が表示されるようになり、ますます泥沼にはまり込んでいく。

そんな日が来るとは思えないが、すべての緑のマークを黄色に変えるには、たぶん120歳くらいまで元気で歩けるようにしなければならないだろう。まさに果てしなきイタリア旅である。

新しい「緑」の町が増えると、いつ行くかもわからないのに、そこにたどりつくための鉄道やバスの時刻表をついつい調べてしまう。そして、バス停にたどりつくまでの艱難辛苦や、ほっとして車窓を眺めている様子を、夜中の仕事部屋でワクワクドキドキしながら想像するのである。

なかには、ネットが発達して居ながらにして海外の風景が楽しめるようになったので、わざわざ高い金を払い、面倒な思いをして旅に出る必要もないという人がいる。でも、ネットでは観光名所そのものは見られても、その土地の風や香りを感じることはできない。

いくらＡＩが発達しても、到着が遅れている列車を待って田舎の駅で暇を持て余したり、田舎の路線バスに乗り遅れそうになって地元の人の助けを借りたりする経験はできない。そんなことが経験できるのは現地で旅をするからこそだ。おこがましい言い方だが、そうしたイタリアの列車やバスの「罠」にはまり、それを乗り越えた数だけ、人間として成長してきたような気がする。

私より７００年も前に生きたイタリア人のマルコ・ポーロは、「旅は私の学校だ」と言ったのだそうだが、まさに同感である。どうやら、この学校からは、しばらく卒業できそうにない。

２０２４年12月　イタリアに向かう飛行機の中で

二村高史

著者略歴——
二村高史 ふたむら・たかし
公益財団法人日伊協会常務理事。1956年東京下町生まれ。小学生時代から鉄道の乗り歩きに目覚め、学生時代は日本中を旅する。東京大学文学部卒業後は、シベリア鉄道経由でイタリアをはじめとして南欧各地をめぐる。その後、塾講師、パソコン解説書制作、日本語教師などを経験してフリーランスの物書き、写真撮りに。著書に、『ようこそシベリア鉄道へ』(天夢人)、『定点写真でめぐる東京と日本の町並み』(青春出版社)、『鉄道黄金時代 1970's　ディスカバー・ジャパン・メモリーズ』(日経BP)など。

ローカル鉄道と路線バスでめぐる
果てしなきイタリア旅

2025年2月6日　第1刷発行

著　　者　二村高史
写　　真　二村高史
装 幀 者　明石すみれ(芦澤泰偉事務所)
発 行 者　碇　高明
発 行 所　株式会社草思社
〒160-0022　東京都新宿区新宿1-10-1
電話　営業 03(4580)7676　編集 03(4580)7680

本文組版　有限会社マーリンクレイン
印 刷 所　中央精版印刷株式会社
製 本 所　中央精版印刷株式会社

ISBN978-4-7942-2767-6 Printed in Japan　検印省略